Matilde Urrutia

Mein Leben mit Pablo Neruda

Matilde Urrutia

Mein Leben mit Pablo Neruda

Deutsch
von Ursula Roth

Aufbau-Verlag

Titel der spanischen Originalausgabe
Mi vida junto a Pablo Neruda

1

11. September 1973

Ruhig brach dieser 11. September 1973 an. Eine Flut strahlenden Lichts traf mein Gesicht, als ich die Fenster öffnete. Ruhig zeigte sich das Meer, ruhig war der Himmel, und ein ruhiger Windhauch wiegte die Blumen im Garten. Ich fühlte mich mutig, muß jenem lichterfüllten Morgen zugelächelt haben. Kein böses Vorzeichen kündigte uns die Katastrophe dieses 11. Septembers an. Wir setzten große Erwartungen in ihn. Wir hatten uns für ihn entschieden, um mehrere Vorhaben abzuschließen, die schon ziemlich lange in Arbeit waren. An diesem Tag sollte Sergio Inzunza nach Isla Negra kommen, unser Rechtsanwalt und großer Freund, Justizminister Salvador Allendes. Er sollte die Statuten der Pablo-Neruda-Stiftung mitbringen, Pablos Testament sowie die Pläne und das Modell des künftigen Hauptgebäudes der Stiftung in Punta de Tralca. Alles war fertig und sollte an diesem Tag unterzeichnet werden.

Auch unser Freund Fernando Alegría würde kommen; da ich ihn als Feinschmecker kannte, hatte ich mir die größte Mühe gegeben, ihm ein gutes Mittagessen vorzusetzen und meinen Ruf als gute Köchin zu bestätigen.

Wir erwarteten auch José Miguel Varas, der Pablo etwas überreichen sollte, was er am liebsten in Empfang nahm: ein druckfrisches Buch. Die Druckerei Quimantú brachte an diesem Tag eine Ausgabe seines Buches «Heldenepos» heraus.

Es würde ein bewegter Tag werden, die Krönung vieler Arbeitsstunden.

Das Meer lag wie immer da, schlug mit seinen großen Wellen gegen die Felsen, aber an diesem Morgen wirkte es fast harmlos. Nichts ließ uns ahnen, daß dieser Tag für uns das Ende und den Tod einer Lebensweise bedeuten würde. Wir wußten nicht, daß wir in diesem Augenblick am Rande eines Abgrunds schwebten.

Wie stets waren wir heiter, besprachen die tausend Einzelheiten, um einem neuen Tagewerk zu begegnen. Es war sehr früh. Wir stellten das Radio an, um Nachrichten zu hören. Da änderte sich alles. Es gab alarmierende Meldungen, die ungeordnet gebracht wurden. Plötzlich Salvador Allendes Stimme. Pablo sieht mich höchst überrascht an: Wir hören Allendes Abschiedsrede; es soll das letzte Mal sein, daß wir seine Stimme vernehmen.

«Das ist das Ende», sagt Pablo völlig mutlos.

Ich protestiere: «Das ist nicht wahr, dies wird wieder so ein Putschversuch sein, das Volk wird es nicht zulassen.»

Nichts taucht in meiner Erinnerung auf, wenn ich jetzt diese Stunde beschwören möchte; meine übermäßige Lebenskraft sträubt sich dagegen, Tatsachen zu bejahen oder anzuerkennen, die so im Widerspruch zu allen meinen Hoffnungen und Wünschen stehen. Plötzlich verstumme ich, irgend etwas erregt meine ganze Aufmerksamkeit. Pablo reagiert seltsam, anders als der kämpferische, starke Mann, den ich kenne. In seiner Haltung, in seinen Augen ist Leere, unbewußte Hoffnungslosigkeit. Um irgend etwas zu machen, lasse ich das Frühstück kommen, aber es ist schwer, ihn abzulenken; fieberhaft dreht er am Radio, hört gleichzeitig Santiago und die Nachrichten aus dem Ausland. So erfahren wir später, über einen Sender aus Mendoza, Salvador Allendes Tod. Er wurde in der in Brand geschossenen Moneda ermordet, geben die ausländischen Sender bekannt. In Santiago wird das Volk erst nach Stunden über den Tod seines Präsidenten informiert.

Allein sind wir mit diesem unermeßlichen Schmerz. Wir hören weitere Nachrichten: Keiner darf das Haus verlassen, wer nicht gehorcht, stirbt. Das sind die ersten Bekanntmachungen.

Ganz Chile ist im eigenen Haus gefangen. Ich habe die verrückte Hoffnung, daß man uns sehr bald sagen wird, die

Umsturzbewegung sei unterdrückt, aber ich täusche mich, und wie immer hat Pablo mit seiner so oft bewiesenen prophetischen Gabe recht. Das ist das Ende. All der Jubel des Volkes, die Hoffnung auf ein Leben in Gleichberechtigung, in Gerechtigkeit, ist im Entschwinden begriffen; Pablos große Hoffnung, für die er sein ganzes Leben arbeitete, ist jäh zunichte gemacht, als sei sie die kleine Burg aus abgebrannten Streichhölzern, die er in seiner Mußezeit zu bauen pflegte. An diesem Tag rufen sie mehrmals aus Europa an, aus Deutschland, aus Spanien, aus Frankreich; sie erkundigen sich nach Pablo. Im Ausland ist die Nachricht verbreitet worden, Pablo sei tot; ich antworte ihnen, daß das nicht stimmt, daß Pablo lebt. Wie sehr irrte ich mich! Pablo war in jenem Augenblick gestorben, innerlich zerbrochen; die unglaubliche Kampfkraft, die ihn immer aufrecht hielt, hat ihn verlassen; sein ganzes Leben hat er geträumt und gekämpft, damit die Armut ausgemerzt werde, damit es in seinem Land ein wenig Gleichheit gebe. Er stellte seine Feder und sein Leben in den Dienst dieser edlen Sache. Oft setzte er sein Leben aufs Spiel, verfolgt von jenem González Videla*, an den wir uns heute nur als an einen Tyrannen erinnern, damals wußten wir nicht, was wirklich Tyrannei ist.

Während der Wahlvorbereitungen reisten wir unter den schwierigsten Umständen durch das Land. Kein Dorf in Chile, so abgelegen es auch sein mochte, das nicht seine Stimme hörte. Immer sah ich ihn voll Tatendrang, begeistert, heiter, wenn er mit dem Volk sprach, um das schlummernde, fatalistische Bewußtsein der Armen aufzuwecken, die sich fast mit einem Nichts zufriedengeben. Im Süden drangen wir bis in die verlassensten Nester vor. In Patagonien, der Inselwelt, kamen wir durchnäßt und durchgefroren an. Im Winter ist die Armut in diesem regnerischen Süden beängstigend. Es gibt weder entsprechende Kleidung noch Nahrung, es überlebt, wer kann. Niemand kümmert sich um den andern, und das wirkt sich auf den Charakter aus. Es scheint, als seien sie von der Kälte vereist. Pablo litt, als er

* Gabriel González Videla (1898–1980), chilenischer Diktator (1946 bis 1952).

sie dort sah, resigniert, ohne auch nur daran zu denken, sich gegen ein so grausames Schicksal aufzulehnen, das ihnen Menschen bereiteten, die ihresgleichen waren.

Wir fuhren auch in den Norden, dort herrscht andere Armut. Dunkle, gegerbte Gesichter mit einem offenen Blick, sie sind aufgeschlossener, kämpferischer. Nicht zufällig hat es im Norden die größten Gemetzel unter den Arbeitern gegeben, als sie ihre rechtmäßigen Forderungen stellten. Pablo hatte enge Verbindung zu diesen Leuten. Oft sagte er zu mir: «An dem Tag, an dem dieses Volk Zugang zur Bildung erlangt, wenn die Kinder nicht mehr vom zwölften Lebensjahr an arbeiten müssen, dann werden wir ein sehr großes Vaterland haben. Wir verfügen über kostbares Menschenmaterial»; das sagte er mit glänzenden, unendlich sanften Augen. «Du wirst sehen, was alles erreicht werden kann, wenn sie wissen, worauf sie ein Recht haben. Jetzt muß man ihnen die jahrhundertelange Schläfrigkeit abschütteln.»

Alle diese Erinnerungen lassen ihn die Angst des Augenblicks stärker fühlen. Ich spüre, eine sehr große Enttäuschung hat sich Pablos bemächtigt. Es ist, als merkte er plötzlich, daß alles nutzlos war, daß es mächtige Kräfte gab, die ihre Privilegien verteidigten, so daß wir uns neben ihnen klein und wehrlos fühlten.

Hier stehen wir allein und empfinden die ganze Bitterkeit der Welt. Salvador Allende ermordet. Die Moneda angezündet, bald sehen wir die Flammen, den Rauch, die Zerstörung im Fernsehen, und wir fragen uns: Wo waren diese Chilenen, die fähig sind, das alles zu tun? Wo waren sie, da wir nichts von ihrer Existenz gewußt haben?

Im Fernsehen beobachten wir den Überfall auf das Präsidentenpalais Tomás Moro; wir sehen, wie Leute mit Körben herauskommen, die von Kleidungsstücken überquellen, einige davon fallen herunter. Ist das möglich?

Was wir nicht auf dem Bildschirm sehen und was wir nicht wissen, ist, daß unser Haus in Santiago das gleiche Schicksal wie Tomás Moro ereilt, in diesem Augenblick wird es geplündert, zerstört, in Brand gesteckt.

Am Abend desselben Tages hat er Fieber. Nach vieler

Mühe gelingt es mir, mich mit seinem Arzt in Santiago in Verbindung zu setzen. Dieser verordnet Spritzen und bittet mich ziemlich naiv, Pablo möge keine Nachrichten hören, da sie ihm sehr schaden würden. Wie kann ich ihn daran hindern? Der Fernsehapparat steht vor uns. Sie zeigen immer wieder den Brand der Moneda. Die Panzerwagen, die Polizeieinheiten, welche Hunderte von Bürgern bewachen, die mit dem Gesicht auf der Straße liegen; möglicherweise waren es zufällige Passanten. Wir sehen die Krankenwagen, die Verwundete abtransportieren. Zweifellos ist das eine gut gelenkte Einschüchterungsmaßnahme. Eine Bekanntmachung folgt auf die andere, keiner darf auf die Straße gehen, ganz Chile sitzt zu Hause gefangen. Wenn sich jemand hinauswagt, kann er niedergeschossen werden. Ich bin verzweifelt. Pablo erregt sich immer mehr. Er will nicht essen. Er muß gespritzt werden. Ich überlege, daß sie mir vielleicht auf der Polizeiwache einen Passierschein geben, damit ich die Krankenschwester aus einem Nachbarort holen kann. Und so komme ich zum Polizeirevier in El Quisco. Sie hören mich kalt und abweisend an. Ein Leben scheint gegenwärtig bedeutungslos zu sein; es sind Hunderte, die jede Minute fallen, und zu meinem Erstaunen wird mir gesagt, sie könnten niemandem einen Passierschein geben, aber ich dürfte, wann immer ich will, die Krankenschwester holen, das heißt, wir müssen unser Glück versuchen. So mache ich es, und die engelsgleiche Rosita, die Krankenschwester aus El Tabo, kommt nach Isla, um Pablo zu behandeln.

Am Vierzehnten geht es ihm besser, und er sagt, er wolle mir etwas diktieren. Eifrig hole ich Papier, Bleistift, und im Handumdrehen bin ich neben ihm und nehme das Diktat auf. Es ist das letzte Kapitel der «Memoiren». Ich bin sehr froh, denn beim Diktieren würde er sich von dieser schrecklichen Spannung, in der wir uns seit dem 11. September befinden, lösen. Wir arbeiten. Plötzlich hören wir Stimmen. Wer kann bis hierher kommen? In diesem Augenblick stürzt der Chauffeur ganz aufgeregt herein und sagt: «Eine Haussuchung. Es sind drei große Militärwagen.» Ich bin sehr nervös, nicht wegen der Haussuchung, sondern weil ich Pablos

Diktat in Händen halte. In unserm Schlafzimmer steht eine große Holzschale, auf die alle neuen Zeitschriften geworfen werden. Dahinein lege ich die gefährlichen Papiere und vergrabe sie hastig. Ich gehe hinunter, um mit unseren sonderbaren Besuchern zu sprechen. Unter ihnen erkenne ich den Offizier aus El Quisco; er scheint nervös zu sein und sich zu schämen. Ich frage ihn, wo er mit der Durchsuchung anfangen will. «Wo Sie wollen», antwortet er. Ich führe sie direkt in unser Schlafzimmer. Pablo ist noch nicht aufgestanden. Beim Eintreten fällt mein Blick auf die Schale mit den Zeitschriften; schwerlich würden sie die Papiere finden, aber wenn sie nun das Zimmer peinlich genau durchsuchen? Glücklicherweise machen sie es nicht. Pablo sagt zu ihnen: «Tun Sie Ihre Pflicht. Die Señora wird Sie begleiten.» Wir gehen hinaus und betreten die Bibliothek, wo uns Tausende von Dingen empfangen. Sehr neugierig betrachten sie alles. Sie wagen nicht, etwas zu berühren. Plötzlich stampft einer laut auf und fragt mich: «Hat dieses Haus Kellerräume?» Ich kann ihm nicht mehr antworten, denn in dem Augenblick stürzt ein Hausmädchen herein. Verstört sagt sie: «Señora, kommen Sie bitte! Sie haben auf den Chauffeur angelegt, in seinem Zimmer, und fragen ihn nach ich weiß nicht was.» Ich blicke meine Begleiter an und bitte sie, mit mir zu gehen und nachzusehen, was los ist. Im Hof wird mir klar, daß die Haussuchung kein Scherz ist. Das ganze Haus ist von Militär umstellt. Keine Fliege hätte entkommen können, ohne daß sie es gemerkt hätten. Was glauben sie in unserem Haus außer Poesie zu finden, die eine mächtige Waffe ist, wenn sie es auch nicht zu wissen scheinen? Geheimnisse jener Tage, in denen die unsinnigsten Dinge geschehen. Wir kommen zum Zimmer des Chauffeurs. Die Situation ist so lächerlich, daß ich unter anderen Umständen lange gelacht hätte. Bei Beginn der Haussuchung hatten sie allen im Haus befohlen, zu bleiben, wo sie waren, sich nicht von der Stelle zu rühren. Nach wenigen Minuten, als der Chauffeur dachte, sie würden ihn nicht sehen, rannte er in sein Zimmer. Höchst erstaunt frage ich ihn: «Warum mußtest du in die Wohnung gehen?» Beschämt antwortet er: «Am Morgen habe ich Unterhosen und Socken gewaschen und sie im Bad aufgehängt. Ich wollte nicht, daß Sie sie sehen, wenn Sie bei der Durchsuchung meine Wohnung betreten.» Wenn man bedenkt, daß ihn etwas so Lächerliches das Leben hätte kosten können! Jene Tage erinnern mich an den mexikanischen Witz aus der Zeit von Villa, über den wir so oft lachen mußten. «Erschießen und dann ermitteln!» Abgesehen von diesem Zwischenfall wird die Haussuchung ziemlich rücksichtsvoll vorgenommen, verglichen mit der in anderen Häusern, wo sie stehlen und unnötig brutal vorgehen.

2

Tod und Begräbnis

Wir näherten uns dem 18. September, einem Datum, das wir mit den Freunden in patriotischem Geist zu feiern pflegten.

Dieser Achtzehnte würde traurig werden; ein paar Freunde kamen freilich. Die Nachrichten, die sie aus Santiago mitbrachten, waren alarmierend; unsere übrigen Freunde hielten sich verborgen oder waren verhaftet, viele tot. Ich merkte, daß Pablo alle diese Nachrichten wie Dolchstöße in seinem Fleisch spürte.

Am Abend des 18. September fieberte er; den ganzen Tag hatte ich mich bemüht, mich mit dem Arzt in Verbindung zu setzen, um ihn zu fragen, was ich machen könnte. Nach vielen Versuchen erreichte ich ihn in seiner Wohnung in Santiago; er versprach mir, am nächsten Tag einen Krankenwagen zu schicken, der Pablo in die Klinik Santa María nach Santiago bringen sollte.

Heute ist der 19. September, und ich habe alles vorbereitet und warte auf den Krankenwagen. Pablo ist traurig, er hat einen in die Ferne gerichteten Blick, den ich mir nicht erklären kann. Panda, unsere Chow-Chow-Hündin, weicht nicht von seiner Seite; in der vorangegangenen Nacht wollte sie das Schlafzimmer nicht verlassen. Ich glaube, es war das erste Mal, daß sie sich einem Befehl so hartnäckig widersetzte. Sie wedelte, rieb sich an Pablos Bett, dann legte sie sich nieder, den Kopf zwischen den Vorderbeinen, als bäte sie uns, sie dort schlafen zu lassen. Und da blieb sie, teils dankbar, teils flehentlich.

Am Morgen hörte sie als erste den Krankenwagen herankommen und winselte. Verwundert trat ich aus der Tür. Der Krankenwagen fuhr eben ein. Alles war bereit, und wir stiegen ein. Bei der Abfahrt entdeckte ich Panda, in einer Ecke des Wagens lag sie versteckt, zu einem Knäuel zusammengerollt. Sie wollte sich nicht von ihrem geliebten Herrn trennen. Wir pflegten oft in verschiedene Gegenden zu reisen; nie sprang sie ins Auto, wenn sie nicht gerufen wurde. Jemand vom Haus kam, um sie herauszuholen; ihr Geheul klang seltsam, schmerzerfüllt. Sie wußte ...

Wir fuhren denselben Weg, den wir so viele Male, fröhlich, lachend, ernsthafte oder tolle Pläne schmiedend, gefahren waren. Jetzt herrschte eine drückende Atmosphäre: Pablo, dessen Gesicht unendliche Traurigkeit spiegelte; ich, die ich mich unerhört anstrengte, ihn aus seiner Traurigkeit zu reißen, sprach mit ihm über den Bau unserer neuen Bibliothek in Isla; sie sollte seine Bücher aufnehmen, die gerade aus Frankreich unterwegs waren. Ich erinnere mich, daß wir über die Fenster verhandelten. Er liebte lichtdurchflutete Räume; ich riet ihm: «Auf dieser Seite des Hauses ist das Licht sehr hell, paß auf, das Licht schadet den Büchern.»

Und so brachte ich es allmählich fast fertig, ihn abzulenken; aber am Ortsausgang von Melipilla standen viele Polizisten. Sie hielten uns an, verlangten vom Fahrer und auch von uns die Dokumente. «Woher kommen Sie? Wohin fahren Sie?» fragten sie. Einer von ihnen sagte zu mir: «Steigen Sie aus, Señora. Der Krankenwagen muß durchsucht werden!» Ich muß sie sehr überrascht angesehen haben. Ich aussteigen? Aber sehen Sie nicht, daß Pablo krank ist, daß ich seine Hand halte, daß er meine Kraft braucht? Wie kann ich ihn allein lassen? Sehen Sie nicht seinen traurigen Blick? Sehen Sie nicht, wie ihn die vielen Verbrechen schmerzen, all das Blut, das in diesem von ihm so heftig verteidigten Chile vergossen wird? Sind Sie sich nicht darüber klar, daß es Pablo Neruda ist, der alle Leiden dieses Volkes mit trägt, auch Ihre, denn Sie gehören zum Volk wie er und ich?

Ich blickte ihn an. Keines dieser Worte brachte ich über die Lippen, ich glaube, ich hatte sogar den Mut, Pablo anzulächeln, und ich stieg aus. Wie die Durchsuchung war? Ich weiß es nicht. Als ich einstieg, standen Tränen in Pablos Augen; ich glaube, er weinte nicht um seinet- oder um meinetwillen, er weinte um Chile. Sein Vorgefühl täuschte ihn nicht: Schwarze, pechschwarze Tage kamen auf dieses Volk zu.

Wir hatten immer gedacht, unser Volk sei zivilisiert. Der Chilene lehnt Gewalt ab, hält sich an Gesetze, verabscheut Blutvergießen; wenn es doch dazu kam, klagte er es mutig und energisch an. Das alles hörte ich immer Pablo sagen, wenn er von seinem Land sprach. Jetzt waren wir bestürzt, stumm, und dabei standen wir erst am Anfang. War das ein ungeheurer Alptraum?

Wir kamen in der Klinik Santa María an. Dort erwarteten uns «die Verschwiegenen», wie Pablo die Krankenschwestern genannt hatte. Auch der Arzt erschien, mit ängstlichem Gesicht, er hatte Tausende von Problemen in seinem Haus. Uns Mut zu machen, dazu war er nicht gerade geeignet, aber wer hatte in diesen Tagen keine Probleme? Bald kamen auch unsere Freunde. Ich empfing sie mit der Bitte, Pablo keine beunruhigenden Nachrichten zu bringen; durch sie erfuhr ich, daß unser Haus in Santiago überschwemmt, ausgeplündert und in Brand gesteckt worden war. Glücklicherweise erfaßten die Flammen die Bäume, erzählten sie; sie sind sehr hoch, und das alarmierte die Nachbarn, die die Feuerwehr riefen. Die kam rechtzeitig, und nur ein paar Bäume, eine Vorratskammer und zwei kleine Zimmer brannten ab.

Unter den Freunden, die als erste kommen, ist der Botschafter von Mexiko. Er drängt, Pablo aus Chile hinauszuschaffen. Präsident Echeverría hat angeboten, ein Flugzeug zu schicken, das alles, was Pablo will, mitnimmt. Am selben

Tag bespreche ich mit Pablo diese Idee. Er will meine Argumente nicht einmal anhören. «Ich werde Chile nicht verlassen, ich werde hier auf mein Schicksal harren. Dies ist unser Land, und mein Platz ist hier», sagt er.

Von der Verheerung unseres Hauses in Santiago hat man ihm nicht berichtet. Mich aber drängen die Freunde, Pablo vor einem Attentat in Sicherheit zu bringen, dem er hier zum Opfer fallen könnte, wo kein Linker mit Rücksichtnahme oder Achtung rechnen kann.

Am 20. September kommt der Botschafter mit mehreren Freunden wieder; erneut versuchen sie, Pablo zu überzeugen, daß er Chile verlassen muß. Ich schildere ihm die Verwüstung des Hauses in Santiago. Es ist ein sehr langes, schmerzliches Gespräch; wir wägen die Gefahr, hierzubleiben, ab, und vor allem weise ich immer wieder darauf hin, daß eine angemessene Behandlung seiner Krankheit hier unmöglich ist. Zu meiner großen Freude sagt Pablo endlich, daß wir für kurze Zeit weggehen und nur das Unentbehrlichste mitnehmen wollen, weil er auf jeden Fall zurückkehren wird.

Ich fahre nach Isla mit einer Liste von Büchern, die Pablo mitzunehmen wünscht. Während ich dort bin und einige Sachen für die Reise zusammenraffe, klingelt das Telefon. Es ist Pablo. Er bittet mich, sofort zurückzukommen. «Mehr kann ich nicht sagen.» Ich denke, das Schlimmste ist passiert; fieberhaft schließe ich den Koffer und mache mich auf den Weg. Sie werden ihn verhaften, überlege ich halb wahnsinnig. «Fahren Sie, so schnell Sie können!» sage ich zu dem Chauffeur. Ich weiß nicht, wieso wir uns nicht zu Tode rasen. Alle Augenblicke mahne ich ihn: «Fahren Sie schneller, das Auto rührt sich ja nicht von der Stelle!» In meinem Kopf verlängern sich die Minuten ins Unendliche. Mir scheint, wir werden nie ankommen.

Ich renne in sein Zimmer, setze mich neben ihn, erschöpft von der nervösen Spannung. Pablo ist sehr aufgeregt, sagt, daß er mit vielen Freunden gesprochen hat, und es sei unglaublich, daß ich nichts von dem weiß, was in diesem Land geschieht. «Sie bringen Menschen um», sagt er, «liefern zerstückelte Leichen aus. Das Leichenschauhaus ist voller Toter, draußen sind Hunderte von Leuten, die die Leichen fordern. Wußtest du nicht, was mit Víctor Jara passiert ist? Er ist einer von den Zerstückelten, sie haben ihm die Hände zerschlagen.» Ich hatte verhindern wollen, daß er all die grauenhaften Nachrichten dieser Tage erfährt, und er dachte, ich wüßte nichts.

Meine Kehle ist ausgetrocknet, ich bringe kaum einen Ton heraus, dieses schaurige Bild, das mir Pablo schildert, hatte ich in all diesen Tagen von ihm fernzuhalten versucht, indem ich den Freunden verbot, zu ihm hineinzugehen. Jetzt weiß er bereits alles. Sein Schmerz, sein Entsetzen, seine Qual, seine Ohnmacht, das alles spiegelt sich in seinem Blick, alles, was sie ihm erzählt haben. «Víctor Jaras Leiche zerstückelt. Du wußtest das nicht? O mein Gott! Das heißt doch eine Nachtigall töten, und sie sagen, daß er sang und sang, und das hat sie zur Weißglut gebracht.» Und immer und immer wieder erzählt er dasselbe. All das gibt mir Stiche in mein armes Herz, und es schnürt mir den Hals zu, und ich weiß, daß ich nicht weinen darf. Ich denke: Ich muß ihn beruhigen. Endlich bringe ich es fertig zu sprechen: «Ich glaube nicht alles, was sie sagen, vieles von dem, was sie erzählt haben, ist übertrieben.» – «Was?» sagt er. «Der Botschafter von Mexiko und der von Schweden waren hier. Denkst du, sie sind nicht informiert?» Ich tue gleichgültig: «Jedenfalls glaube ich nicht alles.»

Schritt für Schritt tue ich das Möglichste, um von etwas anderem zu sprechen, ich erzähle ihm, daß in Isla Panda herauskam, um mich zu begrüßen, daß sie mit dem Schwanz wedelte, sich zwischen meine Beine schob und mich am Gehen hinderte. Ich erzähle ihm vom Haus, vom Meer, das so schön war, daß riesige hellgrüne Wellen kamen und sich mit ungeheurem Getöse brachen (in Wirklichkeit hatte ich nicht einmal einen Blick aufs Meer geworfen). Ich erfinde Geschichten vom Haus, und es gelingt mir, ihn von diesem ungeheuren Alpdruck, der auf ihm lastet, abzulenken. Mit der Zeit wird seine Stimme sanft, er sagt sehr schöne Worte, die ich, nachdem ich lange darüber nachgedacht habe, hier nicht wiederholen möchte, sie sind zu schmeichelhaft für mich.

Es ist, als wolle er unser Leben nacherzählen. Ich beunruhige mich, es ist das erste Mal, daß sich Pablo in dieser Form äußert. Ich weiß, daß in all diesen Jahren einer für den andern da war, aber diese Wertung unseres Lebens gleicht einer unabänderlichen Liebeserklärung. Wir erinnern uns an unsere Flitterwochen auf Capri, erinnern uns an jenen 3. Mai 1952, als wir unsere Hochzeit bei Mondlicht feierten. Dort steckte er mir einen Ring mit diesem Datum an den Finger. Das war unsere eigentliche Eheschließung, dort schworen wir, uns nie, egal, was geschehen würde, zu trennen. Und mit sehr leiser, aber fester Stimme sagt er zu mir, er werde Chile nicht verlassen, er möchte, daß diese Entscheidung auch meine wäre.

Da begreife ich, daß hier alles ist, was er liebt, und daß er es nicht ertragen könnte, fern zu sein, während sein Volk so grausam verfolgt wird. «Wir bleiben», sage ich, «und ich freue mich über deine Entscheidung. Morgen spreche ich mit dem Botschafter, um Präsident Echeverría für seine Einladung zu danken.» Das beruhigt ihn.

Wir unterhalten uns weiter. Wir rufen uns unsere Ankunft in Montevideo ins Gedächtnis, wo chilenische Parlamentarier ihn erwarteten, denn als Ausgewiesener durfte er nicht zurückkehren.

«Wie schrecklich sind die Diktaturen, die Verfolgungen!» Fast schreit er es.

Er fiebert wieder. Tiefe Hoffnungslosigkeit ergreift Pablo, in seinen Augen malt sich Entsetzen, als sähe er in seiner Phantasie die auf die Straßen geworfenen Toten, andere, die im Mapocho-Fluß vorbeitreiben, nicht einen, sondern viele, wie ich sie gesehen habe. Fieberhaft erregt spricht er weiter, er wiederholt, daß er nicht weggehen wird, daß er hier bei denen, die leiden, bleiben muß, daß er nicht fliehen darf, daß er sehen muß, was in seinem Land geschieht. Und ich bin allein mit ihm und habe keinen, den ich rufen kann; alle Freunde sind bereits weg, um sechs ist Sperrstunde, und ich fühle mich außerstande, ihn zu beruhigen. Und seine Verzweiflung ist auch meine, der gleiche Schmerz ist in uns beiden. Woher die Kraft nehmen, ihn zu trösten?

Plötzlich zieht er seine Hände, die ich gehalten habe, zurück, faßt seinen Schlafanzug mit beiden Händen, zerreißt ihn und schreit: «Sie erschießen sie! Sie erschießen sie!» Verzweifelt drücke ich auf die Klingel. Die diensthabende Krankenschwester kommt. Sie sieht, daß Pablo außer sich ist. «Wir geben ihm eine Spritze zum Schlafen», sagt sie gleichgültig. Sie gibt ihm die Spritze und geht. Wieder sind wir allein.

Allmählich beruhigt er sich, ich sitze neben ihm, den Kopf an seinen gelegt, und fühle seine Wärme. Wir sind zusammen, wir sind geborgen, wir sind ein einziger Körper, es scheint, als könne nichts uns trennen, und mit dieser Überzeugung, mit dieser Sicherheit, mit dieser Illusion, daß er ganz nahe, fast in meinem Innern ist, schläft er ein. Auch ich schlafe ein paar Stunden. Er wacht die ganze Nacht nicht auf; am andern Tag schläft er weiter. Ich freue mich, daß er nicht aufwacht, denn sonst würde er leiden, mich nach den neuesten Nachrichten fragen. Schlafen ist Vergessen, und ich wünschte, er vergäße die schaurigen Geschehnisse, die sich in diesen Tagen häufen. Bald wird es Abend, und mein Chauffeur ist noch nicht erschienen.

Tags zuvor hatte er mich in der Klinik abgesetzt und war weggefahren, um den Wagen abzustellen. Er muß kommen, er ist der einzige in der Nähe, der mir helfen kann. Ich erkundige mich: Er hat den Wagen nicht abgestellt, er ist verschwunden, wie von der Erde verschluckt. Später erfahre ich, daß er, kurz nachdem wir von Isla gekommen waren und er mich in der Klinik abgesetzt hatte, verhaftet wurde. Und zu dem Zeitpunkt, da ich ihn suchen ließ, befand er sich im Nationalstadion, wo er die gräßlichsten Foltern erdulden mußte. Sie sagen, daß er hartnäckig war und nicht gestand. Armer Junge, er hatte sich mit Pablo auf Märkten, in Antiquitätenläden herumgetrieben, was würden sie ihn fragen? Glücklicherweise weiß ich in diesem Augenblick nichts davon; er ist mit unserm Wagen verschwunden, und mit ihm verliere ich den einzigen Menschen, der mich zu jeder Tageszeit hätte begleiten können.

Der Abend des 23. September bricht an; Pablo wacht nicht auf. Ich werde unruhig. Ich bitte Laura, Pablos Schwester, diese Nacht in der Klinik zu bleiben. Auch meine Freundin Teresa Hamel bleibt. Aber ich denke nicht, daß er sterben wird. Meine Leidensfähigkeit hat an dieser Tür haltgemacht, ich will nicht sehen, was noch geschehen könnte.

Keinen Augenblick denke ich, Pablo würde sterben. Wie kann ich allein zurückbleiben in einer Zeit, die so voller Schrecken ist, so voller Angst, in der sie unsere Häuser anzünden und plündern und die einzigartigen Kunstgegenstände darin zerstören? Was wird aus mir?

Gerade in letzter Zeit hatte mir der Arzt versichert, Pablo behaupte sich wunderbar gegen den ihn quälenden Krebs, und ich sah Pablo voller Leben und Enthusiasmus. Warum soll ich also plötzlich an etwas so Grausames wie seinen Tod denken?

Es ist der 23. September. Im Krankenzimmer sitzen wir drei Frauen still und traurig da. Meine Augen hängen an Pablo. Plötzlich sehe ich, daß er sich regt. Wie gut, er erwacht! Ich stehe auf. Ein Zittern durchläuft seinen Körper, erfaßt sein Gesicht und seinen Kopf. Ich trete zu ihm. Er ist tot. Er hat das Bewußtsein nicht wieder erlangt. Der Schlaf des Vortags ist in den Tod übergegangen.

Leute kommen. Sicher die Krankenschwester, der Arzt; ich erkenne niemand. Etwas ist in mir zerbrochen. Es macht Mühe, zu reagieren. Laura weint, ich bin wie versteinert, unfähig zu weinen. Plötzlich höre ich die Stimme von Teresa Hamel, dieser zerbrechlichen, wunderbaren Frau; sie kümmert sich in diesem Augenblick um die praktischen Einzelheiten. «Man muß ihn anziehen», sagt sie. «Wo sind die Sachen?» Ich antworte: «Morgen werden wir ihn anziehen.» Nie zuvor bin ich in einer ähnlichen Lage gewesen und weiß nicht, daß man ihn sofort anziehen muß. Wieder höre ich die Stimme: «Wo sind die Sachen? Man muß ihn anziehen.» Ich stehe auf, suche ein Hemd. Ich finde ein kariertes, lustiges, er hätte seine Freude daran. Auch seine Jacke ist großkariert, braun, beige und rot. Alles geht unglaublich schnell. Alle sind in Eile. Sie bringen eine fahrbare Trage, drängen uns vergeblich, ihn nicht weiter anzuziehen. Er soll woandershin gebracht werden. Wohin? Ich kann nichts fragen. Fast rennend schieben sie ihn durch einen Flur hinaus.

Ich bitte Teruca: «Setz dich mit ein paar Freunden in Verbindung und sag ihnen, daß wir einen hellen Sarg brauchen. Pablo mochte die schwarzen Särge nicht.» Die wenigen Male, die wir über den Tod sprachen, hatten wir es mehr scherzhaft gemacht. Pablo sagte zu mir: «Wie schrecklich sind die schwarzen Särge! Warum sind sie nicht lustig, in hellen Farben und mit einem Deckel, auf den Blumen gemalt sind?» Naiverweise denke ich, es sei leicht, einen andersfarbigen Sarg aufzutreiben.

Aber während ich diesen Auftrag erteile, verliere ich die Männer, die die Trage mit Pablo weggebracht haben, aus den Augen. Ich habe Angst, und plötzlich kommt mir ein irrer Gedanke. Wenn sie mir nun die Leiche rauben und die Show eines offiziellen Begräbnisses abziehen? Glücklicherweise fällt dies den neuen Herrschern nicht ein. Sie sind weit entfernt davon, an den Widerhall zu denken, den Pablos Tod auf der ganzen Welt finden wird.

Ich gehe durch ein paar halbdunkle Gänge. Plötzlich sehe ich einen riesigen Fahrstuhl und denke: Hier müssen sie hinuntergefahren sein. Ich hole ihn mir und fahre in eine Art Keller hinab. Dort unten ist ein Licht, ich betrete eine Kapelle. Natürlich muß er dort sein. Aber er ist es nicht. Ich gehe hinaus. Auf der anderen Seite ist noch ein dunkler, kalter Gang, es ist zum Verrücktwerden, ich spüre einen scheußlichen Luftzug; schließlich unterscheide ich im Halbdunkel Silhouetten, sie sind es, sie nähern sich. «Hier können Sie nicht bleiben», sagt eine kalte Stimme. «Gehen Sie zurück ins Zimmer.»

Ich denke, ich werde wahnsinnig. Ich darf in diesem Augenblick, wo er mich so sehr braucht, nicht bei Pablo bleiben? Seine Hand muß noch warm sein, und sein Körper muß unter diesen Laken zittern, und da sagt man mir, daß ich nicht bei ihm sein darf? Daß ich seinen geliebten Kopf nicht berühren darf? Wer kann mich daran hindern? Ich weiß nicht, was ich zu diesen gleichgültigen, an den Tod gewöhnten Menschen sagte. Ich folge dem Gang, auf der Suche nach Pablo; ich finde ihn am Ende dieses finsteren unterirdischen, fast lichtlosen Korridors. Ein eisiger Luftstrom macht ihn eher zu einem Kühlschrank.

Füße und Hände sterben mir ab. Anfangs tun sie mir weh; dann spüre ich sie nicht mehr. Müdigkeit übermannt mich. Zuerst stütze ich mich auf die Trage, die Berührung mit Pablos Gesicht suchend, mir kommt es nicht eiskalt vor, weil ich ja so eiskalt bin wie er. Es ist ein schreckliches Gefühl der Leere, als sei mir der feste Grund, über den ich gegangen war, unter den Füßen weggezogen. Diese Schutzlosigkeit, ist sie eine Vorwegnahme dessen, was mir bevorsteht?

Ich weiß nicht, wann sie mir eine Sitzgelegenheit brachten. Laura, Pablos Schwester, kam mit geröteten Augen, setzte sich neben mich und weinte ganz leise. Später kam Teruca; ich glaube, wir sprachen nicht. Die Trauer umfing mich wie eine große Stille und hielt selbst meine Tränen zurück. Es war wie ein totaler Schiffbruch. Würde ich mit einem solchen Gefühl der Leere weiterleben können?

Eine Hand berührte meine Schulter, es war, als erwachte ich aus einem gräßlichen Alptraum. Ein mitleidslos heller Blitz brachte mich in die Wirklichkeit zurück. Es war Tag geworden. Ich betrachtete meinen Pablo, sein Gesicht war schön, ein leichtes ironisches Lächeln lag noch darauf. Ich betrachtete auch den Gang, wie häßlich, wie unendlich verlassen!

Als erste tauchten die Journalisten des In- und Auslands auf; plötzlich sah ich mich von Leuten umgeben, viele Freunde kamen gleichzeitig. Erst jetzt merkte man in der Klinik, daß es geschmacklos war, die Leiche dieses bekannten Dichters in dem dunklen, eisigen Gang zu lassen, an seiner Seite drei Frauen, die nahe daran waren zu erfrieren. Blitzschnell wurde er an einen freundlichen Platz gebracht. Warum tat man das nicht schon in der Nacht zuvor? Rätsel, die man lieber nicht zu lösen versucht.

Das Bestattungsinstitut, das meine Freundin Teresa Hamel in der Nacht telefonisch benachrichtigt hatte, erschien. Der Sarg war grau, ziemlich häßlich, aber nicht schwarz. Dahinein bettete ich ihn mit meinen Händen. Ich legte seinen geliebten Kopf zurecht, damit er bequem ruhte.

Bis zu diesem Augenblick hatte ich noch nicht das Gefühl gehabt, daß uns der Tod für immer getrennt hatte, Pablo brauchte noch meine Fürsorge.

Jemand kam und fragte mich: «Wohin bringen wir ihn?» – «Nach Hause», antwortete ich. Man wechselte bestürzte Blicke, alle kannten den Zustand des Hauses, aber sie wagten nicht, mir zu widersprechen.

Wir gingen zum Wagen des Bestattungsinstituts, der Pablo mitnehmen sollte. Ich hielt mich dicht am Sarg, setzte mich neben den Fahrer. Der sah mich erstaunt an, anscheinend ist es ungewöhnlich, daß die Witwe in dem Wagen mitfährt, in dem der Sarg ist, aber niemand sagte etwas. Ich war eine Frau mit trockenen Augen, die nicht weinte, die zu einer Schlafwandlerin geworden war, die ihr Schicksal erfüllen würde.

Wir kamen zu Hause an. Selbst wenn ich hundert Jahre alt werde, nie könnte ich diesen Augenblick vergessen. Hätte die ganze Welt plötzlich auf dem Bauch gelegen, es hätte mich nicht brutaler in Erstaunen versetzt. Überall Splitter, die Tür offen, die Eingangstreppe ein Wasserstrom. Unmöglich einzutreten. Ich blieb einfach im Wagen sitzen, konnte mich kaum bewegen. Ein Freund kam und sagte, man müsse daran denken, ihn woandershin zu bringen; sie verhandelten, die einen schlugen eine Kirche vor, andere den Schriftstellerverband. Ich widersprach energisch. Pablo sollte in sein Haus. Sie hatten einen Kanal verstopft und so das Erdgeschoß unter Wasser gesetzt, aber oben lag das Wohnzimmer, das unmöglich überflutet sein konnte. Das Haus hat noch ein anderes Tor, einen Lieferanteneingang, der zur Manzur-Straße geht. Ich bat den Fahrer, der das alles erstaunt beobachtete, um die Ecke zu fahren und den Eingang in der anderen Straße zu benutzen. «Sie müssen auf mich warten», sagte er. «Ein Reifen ist kaputt.» Ich dachte: ein Scherz von Pablo, der in seinem Heim bleiben will. Wir warteten, daß sie den Reifen wechselten, während wir immer noch darüber stritten, wohin wir ihn bringen sollten.

Wir kamen auf die andere Seite, das Wasser strömte ebenso, aber die Passage war breiter. Inzwischen hatten alle Nachbarn erfahren, daß Pablo gekommen war und daß die Barbarei dieser Tage ihn daran hinderte, sein Haus zu betreten. Ich stieg aus. Ihrer Solidarität war ich sicher; verzweifelt sagte ich zu ihnen: «Wir müssen hier durch. Wie können wir ihn nach oben tragen?» – «Ich habe zu Hause Bretter», sagte ein Junge. «Ich hole, was ich finde», sagte ein anderer.

Zusammen mit den Freunden und Nachbarn schafften wir, was anfangs unmöglich schien. So kam Pablo nach seinem Tod nach Hause. Ich ging hinter seinem Sarg, an den ich mich klammerte, wie um mir Mut zu machen. Meine Überraschung, als wir oben anlangten, war unbeschreiblich. Was hatten sie aus diesem Haus gemacht, das noch bis vor kurzem heiter und von Blumen geschmückt war? Was war geschehen? Warum diese Zerstörung? Der Wirbelsturm der Wut hatte es verwüstet, sie hatten den Garten niedergewalzt und alles zerbrochen. Warum?

Wir betraten das Wohnzimmer, von einer schrecklichen Musik begleitet, die unsere Füße hervorriefen, als sie in die Scherben auf dem Fußboden traten. Es war, als käme das Grauen an die Oberfläche. In dem lichtdurchfluteten Haus war keine Scheibe mehr heil, überall lagen Berge von Splittern herum. Meine Fähigkeit zu staunen hatte den Gipfel erreicht; ich betrachtete das alles wie von außen, als träfe es einen andern. Jetzt war ich teilnahmslos. Schaudernd betrachtete ich dieses von einer Welle des Hasses zerstörte Haus.

Als ich das Wohnzimmer betrat, hielten sie mich zurück. «Wir müssen kehren», sagte einer. «Es ist übersät mit Trümmern und Scherben.» Ich ging weiter, auf die Scherben tretend. «So ist es besser», sagte ich. «Kehrt nicht, macht gar nichts!» Und dort, vor dem Kamin, setzten wir Pablos Sarg ab. Es war sehr kalt, wohl, weil die Scheiben fehlten oder weil die Wände kahl waren. Was hatte man aus diesem einst so mollig warmen Wohnzimmer gemacht, in dessen Kamin einst das Holz prasselte? Was war aus diesem so fröhlichen Haus geworden, wo immer Blumen, Lachen und Frohsinn gewesen waren? Wie gewohnt, fragte ich Pablo. Ein leichtes ironisches Lächeln antwortete.

Ich nähere mein Gesicht seinem geliebten Kopf und spüre nur die kalte Berührung mit dem Glas. Warum bin ich nicht in diesem Sarg, an seiner Seite? Und wer weiß, ob ich es nicht bin. Ich friere sehr. Jemand kommt, ich bitte um einen Stuhl, aber es dauert sehr lange, bis er gebracht wird, mir ist, als müßte ich fallen; ich halte mich mit aller Kraft am Sarg fest, eine Stimme sagt: «Der Stuhl kommt gleich, sie holen einen von einer Nachbarin.» Alles ist sehr schwer zu verstehen. Wie kann man begreifen, daß sie in einem Haus, das so reich ausgestattet gewesen war, nicht einmal einen Stuhl gelassen haben? Aber es ist so, sie haben alles mitgenommen.

Ihre Furcht besiegend, kamen viele Freunde. Mein Haus war von Polizei umzingelt. Die Freunde, die gewagt hatten, an ihr vorbeizugehen, erzählten mir, daß viele durch die benachbarten Straßen liefen und nicht wagten, hereinzukommen. Ich dachte, ich sollte bitten, die Polizisten abzuziehen. Ich bat eine Freundin, mich zu begleiten. Direkt am Eingang meines Hauses stand eine Menge Carabineros. Ich verlangte, den Offizier der Einheit, oder was er sonst war, zu sprechen; nie konnte ich die Rangabzeichen unterscheiden. Sie sagten, ich müßte mit dem Kommissar sprechen, denn ihnen war befohlen worden, mein Haus zu beschützen. Das klang wie schärfste Ironie in meinen Ohren. Was beschützten sie jetzt in diesem Haus, nachdem sie es ausgeplündert und zerstört hatten? Ich fragte sie nach der Telefonnummer, um mit dem Kommissar zu sprechen, und ging zu einer Nachbarin. Das Telefon meines Hauses war natürlich völlig herausgerissen worden; es lag im Hof, ganz und gar verdreckt. Zum Glück bekam ich Anschluß. Ich bat diesen Herrn, von meinem Haus die Polizei abzuziehen, sie hätte dort nichts zu tun und schüchterte nur meine Freunde ein, die es nicht wagten, in ein Haus zu kommen, das von

Maschinengewehren umstellt war. Er versprach, meinem Wunsch zu entsprechen, und erfüllte ihn halb; das Haus wurde weiter bewacht, aber aus größerer Ferne; die Freunde konnten erleichtert hereinkommen, waren aber nicht furchtlos.

Ich sitze neben Pablo auf dem kleinen, von der Nachbarin geliehenen Stuhl. Instinktiv schaue ich plötzlich zur Tür, Uniformierte mit glänzenden goldenen Rangabzeichen treten ein, ich sehe, es sind hohe, sehr hohe. Ich blicke Pablo an, ich muß hinausgehen; sie sehen zu, wie ich langsam die Treppe hinaufsteige, in unser Schlafzimmer. Die Freundinnen folgen mir. «Hab keine Angst, Matilde, es ist eine Beileidsbekundung der Regierungsjunta!» Sie merken nicht, daß das, was mich fliehen läßt, die Furcht der Umarmung ist. Ich ziehe ihre Raserei vor, jene, die dieses Haus zerstört hat und die uns alle wie mit einem Federstrich ausschalten kann. Nein. Dieses Beileid nehme ich nicht entgegen.

Da unten haben sie gewiß Pablo betrachtet, er sieht schön aus in seinem karierten Hemd, das ihm so gut gefiel. Nein, meine Herren Generäle, ich werde Ihr Beileid nicht entgegennehmen. Pablo würde nie Ihr Freund sein, Sie haben großes Glück, daß er gestorben ist, er konnte nur noch ein Kapitel in seinen «Memoiren» schreiben, und ich werde dafür sorgen, daß die ganze Welt davon Kenntnis erhält. Pablo hätte Sie mit seiner Feder gegeißelt. Wie wären Sie unter seinen treffsicheren Nadelstichen gesprungen! Schade! Ach, sehr schade!

Sie sind verantwortlich für all das Blut, das eben jetzt in diesem gleichsam gekreuzigten Land vergossen wird.

Nein, meine Herren Generäle, ich werde Ihr Beileid nicht entgegennehmen.

Ich bitte meine Schriftstellerfreunde, ihnen die Trümmer dieses Hauses zu zeigen.

Sie sind gegangen. Ich kehre ins Wohnzimmer, zu Pablo, zurück. Das Haus ist voller ausländischer Journalisten mit ihren Kameras, sie sagen vieles zu mir, was ich kaum höre.

Alle die Ereignisse dieses Tages und dieser Nacht sind sehr schwer zu erzählen, noch schwerer war es, sie zu erleben. Den ganzen Tag ziehen Leute durch das Haus, den ganzen Tag dringen Schreckensberichte an mein Ohr. «Señora, sie haben meinen Sohn ermordet», sagt eine arme verängstigte Mutter, die ich nicht kenne. «Ich möchte, daß mir jemand hilft, damit man mir den Leichnam herausgibt, ich möchte ihn jetzt nur noch begraben.» Sie blickt mich flehend an, sie glaubt, ich könnte ihr helfen. «Sehen Sie sich das Haus an», sage ich, «ich kann nichts tun als mit Ihnen leiden.» Ich denke an Víctor Jara, daran, wie sie den verstümmelten Leichnam ausgeliefert haben, und denke, wie wird der Sohn dieser armen Frau aussehen? In diesem Augenblick unterbricht uns eine Männerstimme: «Die ganze Siedlung, in der ich wohne, ist durchsucht worden; meine Frau schlugen sie, weil sie den Kopf hob, um Luft zu holen, als sie sie zwangen, sich bäuchlings hinzulegen. Sie nahmen mit, was sie fanden; sie sagen, wir dürfen keine Radioapparate besitzen, sie haben alle mitgenommen.» Ein dunkelhäutiger Mann blickt uns mit harten Augen an und sagt mit vor Erregung heiserer Stimme: «Wenn sie einen bloß umbrächten, so wäre das gar nichts, aber sie zerstückeln dich, weil du nicht aussagst, was du nicht weißt; wir dachten nur an die Arbeit, wir versuchten, dieses Land in Ordnung zu bringen, was war Schlechtes dabei?» Ich betrachte sie. Wie ihnen helfen? Wer kann ihnen helfen?

Den ganzen Tag kommen Leute, sehen Pablo an, weinen. Sie sprechen miteinander. «Armer Junge», sagt einer. «Sie fanden ihn zwei Straßen von seinem Haus entfernt, nachdem er verhaftet worden war. Seine Wohnung wurde durchsucht, sie nahmen mit, was sie wollten, das sind wahre Plünderungen.» Ich betrachte mein Haus, ja, ich weiß es am besten: Es sind Plünderungen.

Ein anderer sagt: «Sie übergeben zerstückelte Leichen, manche sind in verschlossenen Särgen, die nicht geöffnet werden dürfen. In den Lastwagen, mit denen sie zu den Haussuchungen fahren, transportieren sie immer Leichen.» Tiefes Schweigen. Ein Hauch von Schrecken verbreitet sich. Angst schleicht sich langsam in unsere Herzen ein. Wie werden wir inmitten einer solchen Barbarei leben?

Die Schatten der Nacht fallen ein und machen diese Stunden noch schwerer. Allmählich gehen die Leute fort, bei mir bleiben einige Freunde. Glücklicherweise hat jemand Drähte gezogen, und wir haben Licht. «Wie kalt es ist!» sagt eine Stimme.

Es ist eine kalte Septembernacht. In den Kragen meines Mantels gehüllt, weine ich still vor mich hin. Ich denke an dieses immer schön warm gewesene Wohnzimmer mit dem Kamin, der nie ausging. Die Freunde unterhalten sich, es tut mir gut, sie zu hören.

«Erinnerst du dich», sagt eine Stimme, «wie Pablo sich bei seinen Essen ein Bärtchen anmalte, sich einen kleinen Hut aufsetzte und ‹Die Apotheke› rezitierte? Welch einen Charme hatte er, und wie wird er uns jetzt fehlen!»

«Erinnerst du dich an Pablos Geburtstage in diesem Haus? Wie fröhlich waren sie! In einem Jahr fing ein Journalist an, die Gäste zu zählen, und als er bei 200 war, konnte er nicht mehr und gab auf.»

«Ja», sagt ein anderer, «das war das Jahr, in dem viele zum Frühstück blieben. Spätnachts verschwand Pablo; alle suchten ihn, wollten wissen, wo er war, und er saß in einer Ecke, der verborgensten im ganzen Haus, mit Matilde, sie lachten sich tot, weil es ihnen trotz so vieler Leute gelungen war, allein zu sein.» Wie gut tun mir diese Erinnerungen!

«Ob wir viele Militärs beim Begräbnis haben? Was meinst du?» höre ich eine schläfrige Stimme. «Zweifellos werden viele da sein, und wer weiß, was passiert, ich habe viele Freunde gesehen, die bis zur Ecke kamen und, als sie die Carabineros erblickten, kehrtmachten; die Maschinengewehre jagen Angst ein, weil sie skrupellos eingesetzt werden.»

Tiefes Schweigen folgt, wohl, weil jeder von uns an seine Probleme denkt.

«Meint ihr, daß wir morgen den Sarg über den Fluß da unten heben können?» frage ich. «Keine Sorge, die Nachbarn bringen noch mehr Bretter her. Den ganzen Tag haben sie irgendwas hergebracht.» Eine Señora kommt mit einer Suppe, wie gut die mir tut! Und wir haben sogar eine Flasche Pisco. Und die kleine Dunkelhäutige bringt Kaffee. Ich sage zu ihr: «Wie kommst du hierher, wo doch Sperrstunde ist? Am Ende jagen sie dir eine Kugel in den Leib!» Sie lacht sehr und sagt: «Ich krieche beinah an den Füßen der Polizisten vorbei, die überall sind, mir macht es Spaß, sie zum Narren zu halten.» Sie geben mir eine Tasse Kaffee. Wie gut er mir tut, ich bin innen und außen eisig.

Ich verliere den Zeitbegriff. Jemand kommt und sagt zu mir: «Es wird Tag.»

Wieder kommen Leute. Wie den Augenblick der Trennung hinausschieben? Wie wird es werden? Ich sehe Pablo an und denke daran, daß er nicht gern allein ist, aber wie es verhindern? Wie wird das sein, wenn wir uns für immer trennen müssen? Meine Augen werden ihn überall suchen, meine Hände werden sich vergebens ausstrecken, nie mehr werden sie in den seinen liegen, ich habe Angst, was wird aus mir? Wie werde ich das alles ertragen?

Das erste Morgenlicht dringt ein wie eine Drohung, der Tag ist da, die Stunde wird kommen.

Viele Leute treffen ein, manche weinen, umarmen mich, sagen mir vieles, was ich nicht höre. Ich habe einen bitteren Geschmack im Mund, bringe kein Wort heraus. Alles geschieht unglaublich rasch.

Jemand sagt zu mir: «Sie müssen hinausgehen, Señora.» Ich bewege mich nicht, hier bleibe ich. Sie fangen an, den Sarg zuzuschweißen, Funken und Bleiteilchen stieben; ich sehe alles, fühle nichts, meine Augen sind trocken, sie tun mir weh. Ich glaube, sie spiegeln Überraschung wider, nur Überraschung. Särge werden geschweißt, und ich wußte das nicht! Dort, wo Pablos Gesicht war, finde ich jetzt nur einen Holzdeckel.

Unmittelbar darauf setzen sie sich in Bewegung. Ich habe Angst.

Die Wohnzimmertür öffnet sich sperrangelweit, das heißt der Rahmen. Die Tür war auch aus Glas gewesen, das jetzt fehlt. Viele Hände heben sich, der Augenblick ist gekommen.

Mein Herzschlag beschleunigt sich so, daß es mir körperlichen Schmerz bereitet, wie bei einem Erstickungsanfall.

Schweigend gehe ich hinter dem Sarg; ich spüre meine Füße nicht, höre nur das Geräusch der Scherben, das beim Drauftreten entsteht, und wir gehen durch die Tür, die keine ist.

Der Sarg war vor mir, getragen von Freunden, an die ich mich nicht erinnere, weil ich nur den Sarg sah, den sie verschlossen hatten; ich würde sein Gesicht nie mehr sehen, zurück blieb das große, kalte, kahle Zimmer. Und jetzt gehe ich auf diesem kleinen Steinweg hinter meinem Pablo, der weder zu mir sprechen noch mich anblicken, noch eine drollige Grimasse machen kann, damit ich nicht so traurig wäre; aber ich weiß, daß er mich irgendwie anschaut, und ich habe einen roten Pullover unter meinem blauen Mantel an, um nicht auszusehen wie in Trauer, etwas, was er nicht ausstehen konnte.

Wieder mußte die Brücke über den Kanal passiert werden, einer der Sargträger fiel ins Wasser, so daß sein Bein zur Hälfte naß wurde; welche Mühe, alles ist so schwierig!

Zum ersten Mal sehe ich meine Freunde, nur wenige konnten kommen. Ich steige in das Auto, das mir die mexikanische Botschaft geschickt hat. Ich denke an meinen armen Fahrer, der mit meinem Wagen verschwunden ist, wo mag er sein, welches Schicksal hat ihn ereilt?

Wir setzen uns in Bewegung; von meinem Sitz aus blicke ich weiter zu Pablo, der vor mir ist.

Wir erreichen den kleinen Platz des Hügels San Cristóbal. Aus allen Straßen strömen Männer, Frauen, strömt das Volk, um sich dem Zug anzuschließen, um seinem Dichter Lebewohl zu sagen, dem Mann, der soviel an sie alle gedacht, der soviel gekämpft hat, damit eines Tages Gleichberechtigung herrsche, damit ihnen Gerechtigkeit widerfahre. Aus einem bescheidenen Haus tritt eine Frau mit einem Blumenstrauß, sie ist verschleiert, sie weint, und sie sagt viel, aber ich verstehe sie nicht. Aus allen Straßen strömen Menschen herbei. Auch Militärfahrzeuge tauchen auf, deren Besatzungen ihre Maschinengewehre auf uns richten, aber sie halten an, sicher wollen sie uns Angst einjagen. Das gelingt ihnen nicht. Immer mehr Menschen reihen sich in den Zug ein, und laute Rufe ertönen: «Pablo Neruda unter uns, jetzt und immer!» Alle marschieren, ungeachtet der Schreckensbotschaft, die die Maschinengewehre verbreiten wollen, welche an jeder Ecke auf uns zielen. Ich schaue zurück, mein Blick verliert sich zwischen so vielen Menschen. Viele Frauen weinen. Ich sehe einen Mann, der meine ganze Aufmerksamkeit fesselt, er hat ein rundes Gesicht, ist sehr dunkelhäutig, sein Mund ist schmerzverzerrt, in auffallendem Gegensatz dazu preßt seine Hand eine rote Nelke an die Brust, sein Blick ist stahlhart, der weint nicht, der wartet.

Wir kommen an den Friedhof, wir sind viele, auch die Militärfahrzeuge sind viele. Sie nähern sich, es ist ein von Gewehren und Maschinengewehren starrendes Begräbnis. Welch ein Polizeiaufgebot bei der Totenfeier für den friedlichsten Menschen der Welt, für einen Dichter!

Das Volk weiß, was dieses Aufgebot bedeutet, so viele sind schon gefallen, soviel Blut liegt auf den Straßen von Chile, und deshalb ist doppelt herzergreifend der Mut dieses Volkes, das ruft: «Pablo Neruda unter uns, jetzt und immer!»

Nie werde ich diesen Augenblick vergessen. Jene Blicke, in denen sich Schmerz und Rebellion mischen. Jeder von ihnen empfindet den Schrecken angesichts des Schicksals, das so viele Freunde und Verwandte getroffen hat: gefangen, versteckt, von Folter gepeinigt. Und in diesem Augenblick erdrückender Finsternis hört man wie einen Ruf der Befreiung: «Pablo Neruda unter uns, jetzt und immer!» Dieser Ruf vermittelt mir einen Strahl des Lichts, der Hoffnung, dieses ist ein lebendiges Volk; die es mit ihrem Stiefel niedertreten wollen, werden große Mühe haben. Meine Herren Militärs, das ist die Stimme des Volkes! Ich bin überzeugt, daß wir alle Angst haben, aber es ist, als gelte es, einen Auftrag zu erfüllen. Plötzlich höre ich eine sehr schüchterne Stimme singen: «Wacht auf, Verdammte dieser Erde . . .» Viele vereinen sich mit dieser schüchternen Stimme: «. . . Heer der Sklaven, wache auf!» Werden sie auf uns schießen? frage ich mich. Ich sehe das Volk: Alle gehen erhobenen Hauptes, trotzig; es ist schön, diesen Mut zu sehen. Die Tränen in meinen Augen trocknen; in diesem Augenblick wird in mir etwas sehr Starkes geboren, die Überzeugung, daß ich nicht allein bin. Pablo hat mir ein Erbe hinterlassen, dieses Volk. Und auch ich hebe den Kopf. Der Schmerz in mir ist sehr groß, aber ich bin nicht allein. Jetzt bin ich die Frau mit dem mächtigsten Beistand der Welt.

Wir gelangen an eine mir völlig unbekannte Krypta, mit Schrecken nehme ich ihre eiserne Pforte wahr. Reden werden gehalten, alle furchtsam, nichts wird über die Zeit gesagt, die wir erleben. Jemand fragt mich, ob die Reden schon beendet sind. Die verhängnisvolle Stunde, vor der ich mich so gefürchtet hatte, ist gekommen, sein Leichnam wird unter diese kalte Steinplatte sinken. Das ist wirklich die endgültige Trennung. Alles bewegt sich, der Sarg rückt vor, und in diesem Augenblick betrete ich, ohne mir dessen bewußt zu sein, hinter ihm das Mausoleum. Dort blicken mich zwei Männer an, und ich blicke sie an, ich sehe keine Grube, wo werden sie ihn beisetzen? Ich schaue sie überrascht an. «Es ist vergessen worden, die Grube auszuheben, Señora», sagt der eine, «aber morgen wird es gemacht. Das kommt oft vor.» Ich strenge mich unerhört an, um zu begreifen, was sie sagen. «Bestimmt kommt es oft vor», antworte ich, «aber Pablo soll jetzt sofort beigesetzt werden. Ziegelsteine, Zement und Sand müssen beschafft werden. Bringen Sie bitte alles Notwendige, ich warte.» Ich gehe hinaus. Alle sind eilig weggelaufen. Ich bleibe vor der Krypta. Da erfahre ich, daß Leid etwas Körperliches ist, das an mir nagt und mir einen kalten Schmerz zufügt. Wie kalt!

Das Schicksal erspart mir nichts. Hier stehe ich und warte auf die Ziegelsteine und den Zement, um meinen Pablo zu begraben.

Ich weiß nicht, wie lange ich dort gestanden habe, in mein Leid versunken. Das Material kam, welche Erleichterung! Die Totengräber waren kräftig, energisch. Ich half Steine setzen. Die Männer sahen mich an, ich glaube, sie zweifelten an meinem Verstand. Alle Augenblicke sagten sie: «Wir machen es, Señora.» Sie konnten nicht verstehen, was es für mich bedeutete, ihnen zu helfen. Viele Blumen waren zu Pablos Grab getragen worden, stundenlang ordnete ich sie, suchte die mit den lebhaftesten Farben heraus, diejenigen, die nicht verwelkt waren.

Ich blieb dort, tat alles langsam, als brauchte ich nie wegzugehen. Dies war unsere große Trennung; mir war beklommen zumute, ich hatte ein sehr bitteres Gefühl. Ich ließ ihn in dieser ungastlichen Grabstätte zurück, fragte mich, warum ich ihn hierhergebracht hatte, mir gefiel die eiserne Pforte nicht, sie war wie das Symbol dieser Zeit, wir alle standen hinter einem Gitter, wurden beobachtet, belauert, hatten Angst.

Ich ging, man mußte die Pforte abschließen, das war das Schaurigste. Durch das Eisengitter blickte ich auf das Grab von meinem Pablo. Lange verharrte ich da. Ich weiß nicht, wie ich den Friedhof verließ. Ich kehrte erst in die Wirklichkeit zurück, als ich eine hilfsbereite Stimme hörte: «Wohin soll ich Sie bringen, Señora?» Es war der Fahrer der mexikanischen Botschaft, der auf mich wartete. «Nach Hause», antwortete ich. Er sah mich überrascht an. «In die Márquez de la Plata?» fragte er. «Ja, nach Hause», antwortete ich einfach. Wir kamen an, ich dankte ihm und stieg aus.

Das Tor stand offen. Dieses so fröhliche Haus, das ich so liebte, schien mir jetzt unheimlich. Alles war durchnäßt. Es war so kalt. Ich ging zu einer Nachbarin, sie erschrak, mein Anblick muß verheerend gewesen sein. Sie machte mir ein Kämmerchen zurecht, und ich legte mich nieder, wie gut war es, weinen zu dürfen, wenn niemand es hörte.

Meine Nachbarin hatte diesen Raum in einer Abstellkammer eingerichtet, er war so klein, daß gerade die Pritsche darin Platz hatte, das bedrückte mich, ich hatte Angst, die engen Wände hielten mich gefangen. Die Nacht brach an, ich erwartete sie wie eine gute Freundin; ich würde schlafen, bestimmt, weil mein Kopf müde, meine Augen halb geschlossen waren, ich öffnete sie kaum, sie taten mir weh, die Tränen hatten mein Herz erleichtert, aber meine armen Augen fühlten sich gepeinigt.

Mit dem Gedanken, am nächsten Tag nach Isla zu fahren, glaubte ich einschlafen zu können. Sobald es dunkel und schon Sperrstunde war, hörte man unablässig den dumpfen

Hall von Schüssen, so nahe an den Fenstern, daß wir dachten, sie würden bis zu uns kommen. Wir waren zwei verschreckte Frauen.

Das war ein Krieg, daran zweifelte ich nicht im geringsten, aber die Toten, die ich an den darauffolgenden Tagen sah, waren nur von der einen Seite! Was für ein ungleicher Kampf!

Endlich tagte es, ich wußte nicht, ob ich geschlafen hatte oder nicht. Da lag ich wie ein armseliger, in die Laken gesteckter Gegenstand, alles war mir fremd, mein Blick stieß an allen Seiten auf Wände, die so nah waren, daß sie sich plötzlich zusammenzudrängen schienen. Verängstigt erhob ich mich; auch meine Freundin hatte nicht schlafen können, mich erwartete eine Tasse heißer Kaffee, es war seit Tagen das einzige, was ich zu mir nahm. Er tat mir sehr gut. Meine Freundin versuchte entschlossen, mir Mut zu machen, aber auch sie hatte Angst. Sie wohnte in dem Häuschen völlig allein.

Ich wollte am selben Tag nach Isla fahren, aber vorher noch einen letzten Blick auf mein Haus werfen; nur ein paar Meter waren es bis dahin. Gegenüber dem Eingang hatte die Brigade Ramona Parra in großen Buchstaben geschrieben: «Willkommen, Pablo Neruda.» Auf die andere Seite hatten sie ein Wandbild gemalt: viele Köpfe, die dicht gedrängt, wie beflügelt, marschierten. Diese Wandbilder waren entstanden, als Pablo 1972 nach Chile zurückkehrte, nachdem er den Nobelpreis erhalten hatte, und da waren sie noch, unversehrt und fröhlich, und boten jetzt einen abgrundtiefen Kontrast zu diesem Haus mit seinen eingeschlagenen, zersplitterten offenen Türen. Wie sonderbar, mein Haus zu betreten, ohne den Schlüssel hervorholen zu müssen! Beim Eintritt umfingen mich eisige Kälte und Feuchtigkeit. Der Wasserspiegel war gesunken und hatte dunklen Schlamm zurückgelassen, der sich mit den von dem Brand übriggebliebenen verkohlten Resten vermischte. Ich ging ins Eßzimmer durch die einst verglaste Tür; überall Trümmer. Ich betrachtete die weißen Konsolen, die für die schweren Keramiken angefertigt worden waren. Ich erinnerte mich an unsere

Reisen in den Süden: Alle Jahre fuhren wir nach Quinchamalí, da kannten uns die Töpferinnen. Einige waren sehr alt, sie saßen auf dem Boden und formten die Tonfiguren. Stundenlang sahen wir ihnen bei der Arbeit zu. Aus ihren weisen Händen gingen, wie Wunderdinge, die Pferdchen mit ihrem Reiter auf dem Rücken, die Frau mit ihrer Gitarre und vieles andere hervor. Ich erinnerte mich, daß die Töpferinnen, wenn wir alles gesehen hatten, mit schelmischen Augen für Pablo eine Truhe öffneten, aus der die Überraschung auftauchte, ein Einzelstück, das sie im Winter für ihn angefertigt hatten. Manchmal war es eine Gruppe auf einem Fest; andermal waren es Köpfe von kleinen Tieren, ein Mann, der sich auf seinem Pferd zurechtsetzte, und dabei seine Peitsche fest gepackt hielt, und vieles, vieles andere. Für uns waren das die größten Schätze, die man im Leben erwerben kann. Sie waren nicht zum Verkauf bestimmt, sondern extra für Pablo, mit Liebe gemacht, Figuren, die er hochzuachten wußte und für die er sehr dankbar war. Als Kontrast zu diesen schwarzen Figuren hatten wir von unserer letzten Reise nach Polen eine Kollektion Keramiken in dieses Haus mitgebracht. Wir hatten uns die Ausstellung eines Keramikers angesehen, seine Figuren waren sehr merkwürdig, sehr blaß, glänzend. Als Motiv hatten alle einen Schwan, er lag in den Armen eines Mädchens, oder er reckte den Hals gen Himmel, oder er war beim Fressen, oder er trug ein Junges auf dem Rücken; das Merkwürdige daran war, daß sich keine wiederholte, es war das Werk einer außergewöhnlichen Phantasie. Wir, die wir uns als Spezialisten für Schwäne betrachteten, waren beeindruckt. Pablo erhielt in diesen Tagen das Honorar für ein soeben veröffentlichtes Buch. Er fragte unsere Dolmetscherin, ob er die ganze Ausstellung kaufen dürfte, sie dachte, das wäre ein Scherz, sie kannte Pablo nicht. Man erkundigte sich. Außer einigen Figuren, die der Keramiker behalten wollte, kauften wir alle.

Welch ein Fest, als wir sie in Chile auspackten! Wo sollten wir sie hinstellen? In Santiago, meinten wir übereinstimmend, denn hier standen die Figuren aus unserem Quinchamalí, die womöglich mit ihnen wetteifern würden.

Hierher hatten wir vor kurzer Zeit auch die ganze Sammlung naiver Bilder gebracht. Nemesio Antúnez, damals Direktor der Schule der Schönen Künste, hatte mit Pablo gesprochen, um eine Ausstellung naiver Bilder im Museum zu veranstalten. Es gab viele, aus den entferntesten Gegenden: aus Mexiko, Kolumbien, Buchara, Samarkand, Coronel, Talcahuano; es gab große und kleine. Von den großen waren nach der Zerstörung nur die Rahmen übriggeblieben: Wußten diese Leute, was sie mitnahmen? Hatten sie sie vernichtet, oder bewahrte sie jemand zu Hause auf? Wie auch immer, sie konnten nicht ermessen, was sie vor sich hatten. An die aus Samarkand und Buchara erinnere ich mich besonders gern, wir fanden sie auf den Märkten, sie waren von sehr lebhaften Farben, mit Tauben und Blumen, fast alle in vergoldeten, einige in versilberten Papprahmen, es war schwierig, sie zu hängen, weil sie mit ihren leuchtenden Farben die Bilder in der Nähe verdunkelten.

Jetzt, hier in diesem Speisezimmer, sehe ich zerfetzte Rahmen, verstümmelte Nasen, Beine, Köpfe, in dem schwarzen Morast durcheinandergeworfen. Dieser und jener Schwanenkopf taucht plötzlich auf, Stücke von Tonpferden liegen dazwischen. Alles war von der über das Haus hereingebrochenen Flut aus sinnloser Wut kaputtgemacht worden. Alle, die gestern hier eintraten, nahmen sich ein Stückchen als Souvenir mit, vor allem die vom ausländischen Fernsehen.

Etwas ist in diesem Speisezimmer geblieben: der große, sehr lange Tisch aus rohem Holz. Pablo hatte ihn im Raum selbst machen lassen. Er ging weder durch Fenster noch durch Türen. Da, mitten im Schutt, sah ich ihn liebevoll an, wie einen alten Bekannten, stark beschädigt, aber er stand da.

Auf Scherben tretend, zerknautschte, verbrannte Matratzen zur Seite schiebend, ging ich hinauf ins Atelier. Wie viele Erinnerungen! Es war offen, ich trat ein. Ein Arbeitszimmer, da stand sein Tisch.

Neben dem Kamin eine riesige Uhr; ihre Größe hatte sie nicht gerettet; sie hatten sich die Mühe gemacht, das ganze Uhrwerk abzuschrauben, seine Rädchen waren über das

Zimmer und den Garten verstreut. Ihr großes türkisblaues wappengeschmücktes Zifferblatt hatten sie wütend zerschlagen; es überlief mich kalt, sie sind wahnsinnig. Wie vieler Verbrechen wären sie fähig? Ich betrachtete das alte Bildnis einer Dame; es war ein sehr gutes Gemälde, einem Schüler Caravaggios zugeschrieben; sie hatten das Gesicht beschädigt, die Leinwand neben der Nase zerrissen. Alle anderen Gemälde und die Stiche aus diesem Zimmer hatten sie mitgenommen. Wo sind sie? Ich will es nicht wissen.

Neben diesem Atelier liegt ein kleines Zimmer, in das ich mich zurückzog, wenn Pablo arbeitete; dort las ich, spielte Gitarre oder rechnete die Ausgaben durch, da ich die Mittel unendlich strecken mußte. Da war nichts mehr, alles war verschwunden: Diese Zimmer waren fast durchsichtig; nicht eine Scheibe hatten sie heil gelassen.

Langsam ging ich durch den Garten, dort hatte ich alles mit meinen Händen gepflanzt, er war meine Leidenschaft. Ich erinnere mich an einen Tag, an dem Pablo kam, wortlos an mir vorüberlief und den ersten, den er traf, fragte: «Wo ist die Señora?» – «Im Garten», war die Antwort.

Er trat zu mir, und als er mich ansah, fing er an zu lachen. Ich verschmierte mir immer das Gesicht, wenn ich mir das Haar zurückstrich, das mich vor den Augen störte. «Ich habe dich mit einem Jungen verwechselt», sagte er, «ich dachte, du hättest einen Gärtner angestellt.» Kurz darauf schrieb er für mich die «Ode an die Gärtnerin». Gibt es einen schöneren Lohn?

Jetzt betrachtete ich diesen Garten, der völlig verwüstet war: Oben hatten sie alles, was sie konnten, abgebrochen, glücklicherweise standen da sehr hohe Bäume, denen sie nichts anhaben konnten, aber die niedrigen hatten sich nicht schützen können. Als das Haus in Brand gesteckt wurde, fingen diese Bäume rasch Feuer; sie waren die Retter, denn die Flammen und der Rauch alarmierten die Nachbarn, sie riefen die Feuerwehr, die dann schnell eintraf. Hier reckten jetzt diese Bäume ihre geschwärzten, versengten Aststümpfe empor, als klagten sie die Barbarei an: Sie waren es gewesen, die meine sich an ihren Zweigen fröhlich emporrankenden

Kamelien und Copihues geschützt hatten. Ich suchte nach ihnen, vor ganz kurzer Zeit erst hatten sie, mein Gärtnerstolz, hier noch geblüht.

Ich steige hinauf in unser Schlafzimmer, da steht unser Bett, es hat sich auch durch seine Größe gerettet. Die verschmutzte Matratze sieht aus, als hätten sie tausend Jahre darauf herumgetrampelt; eine Seitenwand des Bettes ist zerbrochen, wie haben sie das fertiggebracht? Sie war sehr stabil gewesen. Welche Mühe! An den Wänden – nichts. Ich erinnere mich, daß sich hier Gemälde befanden, die wir aus Capri mitgebracht hatten, verschiedenfarbige Rosen; wir hatten sie in einem Antiquitätenladen in Neapel gekauft, sie waren sehr fröhlich gewesen. Auf Capri gab es einen sehr tüchtigen Rahmenmacher; Pablo entwarf Spiegelrahmen, die dieser Handwerker mit großer Begeisterung anfertigte, sie sahen aus wie aus einer anderen Epoche. Dort auf Capri begleiteten sie uns und in diesem Haus ebenso, gleichsam als Fortsetzung jener glücklichen Zeit; ich betrachtete sie gern. Jetzt sind sie verschwunden, wohin?

Ich weiß nicht, wie lange ich blieb, leidend, in Erinnerungen versunken. Ich ging hinunter ins Wohnzimmer, es war ganz und gar leer, nicht eine Scheibe in den Fenstern, ein paar verwelkte Blumen auf dem Fußboden kündeten von Pablos Begräbnis. Erst gestern war ich den ganzen Tag und die Nacht hiergewesen und hatte ihn zum letzten Mal gesehen. Mir zitterten die Hände.

Ich gehe hinunter in den Garten, betrachte zum letzten Mal die Verwüstungen, möchte weg, rasch weg, aber meine Füße kleben an diesem schwarzen Morast, auf den ich trete. Mühsam versuche ich, meine Gedanken zu ordnen, und ich entferne mich von diesem Phantomhaus, blicke auf seine Tür, wie sonderbar kommt es mir vor, dieses so geliebte Haus zu verlassen und es nicht abzuschließen! Ich blicke auf das Wandbild gegenüber der eingeschlagenen Tür. «Willkommen, Pablo Neruda!» Das alles war wie ein Alptraum aus der Science-fiction.

Ich kehre zu meiner Nachbarin zurück, sie ist verängstigt, ich benutze ihr Telefon, sie hat mich aufgenommen, und ich verstehe, daß ihr das viele Schwierigkeiten verursachen kann, sie sind in ihre Wohnung gekommen, um ihr Fragen zu stellen, ich muß gehen, darf sie nicht länger gefährden. Mein Fahrer und mein Wagen bleiben verschwunden. Mein Freund und Rechtsanwalt Juan Agustín Figueroa unternimmt weiterhin Schritte, um zu erfahren, wo er abgeblieben ist. Ich bitte ihn, mir jede Nachricht nach Isla zu übermitteln.

Ich spreche mit der mexikanischen Botschaft. Der Botschafter hat mit dem Flugzeug, das uns mitnehmen sollte, das Land verlassen. Ein Beamter teilt mir mit, daß er damit betraut ist, für mich jedes Problem zu lösen. Ich bitte ihn, mich nach Isla Negra bringen zu lassen.

Ich fühle mich als die traurigste und verlassenste Frau der Welt. Woher soll ich die Kraft nehmen, die natürliche Ordnung der Dinge wiederherzustellen? Dieser Sturz geschah zu jäh, wo ich doch noch gestern wie in Träume gehüllt lebte. Jetzt fehlt mir alles, mir fehlen seine Hände, die voller Lebenserfahrung waren, die mich stützten. Jetzt schlägt mich alle Augenblicke eine Schreckensbotschaft.

Ich fahre auf einer nicht enden wollenden Landstraße; alle Augenblicke Kontrollen und Fragen und feindselige Blicke, die weh tun. Hätte ich nicht in einem Diplomatenwagen gesessen, wäre ich vermutlich nie angekommen.

3

Ankunft in Isla Negra

Ich komme in Isla Negra an, was ich empfinde, kann ich nicht beschreiben. Mir ist, als ginge ich etwas Unbekanntem entgegen, das mich bedroht. Ich habe Angst.

Erst in dem Augenblick, als sich die Pforte öffnet und ich eintrete, werde ich mir meiner tiefen Einsamkeit bewußt; nie zuvor habe ich in diesem Haus die Bedeutung dieses Wortes kennengelernt. Ich spüre die große Stille.

Lähmende Furcht befällt mich, etwas hält mich zurück. Dort am Eingang ist alles wie sonst und alles anders; plötzlich ein fast unhörbares sanftes, zärtliches Winseln: Es ist meine Hündin. Panda reibt sich an meinen Beinen und fordert mich auf, einzutreten, als wollte sie mir mit ihrer Wärme und Zärtlichkeit Mut und Trost spenden. Der Garten steht in voller Blüte. Die Natur hat ein Festkleid angelegt, die Bäume sind in frisches Grün gehüllt. Alles ruft frohgemut: Der Frühling ist da! Meine Augen blicken auf dieses Fest der Farben, und etwas in meinem tiefsten Innern will protestieren: Nein, es gibt keinen Frühling, alles ist finster wie in einem riesigen Gefängnis, es gibt keine Fenster, keine Luft, kein Licht, die Welt ist eine tiefe Grube, die sich schließt und mich langsam erdrosselt.

Zögernd gehe ich ins Haus. Die Zimmer wirken größer. Ich friere, es ist die Kälte seiner Abwesenheit, die ich in ihrem ganzen Ausmaß zu spüren beginne. Ich laufe weiter durchs Haus, komme in die «Höhle», dieses winzige Arbeitszimmer mit seinem rustikalen Tisch. Auf dem Schreibtisch seine ganz lebendige Gegenwart: sein halb aufgeschlagenes Heft, große, kleine, vielfarbige Stifte; in einem Ständer noch unverwelkte Blumen, die letzten, die ich hingestellt habe, bevor ich abfuhr; vor so kurzer Zeit, und doch ist seitdem scheinbar eine Ewigkeit vergangen. In einem kleinen Rahmen mein Porträt; darauf lache ich glücklich. Das alles scheint so fern zu sein. Ich setze mich an seinen Schreibtisch und betrachte weiter dieses Zimmer. Es enthält eine Sammlung großer und kleiner alter Gefäße. Die übrigen Gegenstände sind Tierfiguren aller Art. Sehr oft sagte er: «In diesem Zimmer habe ich alle meine Tierchen», und schelmisch blickte er auf zwei Porträts von mir, eins hatte er auf seinen Schreibtisch gestellt und das andere über die Eingangstür gehängt, eine Zeichnung, die Glasunow, ein russischer Maler, in Moskau gemacht hat.

Ich betrete die Bibliothek, am Eingang empfängt mich der Duft getrockneter Kräuter. Pablo kaufte auf den Märkten alle Arten aromatischer Kräuter und legte sie in die Schubläden, nie zuvor habe ich ihren Duft so deutlich wahrgenommen; es ist, als sei Pablo selbst anwesend, heute empfängt er mich, als wollte er mir etwas sagen.

Panda folgt mir, begleitet mich, ab und zu streicht ihr weicher Schwanz über meine Beine, um ihre Gegenwart zu melden.

Nie zuvor hatte ich bemerkt, daß es hier so still war. Unwillkürlich suche ich ihn. Das Abendlicht breitet Frieden über die Dinge aus. Ich betrachte die Wände, seine Bücher, seine Uhren, seine Schiffe, die schwarzen Figuren und zahlreiche Gegenstände, die unendlich viele Erinnerungen wekken. Ich begreife, daß Pablo hier war und sich nach mir sehnte, ohne mich zu erwarten. Ich scheine von allem isoliert zu sein, ich habe eine verwirrende und fremde Welt betreten, alles, was ich sehe, hat jetzt eine andere Dimension.

Ich gehe weiter, von einem unaussprechlichen Gefühl beherrscht. Da verbrachte Pablo die meiste Zeit. Um diese Bibliothek hatte er sich mit wahrer Liebe bemüht. Er baute sie, indem er Türen und Fenster aussuchte und dann seine eigenen Entwürfe machte. Ich erinnere mich an seine Begeisterung, als er sie mit diesen ärmlichen Möbeln ausstattete, die fast alle aus seiner Vorstellungskraft hervorgegangen sind. Hier stehe ich neben dem großen Tisch, als dessen Fuß er das Rad eines der Karren wählte, die sehr alt, sehr primitiv sind, keine Achsen haben und serienmäßig hergestellt werden; obenauf eine riesige Glasplatte. Alles ist mit Phantasie und Liebe gemacht; dort verbrachte er Stunden, den größten Teil des Tages, inmitten seiner Bücher. Wie er sie liebte und hütete!

Ich gehe weiter. Steige hinauf zu meinem Schlafzimmer. Ich glaube, ich hatte Angst davor. Das blühende Geißblatt klettert die Treppe hinauf. Oben empfängt mich das Meer. Immer schien es mir verspielt und lustig. Heute erschreckt es mich; es stampft, tobt, bedroht mich. Ich lasse mich in seinen Sessel fallen, bin erschöpft.

Panda macht sich bemerkbar, ich streichele sie, sie ist meine große Freundin, ihre Augen sind so schön.

Es dämmert, rötliches Licht entzündet Himmel und Meer, aber bald wird dieser Abend, der seine farbigen, fröhlichen

Flügel ausbreitet, vergehen. Ich denke nur daran, daß sehr bald die Schatten auftauchen. Ein unerklärliches Gefühl der Schutzlosigkeit überkommt mich, erschrocken frage ich mich: Werde ich imstande sein, diesen Weg unsagbarer Traurigkeit zu beschreiten? Ich blicke aufs Meer.

Hier vor meinem Fenster geht der Abendstern auf. Nie habe ich ihn andächtiger betrachtet als jetzt. Er war sein erstes Geschenk. Unter ihm fand unser erstes Stelldichein statt, ganz im verborgenen, und wir genossen diese verbotene Liebe, die uns so viele Jahre begleitete. Pablo streckte seinen Arm aus und sagte sehr feierlich zu mir: «Siehst du den Stern da? Er geht als erster auf, ich schenke ihn dir für immer, er gehört dir, und wenn wir getrennt sind, wird uns dieser Stern vereinen.»

Jetzt hat dieses Geschenk eine außerordentliche Bedeutung, ich frage mich, ob Pablo ihn sieht und mir Botschaften sendet, die ich nicht verstehe.

Dann erinnere ich mich an sein zweites Geschenk, aber das trage ich in meiner Manteltasche. «Ich bringe dir ein Geschenk», sagte er mit geheimnisvoller Miene. «Gib mir deine Hand!» Und er ließ einen glatten, vom Wasser polierten kleinen Flußstein hineingleiten. Ich betrachtete ihn, überrascht befühlte ich ihn; dieses Steinchen, aus der von Zärtlichkeit sanften Hand empfangen, war das kostbarste Kleinod, es war wie ein Teil seiner Hand, die mit ihrer Weichheit und Wärme einen unendlichen Reichtum an Liebe und Leidenschaft schenkte.

Die Schatten der Nacht kommen langsam, unerbittlich. Überall Stille.

Dieses Schlafzimmer empfinde ich als unermeßlich, und dieses Bett ist so groß. Panda weicht nicht von meiner Seite.

Vielleicht ist dies ein ungeheurer Alptraum, aus dem mich eine Stimme reißt, die zu mir sagt: «Faule Patoja, wie lange schläfst du noch?» Mit Entsetzen denke ich an die Nacht. Mir ist, als steckte ich in einem riesigen Loch, wie würde ich da herauskommen? Langsam laufen Tränen über mein Gesicht. Sie stören mich nicht, nein, sie sind gut, sie tun mir wohl, ich lasse sie hinabrinnen. Ich möchte weinen, jetzt, wo ich allein bin. Panda hat ihre feuchte Schnauze auf meine Füße gelegt, sie ist die einzige Zeugin meiner unendlichen Verwaisung. Sie wird niemand erzählen, daß sie mich hat stundenlang weinen sehen, daß ich nicht weiterleben will, daß ich Angst habe. Es ist eine unvernünftige Angst. Ich bin in diese große Stille getaucht, die nur von den Stimmen des Meeres unterbrochen ist, welche mich vielleicht zu trösten versuchen. Ein Schwarm zügelloser Gedanken kommt mir ins Gedächtnis und martert meinen armen Kopf, als wollte er ihn sprengen. Seine Krankheit, sein Tod, sein Begräbnis. Die Gedanken werden zu Stimmen, die mir heimtückisch ins Ohr flüstern: «Steigen Sie aus, Señora, der Krankenwagen muß durchsucht werden!» – «Er muß angezogen werden, wo sind die Sachen?» – «Besteh nicht darauf, Matilde, sie haben den Kanal verstopft, dein Haus ist überschwemmt, du kannst nicht zu Pablo hinein.»

Die Nacht bricht an. Ich blicke auf die dunklen Fenster; plötzlich sehe ich seine Augen. Werde ich jetzt verrückt? Es sind seine Augen, die mich unsagbar zärtlich anblicken. Ich möchte ihn berühren, nähere mich, mein Kopf trifft nur auf die kalte Fensterscheibe. Es wird Licht gemacht, und eine Stimme sagt: «Es ist sehr dunkel, wo soll ich diesen Koffer hinstellen, Señora?»

Ja, es ist Nacht geworden, und mit wem soll ich sprechen? In den Mondnächten öffneten wir die Fenster, löschten die Lichter und sprachen miteinander, worüber? Ich erinnere mich nicht daran, aber es war so gut, zu fühlen, wie der Schlaf unsere Stimmen löschte.

Immer noch blicke ich aufs Meer, ohne etwas zu sehen.

Jemand kommt ins Zimmer, um mir etwas anzubieten, es muß wohl sehr spät sein. Ich würde gern sprechen, aber wovon?

«Bis morgen», sage ich, «ich brauche nichts, ich möchte nur allein sein.» Wie lange sitze ich da vor dem Fenster? Ich weiß es nicht; ich habe den Zeitbegriff verloren, meine Füße sind kalt und eingeschlafen, und es drängt mich, sie zu bewegen.

Wie eine Nachtwandlerin verlasse ich das Zimmer. Es

wird sehr spät sein, ich muß umherlaufen. Alles ringsum ist von dem Auf und Ab und dem Rauschen der Wellen in den Schlaf gewiegt. Ich gehe hinaus, die frische Luft tut mir gut. Vom Meer her zieht ein feiner Dunst auf.

Das Haus wirkt gespenstisch, gewaltig, verschwommen, als wäre es ein anderes Haus, ich schaue hinauf, es kommt mir riesig vor, wie es sich da gegen den Himmel abzeichnet, von den Kiefern eingefaßt, die schwarz geworden sind, als drohten sie. Ich lasse mich auf einem steinernen Sitz mit Blick aufs Meer nieder, von wo aus wir die Sonnenuntergänge zu betrachten pflegten. Wie viele Erinnerungen! Damals wußte ich nicht, wie groß mein Glück war. Jetzt lasse ich vergeblich diese Erinnerungen vorüberziehen, um den Frieden zu finden, den ich nie mehr genießen werde. Denn wie die Erinnerungen an diese Tage, die mir soviel Leid zufügen, verscheuchen? Wie die Menge anonymer Toter vergessen, die dort überall, ohne Kerze, ohne Blumen, ohne Tränen einfach verscharrt sind?

Jetzt, auf eben diesem steinernen Sitz, in meiner Panik zusammengekauert, fühle ich mich in ein chaotisches, sinnloses Universum versenkt, wie kann ich weiterleben nach so vielen Jahren, in denen ich, den Kopf an seine Brust gelehnt, schlief, verschmolzen mit ihm wie zu einem einzigen Leib? Seit Stunden sitze ich hier, ohne mich zu rühren, die Traurigkeit brennt, lähmt. Dort in der Ferne nur Schatten, Meer und Himmel gehen ineinander über, sind eins. Ans Ufer kommen die weißen Wellen, die zu spielen scheinen. Warum nimmt mir das Schicksal plötzlich alles, was es mir großzügig gegeben hatte? Warum muß ich diesem Leben, das plötzlich so bitter, so unmenschlich geworden ist, allein gegenüberstehen?

Die Gedanken überstürzen sich, willkürlich vermischen sich Episoden meines Lebens.

4

Begegnung mit Pablo in Berlin

Von weit her stellt sich eine Erinnerung ein.

Ich sehe, wie ich in Paris eintreffe. Ich bin aus Mexiko angereist, voller Sonne, voller Fröhlichkeit. Ich komme zu einem intimen, heimlichen Stelldichein. Ich komme voller Hoffnung. Pablo würde ich sehen, wenn auch nur kurze Zeit, mit ihm würde ich diese Stadt kennenlernen, von der ich immer geträumt habe.

Und hier bin ich, glücklich, und warte neben meinen Koffern.

Minuten vergehen, die mir sehr lang vorkommen. Er hat sich verspätet, denke ich, und warte weiter. Ich halte eine so feste Umarmung für meinen Pablo bereit, und nun werden meine ausgestreckten Arme allmählich zu Waisenkindern.

Pablo kommt nicht.

Ich rufe ein Taxi, gebe die Adresse von Pablos Wohnung an, unterwegs werde ich schon zuversichtlicher. Er hat meine Telegramme nicht erhalten, denke ich, und dort in der Wohnung werde ich ihn überraschen, er wird seine Augen weit aufreißen, mich ansehen und sagen: «Chilenischer Vagabund!» Die Straße heißt Pierre Mille, er hat mir mitgeteilt, daß er dort, im selben Gebäude, ein kleines Appartement für mich gemietet hat.

Ich bin verwirrt, nervös: Von unserer Begegnung träumend, hatte ich in der Nacht schlecht geschlafen. Ich treffe in der Rue Pierre Mille ein; vor der angegebenen Nummer holt der Fahrer meine Koffer heraus, und da stehe ich vor einem einfachen Haus mit verwildertem Garten. Es könnte gut ein Haus in Chillán sein.

Mein Herz schlägt heftig. Mir war nicht bewußt gewesen, daß ich diese Begegnung so sehr ersehnt hatte: Erstaunt blicke ich die Person an, die mir die Tür öffnet, es ist eine alte Freundin, ich sehe sie gern, sie wohnt dort mit ihrem Mann. Sie wußten, daß ich kommen wollte, und sie erzählt mir, daß Pablo Frankreich nicht betreten darf. González Videla hat über seinen Botschafter in Paris einen Ausweisungsbefehl gegen ihn erwirkt. Glücklicherweise hat Pablo Freunde, die ihn wissen ließen, daß er nicht nach Frankreich zurückkehren darf, weil er ausgewiesen würde.

Und hier bin ich nun mit meinem Stelldichein in Paris, von dem ich so geträumt hatte, enttäuscht durch die Schuld dieses Tyrannen, der Pablo hartnäckig verfolgt, wo immer es sein mag.

Meine Freundin, die sich über das Wiedersehen sehr freut, zeigt mir mein Appartement, es liegt über dem ihren und ist eine kleine Dachstube, sie gefällt mir sehr, vor allem werde ich nicht so allein sein.

Ich möchte schlafen, kann aber nicht, die Nerven lassen es nicht zu, es ist besser, auszugehen und mir Paris anzuschauen.

Ich kaufe einen Stadtplan und eine U-Bahn-Karte. Ich gehe nur aus, um diese Stadt kennenzulernen, die mich vom ersten Augenblick an erobert. Es ist Sommer, zuerst laufe ich die Seine entlang, bin fasziniert, gehe unermüdlich weiter. Der Abend dieses Tages findet mich am Quai de L'île Saint Louis. Die Dämmerung ist wunderbar, dieses rosablaue Licht, das so viele Stunden anhält, erstaunt mich, nie hätte ich gedacht, daß es so etwas gibt. In Chile versteckt sich die Sonne ganz rasch, in wenigen Minuten ist es Nacht.

Ich falle von einem Staunen ins andere, was für eine an Schönheit reiche Stadt! So viel gibt es kennenzulernen, man muß sie durchstreifen, um sie zu erleben, zu betrachten und zu lieben.

Um Mitternacht kehre ich in mein Appartement zurück, noch ist ein schwaches Leuchten der Abenddämmerung am Himmel. Mein erster Tag in Paris hat mich erschöpft; todmüde gehe ich zu Bett. Ich schlafe sofort ein, wie gut!

Am andern Tag wartet eine Überraschung auf mich. Ganz früh heißt mich ein Telegramm von Pablo willkommen und teilt mir mit, daß in Berlin ein Festival stattfinden soll, dort werden wir uns treffen. Das macht mich sehr froh, bald werde ich ihn sehen.

Es liegt etwas Geheimnisvolles, Unbestimmbares in dieser

Freundschaft, die so viele Jahre dauert; wir begegneten uns, wir liebten uns, wir lachten wie toll, worüber? Daran erinnere ich mich nicht, ich glaube, über alles, sogar über uns selbst, und fröhlich trennten wir uns, ohne uns irgendwelche Versprechungen zu machen; ich flog durch die Welt mit diesen Flügeln, die ich mir gebaut hatte, ich bezeichnete mich gern als einen freien, ungebundenen Vogel, mein Vaterland brauchte ich nicht, eigentlich hatte es mir recht wenig gegeben. Mexiko übte auf mich eine sehr große Anziehungskraft aus, es war das Land, für das ich mich entschieden hatte und wohin ich sehr bald zurückkehren würde.

Nachdem ich mit viel Mühe das deutsche Visum erhalten habe, treffe ich auf dem Festival ein, als es schon begonnen hat. Pablo hatte mir Telegramme geschickt, von denen mir eines zu dem Visum verhalf, das mir ursprünglich verweigert worden war. Ich bin keine politische Frau, davon verstehe ich nichts, ich komme wie aus einer anderen Welt, nie hat mich die Unruhe eines Kampfes auch nur gestreift. Jetzt, da ich diese Jahre betrachte, wird mir die Leere bewußt, in der ich lebte; mein kleines Leben war der Mittelpunkt meines Strebens; ich hatte gekämpft, um mir diesen kleinen Wohlstand zu schaffen, auf den ich so stolz war, und ich war fröhlich und pries mich glücklich. Ich lebte wie in einer Fata Morgana, ich merkte nicht, daß mein Leben leer, unnütz war. Dieses Glück war eine Lüge, die ich mir konstruiert hatte.

Ich treffe in Berlin ein. Die Freunde, die mich erwarten, teilen mir mit, daß Pablo zu dieser Stunde in einem Theater sein muß und daß er mich bittet, unverzüglich dorthin zu kommen. Ich strahle. Ich betrete das Theater, da ist er. Sein Gesicht leuchtet auf, als er mich sieht, wir umarmen uns, und er sagt zu mir: «Damit ist jetzt Schluß, ich will mich nicht mehr von dir trennen.» Diese Worte habe ich nie vergessen. Ich weiß nicht, was ich ihm antworten soll, der Ort, wo er mir das sagt, ist nicht sehr geeignet, einen Antrag wie diesen zu empfangen. Außerdem bin ich erstaunt, ihn hier zu sehen, in diesem riesigen Theater voller Jugendlicher, die rufen und singen, ich war verblüfft. Ich beobachte nur, und sicher, ich lache, und ich sage «ja». Ohne recht zu wissen, was ich verspreche, ohne dem irgendeine Bedeutung beizumessen, sage ich «ja», ohne es richtig zu bedenken, ohne es zu empfinden. In diesem Augenblick bin ich froh, bei ihm zu sein, er sieht mich an, und sein Gesichtsausdruck verändert sich völlig; da ist Sehnsucht. Da ist etwas, was wir bis dahin nicht gewußt haben, viel Liebe. Jenes Tierchen hat uns beide gleichzeitig gestochen, und diese fröhliche, spielerische Freundschaft, die wir für eine vergnügliche Schäkerei gehalten hatten, wird sich in einen komplizierten Streit der Gefühle verwandeln; er wird uns Leid bringen, er wird uns zu höchster Lust erheben, und er wird uns auch betrübt und mutlos machen. Wenn ich die Gemütsbewegung dieser Augenblicke beschreiben wollte, ich wüßte nicht, wie, die angemessene Sprache fließt mir nicht aus der Feder, es gibt sie vielleicht überhaupt nicht.

Dort, zwischen Lärm und Fröhlichkeit, lernte ich Nâzım Hikmet kennen; er war ein faszinierender Mann, groß, blond, sehr schön, seine Augen blitzten, sein Mund war immer bereit zu lachen. Er blickte mich lange an und sagte dann zu mir: «Ich bin einverstanden mit dir, einverstanden ... Du bist eine großartige araukanische Chilenin, du gefällst mir sehr.» Und mit seinen riesigen Händen hob er mich hoch und gab mir einen Kuß.

Das alles verwirrte mich. Noch vor einer Stunde hatte ich in einem Flugzeug gesessen und war durch die Wolken geflogen; ich war zu einem fröhlichen Rendezvous gekommen, und jetzt war ich in dieses Theater geraten und hatte so viele Leute gleichzeitig kennengelernt. Da waren Jorge Amado, Nicolás Guillén, einer der von Pablo am meisten protegierten Freunde, da waren Maler, Musiker aus allen Teilen der Welt.

Am nächsten Tag sollte ich auf dem Festival zur Gitarre singen. Ich bat ein paar chilenische Jungen, zum Schluß herauszukommen und die Cueca zu tanzen, die ich singen wollte.

In der Nacht ging ich in mein Hotel, an den Namen erinnere ich mich nicht, es kostete viel Mühe, mein Zimmer zu finden, die zahlreichen Gänge glichen einem Labyrinth. Pablo hatte mir gesagt, daß im Zimmer ein Geschenk auf mich warten würde. Ich öffnete die Tür und sah Nâzım Hikmet und Pablo, sie lachten wie zwei ausgelassene Buben. Nâzım nahm Pablo bei der Hand und sagte feierlich: «Señora, Ihr Geschenk!» und ging hinaus. Pablo erklärte mir, er wäre in seinem Hotel gewesen und habe Delia, seiner Frau, gesagt, es fände eine dringende Parteiversammlung statt, die bis zum Tagesanbruch dauern werde. Diese ganze Nacht würde uns gehören. Über alldem lag ein besonderer Hauch, es waren nicht nur die Sinne, die sprachen und ihre tausend Glocken einstimmig läuteten, da war etwas Süßes, Unbestimmbares. Als ich meinen Kopf an seiner Brust fühlte und die Augen schloß, um auszuruhen, sagte ich: «Du duftest nach Zärtlichkeit.» – «Vorsicht!» antwortete er. «Das ist Poesie, werde mir keine Literatin!»

Der nächste Tag war voller Geschäftigkeit. Die chilenische Gruppe sollte auftreten, als Bauern gekleidete Jugendliche; wir alle waren stolz, Chilenen zu sein. Wir ernteten viel Beifall. Als ich vor kurzem die Fotos aus dieser Zeit durchsah, fand ich eins, auf dem Nâzım, Guillén und Pablo zur chilenischen Cueca klatschen. Nâzım gefiel unser Nationaltanz wirklich; als er uns beglückwünschte, sagte er: «Dieser Tanz hat eine solche Würde und Qualität, daß ich ihm die Nummer eins unter allen Volkstänzen zuerkenne, die hier gezeigt wurden.» Das war für die Chilenen sehr schmeichelhaft.

Und die Tage des Festivals verstrichen, wobei wir einander immer suchten, uns nacheinander sehnten; dieser Hauch von Sünde, von Lüge, von Verstecken, von Verstellung war der größte Anreiz für unsere Liebe; die verstohlenen Blicke über einen Tisch hinweg, die Komplizenschaft in jeder Minute war etwas, was den Wunsch, zusammenzusein, uns zu berühren, verstärkte; und dieses Verlangen verzehrte uns, riß uns mit zu der Überzeugung, daß wir nicht mehr getrennt leben konnten, und zum ersten Mal hatte ich Angst, fühlte, daß diese Liebe nicht nur spielerisch und fröhlich war, uns nicht nur glückliche Augenblicke schenken würde. Ich ahnte, daß sie uns auch Bitterkeit bescheren sollte. Ich fürchtete mich sehr vor dem Leid, wollte jetzt fliehen, noch war Zeit. Diese wirren Gedanken drängten sich in meinem Kopf, weil ich an tausend Dinge gleichzeitig dachte. Sobald ich weggehen wollte, um Zuflucht in meiner Lebensweise, in meiner Arbeit in Mexiko zu suchen, ließ ich mich einlullen, mich von dieser Liebe, die mich so beglückte, hinreißen. Das alles war neu für mich. Bis zu diesem Augenblick hatte ich nicht gewußt, daß ich nicht mehr dieselbe war. Mein kleines Leben hatte ich hinter mir gelassen, nie mehr würde ich diesen leeren Frieden empfinden; mein Leben hatte sich mit Unruhe, mit Erwartungen und mit einer echten Liebe gefüllt, die mir bis zum letzten meiner Tage treu bleiben sollte.

Das Festival ging zu Ende, und alles zerstreute sich.

Ich hatte eine Einladung in die Tschechoslowakei bekommen. Dort sollte ich im Radio singen; überflüssig zu sagen, daß Pablo mich begleiten würde. Wir fuhren mit dem Auto von Berlin nach Prag, wo Pablo eine Unterkunft hatte. Sie wohnten auf Schloß Dobříš, zusammen mit Jorge Amado, dessen Frau und anderen des Landes Verwiesenen. Wir aber blieben in der Stadt, weil wir nur zwei Tage hier sein würden, denn wir hatten eine Einladung nach Rumänien.

Nach einer großen Abschiedsfeier, die uns die befreundeten Schriftsteller gaben, fuhren wir nach Bukarest. Dort quartierten wir uns in einem großen Haus ein, das für unseren Empfang hergerichtet worden war. Am Abend kamen viele rumänische Freunde, uns zu begrüßen, es war der 28. August 1951. Bei einer Gelegenheit trat Pablo an einen Schreibtisch und kam mit einem Stück Papier zurück, das er mir heimlich zusteckte. Ich stand auf, um es in meinem Zimmer zu lesen, es war das erste Gedicht, das er mir geschrieben hatte, «Immer»; in dieser Nacht wurde, was keiner von uns beiden wußte, sein Buch «Die Verse des Kapitäns» geboren. Alles deutete darauf hin, daß wir sehr glückliche Tage verbringen würden.

Uns betreute ein bezauberndes rumänisches Mädchen, das uns immer anlächelte und uns auf rumänisch anredete, wir verstanden nichts.

Am ersten Tag bat Pablo sie beim Frühstück um Eier und

hob zwei Finger, um ihr zu verstehen zu geben, daß er zwei wollte. Wie immer lachend, ging sie fort; unsere Überraschung war groß, als sie auf einem Tablett elf gebratene Eier brachte. Von diesem Tag an konnten wir sie nicht ansehen, ohne zu lachen.

Allmählich befiel mich tiefes Unbehagen, es gab nichts, dessen ich mir sicher war, ich schwamm in einem Meer von Verwirrungen. Pablos Situation als verheirateter Mann hatte ich immer von fern betrachtet, sie hatte mich nicht beunruhigt. Nie war ich eifersüchtig auf Delia gewesen, für mich war sie wie eine Mutter oder eine große Schwester, die ihn gewissenhaft und liebevoll betreute. Jetzt aber wohnten wir im selben Haus. Mein Leben war Verstellung geworden. Ich, die immer behauptet hatte, daß nur Feiglinge lügen, weil sie nicht fähig sind, der Wahrheit ins Auge zu sehen, fühlte mich erniedrigt. Das alles tat mir weh, und ich erkrankte an Nesselfieber, hervorgerufen von meinem Nervenzustand. Wie ein großes Halsband legte es sich mir um, und große rote Quaddeln peinigten mich. Pablo war wegen meines Nesselfiebers beunruhigt; am Abend dieses Tages trat er wortlos in mein Zimmer, kam zu mir, beugte sich herunter, und indem er ein Stück Papier auf meinen Kopf legte, sagte er: «Meine Liebe, haben Sie die Güte, meine bescheidene Huldigung entgegenzunehmen!» und zog sich zurück.

Ich lachte über diese feinfühlige, zarte Zeremonie, die nur die Liebe erfinden kann. Es war das Gedicht «Zu deinen Füßen». Am nächsten Tag überreichte er mir wieder ein Blatt, «Die Königin». Stundenlang las ich es, jedes Wort genießend. In seinen Gedichten schlug er die innigsten, unergründlichsten, unbekanntesten – auch für mich unbekannten – Saiten an. Ich war mir des unermeßlichen Schatzes bewußt, den ich in diesem Augenblick erhielt und der fürs ganze Leben mir gehören würde.

Mein Nesselfieber wich nicht; zum Glück hatten wir beschlossen, ans Meer zu reisen, wir wollten nach Constanza. Ich war froh über die Nachricht, dort würde es mir besser gehen, ich würde baden, mich sonnen. Ich freute mich sehr.

Eines Morgens fuhren wir sehr früh los. Es ist ein schönes

Land. Wir durchquerten Felder, sahen viel Landbevölkerung, aber nirgends hielten wir uns auf. Wir kamen im Badeort Constanza an, in einem sehr schönen Hotel, die Zimmer waren wie kleine allein stehende Hütten, durch ein Labyrinth von Gängen voller Blumen verbunden. Ich bat um einen Arzt; mein Nesselfieber plagte mich sehr. Als ich erfuhr, daß das Nesselfieber trotz der Medikamente, die sie mir in Bukarest gegeben hatten, andauern würde, sagte ich mir: Das sind die Nerven, ich muß schlafen, bloß schlafen. Zum ersten Mal begriff ich, daß mein Gleichgewicht gestört war. Alles hatte eine andere Dimension angenommen; jene fröhliche, spielerische Liebe drohte sich in eine Tragödie zu verwandeln. Unsere Augen suchten sich, unsere Hände wollten einander ergreifen, und alles schien uns zu trennen, nie waren wir allein. Wir inszenierten die verwegensten Komödien, und immer tauchte jemand auf, der uns Gesellschaft leistete; alle liebten uns so sehr – schrecklich!

Eines Abends bestellten wir einen Wagen, um an einen Ort in der Nähe zu fahren, zu einer bestimmten Zeit wollten wir ins Auto steigen, dem Fahrer das Signal zur Abfahrt geben, es war fast eine Flucht. Aber als wir an den Wagen traten, sahen wir, daß bereits unser guter Freund, der Dichter Beniuc, damals Präsident des Schriftstellerverbands, darin saß. Wir stiegen ein und schwiegen, wir sahen nicht die Landschaft, wir sprachen kein Wort. Plötzlich umarmten wir uns, küßten uns; in diesem Moment weinte ich. Beniuc, der Chauffeur, alles war verschwunden, nur wir existierten. Es war ein unwillkürlicher Ausbruch, wir konnten unsere Gefühle nicht mehr beherrschen. Wir bewegten uns gewissermaßen an einem gefährlichen Abhang und konnten nicht stehenbleiben. Nie werde ich Beniucs Gesicht vergessen. Als wir endlich zur Vernunft kamen und uns bewußt wurde, was wir getan hatten, sahen wir ihn an. Er schwieg. Auf einmal redete er nervös los, er sprach schnell; glücklicherweise vergaß er vor lauter Nervosität, daß wir mit ihm französisch zu sprechen pflegten, seine ganze Rede hielt er jetzt rumänisch. Zum Glück für uns, wir wußten nicht, was er zu uns sagte, wir verstanden nichts.

So konnten wir nicht weitermachen, ich beschloß, nach Paris zurückzukehren. Ich sprach mit Pablo. «Ich fahre ab», sagte ich, «ich kann nicht bei dir bleiben. Ich bin krank, ich weiß nicht, was ich habe, morgen fahre ich.» Ihm erging es, glaube ich, ebenso. Wir blickten uns lange an, und schließlich sagte er: «Bist du dir darüber im klaren, daß dies das Ende sein kann?» – «Ja. Dies ist das Ende», sagte ich mit erstickter Stimme, «jetzt gehe ich fort. Ich werde irgendein Beruhigungsmittel nehmen und Siesta halten, morgen fahre ich mit dem Zug nach Bukarest.» Ich entfernte mich über Korridore voller Blumen, wie heiter waren sie, und wie traurig war ich!

Ich gedachte, den ganzen Nachmittag zu schlafen, ich wollte aufhören zu denken, aber ich hatte vergessen, daß es nicht so leicht ist, nicht mehr zu denken.

Mir träumte, ich ginge durch einen Wald, wo viele dicke Wurzeln aus der Erde kamen, der Humus war schlüpfrig, Tausende kleiner Pflanzen, winzige verschiedenfarbige Sukkulenten bedeckten mit ihren schönen fleischigen Blättern den Weg; ich bückte mich, um sie zu pflücken, aber sie wichen vor mir zurück, und ich neigte mich tiefer. Jäh merkte ich, daß ich in einen dunklen Sumpf geraten war, der mich zu verschlingen drohte; da erblickte ich Pablo, der neben Nicolás Guillén ging, ich rief sie, aber sie hörten mich nicht, dieser Sumpf würde mich ergreifen. Plötzlich konnte ich mich bewegen, ich kämpfte, kam aber nicht heraus.

Ein Klopfen an der Tür, Pablo trat ein. Entrüstet sagte ich: «Nicht einmal ruhig schlafen läßt du mich! Gerade hatte ich einen schrecklichen Alptraum.» Ich erzählte ihm meinen Traum, er blickte mich höchst überrascht an.

«Als du schliefst», sagte er, «ging ich dort am Strand, wo ein finsterer Sumpf ist, mit Nicolás spazieren; mein Fuß geriet in den Sumpf, während ich Nicolás erzählte, du hättest entschieden, daß wir Schluß machen.»

«Das ist eine Warnung», sagte ich. «Wir werden uns nie mehr wiedersehen, damit ist es endgültig vorbei.» In diesem Moment war ich sehr unglücklich, auch meine Haut protestierte, sie wurde immer röter und immer mehr gereizt. Ich dachte an diesen schwarzen Sumpf, der mich verschlingen wollte, und fühlte ihn auf mir wie eine Drohung. Pablo, ganz im Gegenteil, strahlte. Er fühlte, daß unsere Gedanken miteinander verkettet, daß wir nicht mehr Herr über unser Schicksal waren. So sagte er es mir, ich aber tat, als hörte ich nicht, empfand die durch den Alptraum ausgelöste Angst, den Schmerz über die Trennung, die jedenfalls sehr bald vollzogen werden mußte, und den Verdruß über mein Nesselfieber.

Ich begriff, daß ich einen Entschluß fassen mußte. Ich bat Pablo, mich allein zu lassen, ich wollte am Ufer des Meeres spazierengehen. Wie ich mich erinnere, war es ein sehr schöner Nachmittag. Ich zog mir die Schuhe aus. Meine Nervosität trieb mich zur Eile an. Die kleinen Wellen umspielten meine Füße. Eine Flut von Gedanken stürmte auf mich ein. Bald sank die Sonne, bis sie verschwand und in einem geheimnisvollen violetten Licht eine Stille hinterließ, die mir half, meine aufgewühlte Seele etwas zu beruhigen. Ich mußte diese Liebe, die, zu meinem großen Kummer, gewachsen war, zum Schweigen bringen. Tausendmal sagte ich mir: Ich muß verschwinden, ich werde mein Gleichgewicht wiedererlangen. Ich bin nicht dazu geboren, mich in der Finsternis zurechtzufinden, ich lache und singe gern. Ich nehme mir fest vor, ein paar Tage in Paris zu bleiben und dann zur Sonne Mexikos zurückzukehren. Ich denke an meine kleine Wohnung in der Calle Reforma, die auf mich wartet, an meine Arbeit, die mir gefällt, an meine Wochenenden in Cuernavaca, die ich so genieße; die Reise selbst ist schon ein Vergnügen. Ich denke an seine malerischen Märkte, wo es alles gibt, was der Mensch begehrt. Die Märkte in Paris und Europa sind zu zivilisiert, die Menschen hasten, für ein Miteinander ist keine Zeit.

Im Grunde genommen mag ich immer noch das, was ich in Chillán fand, seine Märkte, die von Bauern wimmelten, die in Karren mit Säcken voll Kartoffeln, Zwiebeln, Kohle, Brennholz, Gemüse kamen. Mexiko ist nicht dasselbe, aber die Mexikaner sind immer zum Plaudern aufgelegt, als gefiele es ihnen, Zeit zu verlieren.

Ich glaube, mein Leben ist von der Kindheit geprägt, die ich in Chillán verbrachte, zwischen Bäumen und ungepflegten Gärten, wo sich Rosen und Kamelien schwesterlich vermischten mit Salat, mit dem Sellerie, der mit seinen festen, geraden Stengeln schön und feierlich aufragte, und daneben der Knoblauch mit seinen dünnen Stengeln, den jungen Zwiebeln, die uns so gut schmeckten, mit Koriander und Petersilie gemischt. Das ist es, was das ganze Leben bestimmt; nur in einer unkonventionellen Umgebung kann ich mich wohl fühlen, und das mag der Grund sein, warum mir Mexiko gefällt, und jetzt ist meine Erinnerung daran sehr lebendig, und ich beschwöre sie mit aller Macht, damit sie mir zu Hilfe kommt.

Ich begann, mein Leben in Mexiko zu idealisieren. Dadurch gelang es mir, mich zu beruhigen. Mit einem felsenfesten Entschluß kehrte ich in meine Hütte zurück; sogar mein Nesselfieber schien abzuklingen, aber in meinen Augen standen Tränen. Endgültig würde ich aus Pablos Leben verschwinden ...

Pablo beschloß, auch abzureisen, und zwar am nächsten Tag nach Bukarest. Dort würde unsere Trennung unwiderruflich sein, er würde in die Tschechoslowakei gehen, um dort im Exil zu leben, ich nach Paris und von da aus nach Mexiko.

Wir langten in Bukarest beide im selben Haus an; uns empfing unsere rumänische Freundin, die wir sehr liebten, sie war wunderbar warmherzig. Wenn sie morgens in mein Zimmer kam und mir das Frühstück brachte, erzählte sie mir viel. Wie gern hörte ich ihr zu, sah ich sie an, ich verstand nichts, es war, als hörte ich Musik!

Es kam der Tag, den wir für unsere Trennung vereinbart hatten. Jeder Augenblick, der vorüberging, machte diesen Gedanken unerträglicher. Wann würden wir uns wieder begegnen? Am letzten Tag litten wir sehr, wir blickten uns in die Augen, aus denen unser Leid sprach. Er gab mir einen Briefumschlag und nahm mir das Versprechen ab, ihn erst zu öffnen, wenn ich im Zug sei.

Am letzten Abend gaben die Freunde ein Abschiedsessen

für uns. In aller Frühe des nächsten Tages würde Pablo nach Prag, ich nach Paris abreisen. Während des Essens trafen sich unsere Blicke, ich wandte meine Augen ab, ich fürchtete, loszuweinen; sobald ich konnte, stand ich auf, um zu gehen. Pablo bot an, mich zu begleiten, wir liefen durch ein paar Gäßchen, endlich waren wir allein. Wir drückten uns die Hände, sie sagten vieles, was Worte nicht sagen konnten, wir blieben stumm und küßten uns, sein Mund zitterte. Wir waren tiefbewegt. «Das ist zuviel», sagte er. «Ich kann es nicht ertragen.» Mein Schmerz wollte sich in Schreien Luft machen; mein heftiges, aus der Tiefe kommendes, nicht einzudämmendes Schluchzen löschte seine letzten Worte aus. Ich riß mich aus seinen Armen und lief und lief; bevor ich um die Ecke bog, blickte ich zurück: Dort, weit weg, ein Pünktchen in der Dunkelheit, stand Pablo wie leblos auf demselben Fleck. Ich rannte weiter zu dem Hotel, wo ich die Nacht schlafen sollte.

In diesem Augenblick spürte ich, daß etwas in mir zerrissen war, etwas stieg unaufhaltsam immer höher und erstickte mich; ich hatte Angst. In meinen Händen Pablos Brief; ich würde ihn erst öffnen, wenn ich im Zug wäre. Was sagte er mir? Um zu verhindern, daß ich ihn jetzt öffnete, legte ich ihn in mein Gepäck. Sicher war es sein letztes Lebewohl. Ich fühlte mich so allein. Was sollte ich tun? fragte ich mich. Wo würde ich meinen verlorenen Frieden wiederfinden? Es stimmte, ich wollte mich von Pablo trennen, aber etwas schrie in mir, sagte mir, daß es unmöglich war, also, was tun? Wenn ich ihn jetzt gleich aufsuchte und ihm sagte, daß ich nicht ohne ihn leben könnte? Was für ein Wahnsinn! Dann versank die Welt um mich, wohltuende Tränen erlösten mich, ich weinte und weinte um alles, um mein so leeres Leben, ich weinte, weil ich auf die größte Freude meines Lebens verzichtet hatte, weil ich das Gewicht dieser Liebe so heftig spürte, ich weinte über meine Einsamkeit, ich weinte über meine unbefriedigten Wünsche, ich weinte, weil ich weder die Ergebenheit noch die Demut hatte, diese Liebe anzunehmen, wie das Leben sie mir bot, ich weinte wegen eines Lebens der Mühen und der Opfer, das mein Los war, ich weinte, weil ich nicht wußte, was ich wollte, ich weinte wegen dieses Rechengehirns, das in diesem Augenblick das erstickte, wonach mein Herz schrie, ich weinte um Pablo, vor allem um ihn, ich wußte, wie lieb er mich hatte, und ich hätte jetzt mein Leben hingegeben, um ihn glücklich zu machen. Warum mußte ich mich trennen? War ich verrückt?

Ich weiß nicht, wann ich zu weinen aufhörte und wann ich einschlief. Das erste Morgenlicht brachte mich in die schreckliche Wirklichkeit zurück. Ich konnte nichts mehr tun. Pablo nahm in der Frühe sein Flugzeug nach Prag.

Kurz darauf kam eine Freundin, um mich zur Bahn zu begleiten. Es war Yvette Yoid, eine kluge Journalistin, die von unserer Liebe wußte. Während ich mein Gepäck in Ordnung brachte, stellte sie tausend geistreiche Überlegungen an, für die ich ihr dankbar war, aber es gelang ihr nicht, mich aus der tiefen Traurigkeit zu reißen, die mich jetzt niederdrückte. Es drängte mich, bald zu gehen, ich wollte allein sein, das Schlimmste war die innerste Überzeugung, daß ich alles falsch gemacht hatte, daß dies mein ganzes Leben belasten werde. Ich, die ich immer gekämpft hatte, warum konnte ich diese Liebe, die der wichtigste Teil meines Daseins war, nicht verteidigen?

Was kann ich jetzt tun? Brennende Frage, die ich meiner Freundin nicht zu stellen wagte. Sie würde nicht verstehen. Ich selbst verstand ja nicht. In meinem Kopf bildeten die Gedanken schon einen unlösbaren Knoten.

Ich steige ins Zugabteil. Unwillkürlich laufen mir die Tränen übers Gesicht, ich trockne sie nicht mehr und versuche auch nicht, sie zu verbergen, ich bin wie besiegt, nichts interessiert mich. Ich erwidere den zärtlichen Gruß von Yvettes Hand. Der Zug setzt sich in Bewegung. Ich hole meinen Brief heraus, es ist das Gedicht «Der Töpfer»:

Deine Knie, deine Brüste,
deine Hüften
mangeln mir, wie einer Höhlung
in dürstender Erde,

aus der man einst
eine Form gelöst,
und zusammen
sind wir vollkommen wie ein einziger Fluß,
wie ein einziger Strand.

Welch Verlangen, umzukehren! Welche Sehnsucht, wieder bei ihm zu sein! Das zweite Blatt enthält das Gedicht «Die Verschwenderin». Vor meiner Ankunft in Europa hatte ich im dritten Monat der Schwangerschaft einen Sohn verloren. Pablo dachte, ich hätte nicht auf mich achtgegeben, und jetzt mahnte er:

Ich frage dich: Wo ist mein Sohn?

Hat er mich nicht erwartet in dir, mich erkennend
und zu mir sagend: «Ruf mich heraus auf die Erde,
damit ich fortführe deine Kämpfe und deine Lieder»?

Gib mir meinen Sohn zurück!

Nichts im Leben war mir so wichtig gewesen, wie diesen Sohn zu haben. Jetzt ist mir, als hätte eine andere Frau ihn verloren. Als ich in Mexiko beschloß, einen Sohn von Pablo zu haben, dachte ich nur an mich. Ich wünschte mir so sehr einen Sohn, er würde mir gehören, dachte ich, er würde einer unabhängigen alleinstehenden Frau gehören. Ich mußte mich in diesem Sohn verwirklichen, ich wollte der Welt die Stirn bieten, niemand würde den Namen seines Vaters erfahren. All das, was ich in jenen Tagen der Erwartung, des Glücks, als ich mich Mutter fühlte, dachte, scheint jetzt so fern zu liegen. Nie mehr würde ich so denken können. Hätte ich jetzt einen Sohn von Pablo, gehörte er uns beiden. Ich brauchte seine Wärme, seine Zärtlichkeit für diesen Sohn. Wie hatte mich diese Liebe gewandelt! Ich war nicht mehr dieselbe.

Seit Stunden sitze ich hier, reglos, fern von allem, was um mich her vorgeht, zum Fenster gewandt, den Brief in der Hand. Wie ich mich danach sehne zu sterben!

Ich blicke mich im Abteil um. Mir gegenüber sitzt eine Frau, die mich erstaunt beobachtet, sie weiß nicht, warum ich weine, ihre Augen sind gütig, neugierig sieht sie mich an, sie lächelt und sagt, als redete sie mit sich selbst: «Pena d'amore.»* Sie ist Italienerin, denke ich. Ich wende das Gesicht ab, nur allein will ich sein, meine Gedichte tausendmal lesen, ich spüre, daß sie ganz mir gehören. «Niemand sieht den Teppich aus rotem Gold, den jeder Schritt von dir betritt . . .» Heute, arme Königin, hier weinend zusammengekauert, fühle ich mich als die Unglücklichste aller Sterblichen.

Bald vernehme ich die Stimme meiner Reisegefährtin wieder. Ich schaue sie nicht an, höre aber ihre Stimme. Sie erzählt mir von ihrer Tochter, die sich in einen Mann verliebte, der, wie die Frau meint, nicht zu ihr paßt. Der Versuch, sie zu überzeugen, war vergeblich; sie erzählt mir, daß ihre Tochter schön und klug ist, daß sie sie nicht mehr sehen wollte. Jetzt aber hat sie ihr einen wunderbaren Enkel geschenkt, sie besucht sie oft; sie erzählt mir, daß es der wunderbarste Enkel ist, sie beschreibt seine Augen, sein Haar, seinen Mund, seine vollkommene Nase, es gäbe auf der Welt keinen Bambino wie diesen. Und sie behauptet, er ist klug, denn er hat so sprechende Augen, und wenn er lacht, ist er wie die Engel in der Sixtinischen Kapelle. «Kennen Sie sie? Also mein Enkel ist wie sie, genau wie sie, nur, daß er keine Flügel hat.»

Sie ist eine schöne Italienerin, ihr Gesicht strahlt vor Glück, sie scheint die Mutter der ganzen Welt zu sein. Ich kann mich nicht, wie ich gewollt hätte, in mein Leid verschließen; sie springt von einem Thema zum anderen, sie muß von ihrer Familie erzählen, von allem, was in ihr so vorgeht. Ihr Mann hat immer auf See gearbeitet, bei der Handelsmarine; sie hat ihre Kinder allein aufgezogen, es war schwer, die Frau eines Matrosen zu sein. «Welche Freude, Signora, als er in Rente ging! Nie mehr würde er mir von der Seite weichen, mit meinen einsamen Nächten war Schluß, denn in der Nacht, da spürt man die Einsamkeit, nicht

* (ital.) «Liebeskummer.»

wahr?» Ich zittere. Jetzt werde ich erfahren, was Nächte und Tage der Einsamkeit bedeuten.

Unbeirrbar fährt sie fort; sie erzählt, wie glücklich sie zusammen waren. Sie wurden wieder jung, lachten, sangen. Ihre Augen glänzen, und ihre gestikulierenden Hände fliegen auf, noch beredter als ihre Worte. Und eines Tages der Krieg, danach die Geldabwertung, und die Ersparnisse eines ganzen Lebens waren nichts mehr wert. Jetzt ist ihr Mann alt, aber er muß wieder zur See fahren, um den Unterhalt zu verdienen; und wieder ist sie in den Nächten allein; aber da die Madonna sie nicht vergessen hat, gab sie ihr einen Enkel wie einen Sonnenstrahl. «Ich darf mich nicht beklagen, denn im Leben gibt es immer etwas Gutes. Suchen Sie jetzt, wo Sie einen großen Kummer haben, suchen Sie in Ihrem Leben, etwas Gutes muß es geben. Gott vergißt uns niemals ganz.»

Und ihre schönen großen Augen blicken mich mit mütterlicher Zärtlichkeit an; sie wünscht, mir zu helfen, mich zu trösten. Ich kann ihr meinen Kummer nicht erzählen, wie soll ich ihr meine Liebe beschreiben, wie ihr sagen, daß ich darauf verzichtet habe, glücklich zu sein, wie ihr verständlich machen, daß ich unendlich geliebt werde und daß ich beschlossen habe, in ein leeres Leben zu flüchten, wo mich keine wärmende Liebe erwartet. Auf einmal werde ich mir bewußt, daß ich sechs Gedichte, sechs Schätze bei mir trage, warum weine ich? Ich stehe auf und gebe ihr einen Kuß. «Gott hat Sie in dieses Abteil geschickt», sage ich. «Dank für all Ihre Güte.» Sie strahlt, und gleich lädt sie mich zum Essen ein. Sie hat viel mit und denkt, allein hat sie keinen Appetit, aber jetzt ist sie sehr froh. Wenn sie von ihrem Mann und ihren Enkeln spricht, ist es, als umringten diese sie, als stünden sie da bei ihr. Und dann öffnet sie einen Korb, aus dem Verpflegung wie für eine große Familie auftaucht. Ich kann nicht schlucken, mein Mund ist so trocken; ich sage, ich könnte vielleicht keinen Bissen herunterbekommen. Sie lacht, entkorkt eine Flasche Barolo und sagt: «Das macht Appetit, danach wird es Ihnen besser gehen. Und ich werde glücklich sein, wenn Sie in Ihrem Vaterland sind, in Ihrem Chile, und sich an diese Italienerin erinnern, die Sie liebhat, als wären Sie ihre Bambina. Wenn ich so jung wäre wie Sie! Das Leben hält noch soviel Glück für Sie bereit, und auch Leid, denn so ist das Leben, und wenn wir es lindern können, um so besser.»

Das Glas Wein ist wie Balsam. Ich spüre, daß er mir warm die Kehle hinunterrinnt; er kräftigt mich, mir wird wohler.

Diese Mutter der Welt besitzt die Volksweisheit, die das Leben vermittelt. Sie teilt ihr Brot, ihren Wein, mit ihrer Lebensfreude verlockt sie mich zum Essen; es macht ihr nichts aus, daß ich nichts sage, sie ist glücklich, daß ich ihr zuhöre, sie weiß, daß sie mir hilft, daß sie mich Schritt für Schritt in ihre Welt der Hoffnung führt. Meine Tränen sind getrocknet, und hier sitze ich und esse von ihrem Brot, trinke von ihrem Wein, diesem Gespräch hingegeben, das mir das Schicksal beschert hat.

Wir trennen uns als gute Freundinnen, tauschen die Adressen aus, die mit der Zeit verlorengehen. Beide wissen wir, daß wir uns schwerlich eines Tages wieder begegnen werden.

5

Zurück in Paris

Ich kehrte nach Paris zurück, in dieselbe kleine Wohnung, die im zweiten Stock jenes Hauses in der Rue Pierre Mille lag. Ich kehrte in die Straßen von Paris zurück, alles schien mir anders, alles betrachtete ich in einer neuen Dimension.

Ich spielte mein Leben in der Defensive, mußte vergessen, um nicht zu leiden. Das Schlimme war meine Verwirrung, sobald ich mir vorstellte, wie ich in Mexiko arbeitete, flog meine Phantasie zu Pablo, um ihm zu sagen, wie sehr ich ihn liebte.

Ich stromerte durch die Straßen, mich bezauberten die Läden, aber den größten Teil des Tages verbrachte ich damit, die Quais am Seineufer entlangzuwandern.

Heute bin ich betrübt, weder ein Anruf noch ein Telegramm von Pablo, nichts. Soll es wahr sein, daß es für immer ist? Und den ganzen Tag denke ich an dasselbe, und niemandem kann ich es erzählen. Mich befällt große Angst, Tag um Tag ist vergangen. Diese wunderbare Stadt scheint sich mit meinem Leid zu verbünden, sie ist schon nicht mehr so schön.

Ich bin wie gefesselt an die Erinnerungen. Ich gehe aus und ein, panzere mich. Heute war ich in der Oper, um Wagner auf französisch zu hören, sie wirkte schwächer, gefiel mir überhaupt nicht, oder war ich die Geschwächte? Denn ich esse fast nicht, schlafe schlecht.

Ich muß weg. Ich sage es mir alle Tage, nachdem ich eine ganze Nacht hindurch geweint habe. Ich muß diese Liebe ganz tief versenken, sie vergraben, sie vergessen, um mein Leben neu zu beginnen, diese Träume vergessen, sie waren Wahnvorstellungen, Hirngespinste, Verrücktheiten. Aber sein Bild, das ich vergessen will, dringt immer tiefer in mich ein. Meine einsamen Spaziergänge werden mir durch die Erinnerung an ihn zur Qual.

Ich muß nach Mexiko und kann mich nicht entscheiden, ich kann nicht eine so große Entfernung schaffen, kann die Geschichte dieser Liebe nicht abschließen. Alle Tage denke ich: Heute wird er mich anrufen. Und hier bin ich, in einer kleinen Dachkammer. Jetzt gehe ich fast nicht mehr aus. Meine Freunde sehe ich sehr selten, sie dürfen nichts wissen, und ich habe Angst vor ihren Fragen.

Ich bin sehr allein. Die Tage verstreichen, ich zähle sie, einen nach dem andern, einen Monat muß dieses Warten nun schon dauern. Und worauf warte ich? Immer habe ich gesagt, ich hätte einen guten Engel, der mich Tag und Nacht beschützt, wohin ist er jetzt verschwunden?

Man muß der Wirklichkeit ins Auge sehen: Ich bin nicht fähig gewesen, diese Liebe, die mir das Leben geschenkt hatte, festzuhalten, ich habe mich vor einem Leben der Hingabe und der Opfer gefürchtet, und hier denke ich im Innern nach wie vor, daß diese Liebe unmöglich ist, und mir fehlt die Kraft, sie am Leben zu erhalten, und ebensowenig will ich sie sterben lassen.

Ich muß weg. Morgen wird es einen Monat, daß ich hier versteckt bin und auf einen Telefonanruf warte, der nicht kommt. Und ich gehe meinen Flug buchen. Ein trüber, trauriger Tag bricht an. Ich bin wie erschöpft. Mein Entschluß ist gefaßt, hier sind meine Flugkarten, ich muß nach Mexiko fliegen, in seine Sonne, in sein Leben, das meines ist.

Es ist sechs Uhr abends, und ich trinke eine Tasse Tee. Mir ist besser, heute werde ich mir ein Theaterstück ansehen. Mein Telefon klingelt, und diesmal ist es wirklich seine Stimme. Ich rufe: «Mein Liebster!» und schweige, ich bin nicht fähig, fortzufahren; er sagt nur: «Geh morgen nachmittag nicht aus, du bekommst ein Paket», und er legt auf. Ein Paket? Was wird dieses Paket bringen? Und ganz im Innern bin ich unendlich froh, ich bin aus seinem Leben nicht verschwunden, morgen werde ich ein Paket bekommen.

Am nächsten Tag warte ich, schon nervös, weil der Nachmittag zu Ende geht – nichts. Es klingelt, im Nu bin ich an der Tür und sehe meine Freundin, die Journalistin Yvette, die in der Tschechoslowakei lebt. Überrascht lasse ich sie eintreten. «Ich weiß schon», sage ich, «du bringst mir ein Paket.» Sie lacht und sagt: «Das Paket bin ich, gib mir eine Tasse Tee! Ich bin sehr erkältet, Pablo holte mich aus dem Bett und lud mich in ein Flugzeug, er ist wie verrückt.» Und da erzählt sie mir bei der Tasse Tee, daß Pablo nicht schläft, nicht ißt, niemand sehen will, er ist gereizt, nicht wiederzuerkennen; seine Freunde, die das Problem kennen, haben mit Delia gesprochen, sie haben sie davon überzeugt, allein nach Chile zu reisen, um Pablos Rückkehr zu regeln. Und mit vor Glück strahlenden Augen sagt sie: «Sie hat eingewilligt, weil sie ihn so verzweifelt gesehen hat; sie hat versprochen zu gehen, und Pablo will irgendwo in Europa mit dir leben. Es wird das beste sein, zusammen zu leben, ihr werdet merken, ob diese Liebe so groß, so wahrhaftig ist; es kann ja auch sein, daß ihr sie wegen der Hindernisse, die euer Zusammensein vereitelt haben, erfunden habt.»

Ich höre das alles, ohne zu wissen, was ich machen soll. «Ich überdenke es», sage ich, «und werde ihm antworten.»

Sie, die Fröhliche, Leichtfertige, bricht in Lachen aus.

«Nichts da, meine Freundin, ich habe den Befehl, dich einzupacken und mit dir mogen im Flugzeug Nummer soundso nach Genf zu kommen, er wird in einem Café warten, das wir kennen.»

«Aber hier habe ich meine Flugkarte nach Mexiko», sage ich, «ich bin nicht sicher, ich wollte zurückkehren.»

«Schön, sag ihm das in Genf!»

Eine gute Freundin hatte mir Pablo geschickt, ich wußte, daß meine Argumente nutzlos sein würden. Aber was für Argumente, da ich doch als einziges wünschte, bei ihm zu sein, wie auch immer, ohne etwas zu verlangen, und mein Leben, meine Liebe hinzugeben! Ich konnte nicht von ihm getrennt leben.

Als ich allein war, betrachtete ich mich im Spiegel, ich fand mich häßlich, war plötzlich abgemagert, meine Haut glänzte nicht, war wie erstarrt. Was sollte ich anziehen? Nichts von dem, was ich hatte, gefiel mir, ich wollte ihn blenden, würde lachend ankommen. Die Stunden zogen sich in die Länge, immer wieder las ich die Verse, die er mir geschickt hatte. Meine Nerven waren gespannt, ich würde nicht schlafen können, die verfluchte Schlaflosigkeit, die mich so gemartert hatte, war wieder da. Er hatte mir den «Großen Gesang» geschickt, wie ich ihn bewunderte! Neben ihm kam ich mir so klein vor. Es war wie nie zuvor, so groß war die Liebe, die mich erfüllte. Ich las und las, wann ich einschlief, weiß ich nicht. Aber als der Tag anbrach, weckte ich schon Yvette, wir könnten das Flugzeug verpassen, sagte ich, die Strecke von Paris zum Flughafen ist manchmal gesperrt. «Das sind deine Nerven», antwortete meine Freundin, «wir werden überall pünktlich sein, und dort im Café werden wir Pablo treffen, der heute nacht auch nicht geschlafen haben wird.»

Und alles übrige, die Fahrt, der Wagen, der uns erwartete, der Flughafen, die Maschine, alles verschwand aus meinem Kopf.

Wir betreten das Café, in dem Pablo auf mich wartet. Er sitzt an einem ganz kleinen Tisch in einer Ecke. Er nimmt meine Hände, wir blicken uns an und blicken uns an, er ist abgemagert, und obwohl seine Augen vor Glück und Liebe glänzen, liegt ein Rest von Traurigkeit darin. Tränen rollen mir über die Wangen. Er sieht mich an, und in diesem Blick sagt er mir alles, kein Wort kommt über unsere Lippen, wir blicken uns nur an. Ich, die ich vorgehabt hatte, ihn mit meiner Fröhlichkeit zu blenden, stehe da, von seinen Händen gefaßt, die so lange zurückgehaltenen Tränen weinend, die jetzt ungehemmt hervorquellen und mir über die Wangen laufen.

Er blickt mich unendlich zärtlich und bewegt an, trocknet mir die Tränen mit seiner Hand. Unsere Trennung, diese neue Begegnung waren notwendig, um zu wissen, wieviel diese Liebe in meinem Leben bedeutet. Mit geheimnisvoller, leidenschaftlicher Stimme spricht er weiter: «Ich will dich nie wieder weinen sehen, dieses letzte Schluchzen bei unserer Trennung in Bukarest hat mich gemartert, ich hörte es Tag und Nacht; ich dachte, ich würde verrückt werden.

Jetzt habe ich wunderbare Nachrichten», fährt er fort. «Wir gehen nach Nyon, es ist ein kleiner Ort am Genfer See. Da bleiben wir ein paar Tage.» Das wäre für mich das wahrhaftige Paradies, niemand würde uns kennen, und wir würden endlich allein sein.

Und auch in diesem kleinen Café interessierte sich niemand für uns; nach diesen wilden, rasenden Ängsten fanden wir unseren Himmel.

Einander an den Händen haltend, uns in die Augen blikkend wie zwei Schüler, die die Liebe entdeckt haben, reisten wir nach Nyon. Es sollte das erste Mal werden, daß wir beide allein lebten.

6

Nyon. Der Brief unterwegs

Nyon ist eine zum blauen Himmel des Genfer Sees hin offene Stadt. Pablo wurde damals politisch verfolgt. González Videla hatte es fertiggebracht, viele Regierungen Europas davon zu überzeugen, daß er ein sehr gefährlicher Kommunist wäre.

Für Pablo war das alles sehr schwer zu ertragen. Er liebte sein Land wie sonst keiner, seine Gedanken waren ständig bei ihm, er war wie ein aus seiner Erde gerissener Baum. Man hatte ihm seinen Himmel geraubt, ihn von seinem Meer, seinen Bäumen, seinen Vögeln getrennt, die er so liebte. Aber wo immer er arbeitete, publizierte, es verging kein Tag, an dem er nicht mit seinen Versen den Verräter schlug. Er lebte getreu seinen Ideen, nach der einzigen Regel, die er anerkannte: der Wahrheit. Er war wie ein Strom, der die dürren Lande der Verbannung durcheilte, und am meisten überraschte es, daß er nie den Humor verlor, es war wie eine Herausforderung.

Nyon war der vollkommene Zufluchtsort. Mir schien, ich wäre in eine Sicherheitszone eingetreten, in der man Freiheit atmete und es sich unbeschwert leben ließ. Die Schweiz gab uns ein Gefühl der Sauberkeit, des rückhaltlosen Vertrauens.

Im Hotel verlangten sie unsere Papiere nicht. Pablo füllte ein Blatt mit seinen Personalien aus, und das war alles. Niemand zweifelte daran, daß wir Eheleute waren. Niemand kannte uns, und niemanden interessierten wir.

Sie gaben uns ein Zimmer mit einer Terrasse zum Genfer See. Ich brachte viele Blumen, um es zu schmücken, bat um Vasen, man sah mich lächelnd an und dachte, ich würde irgendeinen Jahrestag feiern. Hier, auf den See schauend, der voller Möwen war, meinten wir zu träumen, alles war so leicht gewesen.

Die Ängste, die Traurigkeit, die Zweifel jener höllischen Tage blieben draußen. Schluß mit dem Zaudern. Schluß mit der drohenden Leere. Hier blühte der Tag, der mein Leben bestimmen sollte. Etwas unendlich Kostbares war mir zuteil geworden. Jetzt fühlte ich, daß ich das Große Los gezogen hatte. Wenn ich einen Augenblick wiedererleben dürfte, ich würde, ohne zu schwanken, diesen wählen.

Unsere Liebe konnte sich endlich austoben; wie ein riesiger Riß tat sich ihr der Himmel auf. Dann Ruhe, Stille, wiedergewonnene Fassung. Unsere Liebe schlug einen festen, sicheren Weg ein.

Am Morgen gingen wir, den Ort zu erkunden. Die Erinnerungen an jene Tage überstürzen sich in meinem Gedächtnis in einer ungewöhnlich strahlenden Klarheit. Ich erinnere mich an die Straßen, die einfachen, aber gemütlichen Häuser, es war nur ein kleiner Ort in der Vormittagssonne, alles schien still, die Leute waren höflich und fröhlich. Wir blieben vor dem Schaufenster eines Ladens stehen, eine sportliche rote Jacke aus festem Stoff mit Kapuze lag dort aus. Pablo sah sie sich an und kaufte sie mir. Ich wollte sie anprobieren, aber er sagte lächelnd: «Ich habe deine Maße in meinen Augen, in meinen Händen, sie wird dir sehr gut passen.» Diese Kutte ist mein Talisman, ich trug sie einunddreißig Jahre und trage sie noch heute. In Isla Negra war sie mir stets wie ein Zeuge jener wunderbaren Tage. Sie ist unverwüstlich, ich trage sie mit Hose, mit Rock, immer paßt sie. Ich erinnere mich auch, daß wir ein Antiquitätengeschäft besuchten, dort gab es eine alte japanische Puppe, er kaufte sie mir, sie begleitete mich viele Jahre; bei unserem Umzug von Santiago nach Valparaíso kam sie nicht mit an. Wohin war sie verschwunden? Ein Geheimnis. Nie konnte ich den Verlust verwinden.

An jenem Morgen kehrten wir glückselig ins Hotel zurück, alles schien uns, die wir verliebt waren wie junge Leute, wundervoll, und lachend riefen wir: «Endlich allein!»

Am Abend gingen wir aus, um in einem Restaurant zu essen, wir fanden eins. Sorgfältig suchten wir einen von den anderen Gästen möglichst weit entfernt stehenden Tisch, wir warteten, daß wir bedient würden, aber statt dessen erhob sich ein Lärm, und Tische und Stühle wurden gerückt. Es war sehr früh, warum schlossen sie gerade, als wir kamen? Wir baten, uns etwas zum Mitnehmen zu verkaufen, auch das konnten sie nicht, das Restaurant war geschlossen. Würde uns die schweizerische Pünktlichkeit in dieser Nacht ohne Essen lassen?

Wir gingen in unser Hotel, auch dort war alles zu, ohne Leben. Die Eigentümerin erbarmte sich der Einfältigen und gab uns Platten mit kalten Speisen und einen Krug Wein. Alles geregelt. Ich erinnere mich, daß das Treppchen sehr klein, sehr schmal und sehr steil war, wir konnten mit den Platten nicht hinaufsteigen, weil wir uns vor Lachen nicht zu halten vermochten und uns auf den Boden setzen mußten. Alles kam uns spaßig vor, alles erregte unseren Sinn für Humor.

Nachdem wir lange gelacht hatten, beschlossen wir, einer den andern stützend, hinaufzusteigen, aber es wurde nur noch schlimmer. Mitten auf der Treppe blieben wir, immerzu lachend, eine geraume Weile stehen. Die Besitzerin kam und fing, als sie uns sah, auch zu lachen an, aber sie trug die Platten im Handumdrehen hinauf und bat uns, leise zu lachen, weil das ganze Hotel schlief.

Nachmittags schlenderten wir umher, immer in die sanfte, warme Luft dieses ruhigen Sees gebadet, der uns den Frieden geben konnte, den wir brauchten, um endlich zu wissen, daß unsere Liebe unzerstörbar ist.

Wir wanderten sehr weit, von den Möwen verfolgt, die kreischend über unseren Köpfen flatterten und um Brotreste bettelten, die wir für sie mitnahmen und die wir ihnen nach und nach zuwarfen. Einen großen Kontrast zu diesen Möwen bildeten die Schwäne, die sich majestätisch auf dem Wasser wiegten, lange sahen wir ihnen zu, es war, als sei alles eingerichtet, um uns glücklich zu machen. Während wir gemächlich in dieser einsamen, etwas kühlen Landschaft spazierengingen, lernten wir uns allmählich kennen. Dort in Nyon entkleideten wir nicht nur unsere Körper, sondern auch unser Inneres.

Da am Ufer des Sees erlebte ich Pablo wie geistesabwesend in Erinnerung an seine Kindheit, als er, von seinem Dichtertemperament gepeinigt, zu empfindsam war, um von den ihn umgebenden Menschen verstanden zu werden; ich sah die Tränen des einsamen Kindes, das alle Leiden der anderen zu den seinen machen wollte. Und ich bin überzeugt, es war in jenem Augenblick, da er mir seine Kindheitserlebnisse anvertraute, als meine Liebe zu diesem bewunderungswürdigen Mann, den ich neben mir leben und sterben sah, ohne daß er mich je enttäuschte, ins Unendliche wuchs.

Ich entdeckte in ihm die leidenschaftliche Neugier auf jedes lebendige Wesen. Angesichts seiner Lebenskraft, die mich jetzt stützte, fühlte ich mich sehr klein. Nie zuvor war ich so restlos glücklich gewesen. Ich entdeckte, daß ich gierig nach Zärtlichkeit war, Pablo konnte sie mit vollen Händen geben. Nach langen Wanderungen kamen wir, trunken von Müdigkeit, von Liebesglut, von Licht, ins Hotel. Beim Eintritt ins Zimmer riefen wir einstimmig: «Endlich allein!»

Wir setzten uns auf unsere kleine, nach unserm Geschmack gestaltete Terrasse. Wir hatten ein paar alte Stiche gekauft, die wir überall aufgehängt hatten, sehr große verschiedenfarbige Rosen. Es waren sechs Stiche, die unsere Terrasse und unser Zimmer schmückten. Dies war unser erstes Heim, Zeuge von soviel Glück.

Wir hatten einen kleinen Tisch, für den wir eine schöne Decke gekauft hatten. Dorthin bestellten wir unser Abendbrot, und unauslöschlich in meiner Erinnerung sind sehr kleine Fischfilets, die in schönen, einfachen Pfannen auf einem von Kerzen beheizten Öfchen gebracht und auf unseren Tisch gestellt wurden, wo sie zu Ende buken. Wir verbrachten Stunden mit diesen Fischfiletchen, da wir sehr langsam aßen und uns dabei unser Leben erzählten, begierig, alles zu erfahren. Die Atmosphäre eignete sich vorzüglich für Geständnisse.

Nie zuvor war es mir eingefallen, über meine Kindheit nachzudenken. Und der Begierde Pablos, der mit seinen Fragen die Erinnerungen, die Träume meiner Kindheit weckte, habe ich den Anstoß dazu zu verdanken. Eines Tages sagte er: «Erzähl mir von deiner Mutter!»

Da versuchte ich, mich an ihr Gesicht, ihre Gesten zu erinnern. Sie war sehr zart, behend, trug lange, enganliegende Röcke, die sie sehr schlank machten. Das Haar pflegte sie hinten in einem Knoten zusammenzuhalten. Sie war eher ernst und beeindruckte durch ihr vortreffliches Verhalten und ihre Selbstsicherheit. Den ganzen Tag war sie mit den tausend Obliegenheiten im Haus beschäftigt, kochte, wusch, schaute nach ihrem Gemüse, das sie selber anbaute. Aber ich erinnere mich nicht, sie je erschöpft oder ungekämmt gesehen zu haben.

Wenn sie mich morgens weckte, betrachtete ich, so erinnere ich mich, gern dieses saubere, nach Seife duftende Antlitz. Meine Mutter erzählte mir, daß, wenn ich die Augen öffnete, ein breites Lächeln mein Gesicht erhellte. Und manchmal fragte sie mich: «Warum lachst du?» Und ich sagte immer dasselbe: «Weil ich so froh bin.» Sie zog mich aus dem Bett und wusch mich erbarmungslos mit dem eisigen Wasser, das mir wie Reif vorkam; dann die Tasse dampfender Tee und Brot mit Schmalz, für Butter reichte es bei uns nicht. An großen Kummer kann ich mich nicht erinnern. Die ständige Anwesenheit meiner Mutter muß für mich ein sicherer Schutz gewesen sein.

Das Leben hatte uns Armut beschert, die manchmal traurig ist, für mich aber bedeutete sie unendlich viel Liebe, ein harmonisches, fröhliches Zuhause. Ich weiß, daß ich mit einem Schatz inneren Glücks geboren bin, ich brauchte keine schönen Spielsachen, prächtigen Gewänder und hübschen Schuhe; da ich keine Wünsche hatte, hatte ich alles.

Meine Mutter dachte sich Kleider für mich aus, die ich wunderbar fand, ich weiß nicht, ob sie es waren, wichtig ist, daß es für mich keine schöneren auf der Welt gab. Sie färbte die billigsten Stoffe, und es gelangen ihr die herrlichsten Farben. Ich erinnere mich, ich weiß nicht, warum, an ein orangefarbenes Kleid, sie hatte Mehlsäcke gefärbt, und an Saum und Kragen zog sie grüne, blaue und weiße Fädchen durch. Nie habe ich es vergessen.

In diesem Augenblick unterbrach mich Pablo, halbtot vor Lachen: «Dir haben sie auch Mehlsäcke angezogen! Alle meine Kinderhosen machte meine Mutter immer aus Mehlsäcken.»

Eine andere Geschichte, die wir beide übereinstimmend erlebt hatten, betraf die Schuhe. Sie kauften uns ein Paar neue, sobald wir das andere nicht mehr tragen konnten. Den ganzen Winter über, glaube ich, gingen wir in nassen Schuhen, weil sie, obwohl wir sie nachts neben den Küchenherd stellten, nicht trocken wurden. Meine Mutter pflegte zu sagen: «Was du für Schuhe verbrauchst!» Denselben Satz verwendete Pablo später in einem Gedicht.

Ich wuchs als Einzelkind auf, ich war eins von denen, die geboren werden, wenn die Mutter schon nicht mehr daran denkt, Kinder aufzuziehen. Aber dieses Mädchen muß für sie als Witwe ein großer Trost gewesen sein. Als mein Vater starb, war ich ein Jahr alt. Wie mag das sein, einen Mann als Vater zu lieben? Ich lernte nicht Papa sagen. Wie mag das sein, zu wissen, daß es Vater und Mutter gibt, die unter demselben Dach wohnen?

Pablo lacht und sagt: «Du brauchst nicht zu bedauern, daß du keinen Vater hattest, deine Mutter hat dein Leben mit Liebe, mit Hingabe, mit Zärtlichkeit erfüllt. Väter sind manchmal sehr gut, manchmal flößen sie ihren Kindern Angst ein.»

Er erzählte mir, daß sie manchmal in der Nacht das Pfeifen des Eisenbahnzuges seines Vaters hörten, und von diesem Moment an geriet das Haus in Erwartung des Vaters in Aufruhr, keiner wollte seinen Wünschen zuwiderhandeln.

Er erzählte mir, daß er ganz in sein Zimmer vergraben lebte, er verschlang Bücher, las wahllos alles, was er ergattern konnte.

«Für meinen energischen Vater war dieses klapperdürre, schwache, in sich gekehrte, stille Kind, das er auf seine Art ganz sicher abgöttisch liebte, nicht das Ideal von einem Sohn. Manchmal, wenn ich ein Buch las, überfiel mich der Kummer, und ich weinte, einsam, stumm. Nie hatte ich jemand zur Seite, mit dem ich meine geheimsten Gedanken hätte teilen können.»

Unsere Erinnerungen verflochten sich, unsere so ähnliche und so verschiedene Kindheit. Wir besaßen fast das gleiche, er aber war ein trauriges Kind, von dieser übermäßigen Empfindsamkeit gepeinigt, die ihn das Leben mit bedrükkender Hartnäckigkeit beobachten hieß. Er erinnerte sich an die Kälte in seiner Kindheit wie an ein grausames Leid. Ich dagegen erinnerte mich an die Kälte mit Lebensfreude, mit einem Glücksgefühl; in Chillán wurde in jenen kalten Nächten schon frühzeitig ein riesiges Kohlenbecken im Hof angezündet, die Kohlestücken sprühten Funken, bis sie sich fast in Asche verwandelten und jene riesige Tortilla aufnahmen, die sich in die glühende Asche einbettete und unter unseren sehnsüchtigen Augen allmählich aufging. Ein anderes Kohlenbecken daneben, mit in Brand gesteckten Kohlen wärmte uns. Plötzlich schrien die öffentlichen Ausrufer, die abends vorbeigingen, ob es regnete oder gewitterte: «Heiße Pinienkerne und Kastanien!» Es war ein Ritual; sobald ich ihre Rufe hörte, rannte ich hinaus, einer stand schon an der Tür. Lächelnd hob er seine Laterne, um mir ins Gesicht zu leuchten, und die Göre, die alles sehnsüchtig betrachtete, muß ihn amüsiert haben. Er trat wie in einem Ritual auf: Als erstes hob er seinen Poncho aus Molton, es erschien ein großer, mit schneeweißen Tüchern bedeckter Korb. Ständig lächelnd, teilte er die Tücher, ein heißer Dampf entstieg den Kastanien, die mir fast die Hände verbrannten. Wie konnten sie diese Hitze halten? Er nahm meine Centavos, verabschiedete sich, steckte seinen Korb wieder unter den Poncho und ging, seine Laterne schwenkend, im Regen fort, der am Poncho hinunterlief, ohne ihn durchzuweichen. «Heiße Kastanien und Pinienkerne!» sang er. Die Kastanien und der Mann wärmten sich gegenseitig.

Dann spielten wir «Bild oder Zahl», ich muß damals sehr klein gewesen sein; wenn ich dabei war, meine Kastanien zu verlieren, bekam ich Angst und sah meine Mutter an, die dann, von mir unbemerkt, bestimmt mogelte und mich rasch gewinnen ließ. Und mein Gesicht strahlte wieder, immer lachten wir am Ende; wer gewann, erhielt zwei Kastanien extra; gewöhnlich war ich die Gewinnerin.

«Hast du Kastanien und Pinienkerne gekauft?» fragte ich Pablo, der wie träumend in die Ferne schaute.

«Ich weiß nicht mehr, ob ich welche kaufte, aber ich hörte gern die Ausrufer, sie sind mit jenen Regennächten in Temuco verbunden», antwortete er.

Und so grub ich im Rausch der Erinnerungen weiter in meinem Gedächtnis, ich beschwor meine Kindheit, die ich, wenn ich hätte wählen können, nicht anders gewollt hätte.

Meine erste Schule war natürlich eine Volksschule. Die

Lehrerin, an die ich mich am lebhaftesten erinnere, war die Gesangslehrerin, ich verehrte sie, ich sang so gern, und sie, glaube ich, mochte mich auch. Ich war die Solistin der Klasse, und die kleinen Partien, die ich singen mußte, übte ich zu Hause tausendmal, weit weg, unter den Bäumen. Ich entsinne mich, daß ich gern meine eigene Stimme hörte, wenn sie sich erhob und der Wind sie forttrug. Damals war ich weit davon entfernt, daran zu denken, daß ich einst mit meiner Stimme meinen Lebensunterhalt verdienen würde, sie würde mir Flügel geben, damit ich von Land zu Land fliegen, die Welt sehen, andere Städte, andere Menschen kennenlernen, mich bilden und vieles lernen könnte, das mich dazu befähigen sollte, Pablo im Leben zu begleiten.

«Hat man dir Geschichten erzählt?» fragte er, als spräche er zu sich selbst.

«Ja, sehr schöne, ich werde sie nie vergessen. Die Geschichten meiner Kindheit haben sich mir tief eingeprägt, außerdem habe ich nie gehört, daß sie einem andern Kind erzählt wurden.»

Ich bin sicher, daß meine Mutter sie erfunden hatte. Erst jetzt, da ich an sie denke, glaube ich, daß das Leben sie nicht befriedigte und daß sie sich in ihre Phantasie flüchtete. Schon als ich noch ganz klein war, so erinnere ich mich, forderte sie mich auf, den Mond zu betrachten. Nie versäumten wir es, den Vollmond anzusehen oder den schmalen Bogen am Himmel am ersten Tag nach Neumond. Was für einen großen, leuchtenden Mond hatten wir in Chillán! Alle Geschichten, die sie mir erzählte, hatten etwas mit dem Mond zu tun.

Ich erinnere mich an ihre sehr abwechslungsreichen Geschichten; es ging immer um ein Mädchen, das einen guten Engel hatte, und beide bestanden Abenteuer in fernen Ländern und gerieten manchmal in Wälder, in denen Ungeheuer und wilde Tiere hausten, aber sobald sie das Mädchen angriffen, breitete der Engel seine riesigen Flügel aus, und sie machten sich unsichtbar und flogen durch die Luft in andere Gegenden, wo sie ans Meeresufer eilten; sie sangen und tanzten, bis sie erschöpft umfielen und einschliefen. Eines

Tages, als der Engel das Mädchen begleitete, hörten sie lustiges Lachen und sahen plötzlich mitten im Wald Gruppen von Kindern, die fröhlich sangen. Sie mischten sich unter sie, spielten und sangen mit ihnen, lachten, kletterten auf die Bäume, die Früchte, Spielsachen und Blüten trugen. Alles Schöne auf der Welt war dort, damit sich die Kinder daran freuten; da waren auch viele kleine Tiere, flinke Kaninchen mit ihrem glänzenden Schnäuzchen, viele Kätzchen, die mit ebenso kleinen Hunden spielten ... Diese Geschichte war unerschöpflich, immer verschieden. Andere Male kamen sie ans Meer, ans Ufer glitten Fische, die sie hilfsbereit durch die Wellen spazierentrugen. Ich kannte das Meer nur von Zeichnungen, die sie mir zeigte; immer versprach sie mir, mich einmal hinzubringen.

Eine andere Geschichte spielte in einer Stadt der Kätzchen statt der Menschen, alle Einwohner waren Katzen, sie hatten winzige Häuschen, die sie selber bauten; größte Mühe kostete es sie, die Nägel zu halten, weil sie zu runde Pfötchen haben, aber sie hatten eine solche Meisterschaft erworben, daß sie gemeinsam in wenigen Stunden ein Haus bauen konnten. Wenn ein Kätzchen geboren wurde, feierten sie ein großes Fest, ihre Häuser standen in einem riesigen Wald, sie zogen in langem Zug zwischen den Bäumen hindurch und sangen und spielten im Schein des Mondes, der ihnen zusah und ihnen mit seinem großen Mund zulächelte. Wenn ich den Mond betrachte, sehe ich den großen Mund, den mich meine Mutter sehen lehrte; immer lächelt er.

Der Mond war die Stadt der Engel, von dort kamen sie herunter, um alle Menschen der Erde zu beschützen. «Ich, die ich größer bin», sagte meine Mutter, «habe einen Engel mit riesigen Flügeln. Du, die du so klein bist, hast einen verspielten, fröhlichen Engel, der dir immer folgt. Die Kätzchen, die in den kleinen Häusern im Wald wohnen, haben Engel, noch kleiner als der deine. Diese Engel schlafen neben dem Menschen, den sie beschützen. Wenn du nicht rechtzeitig schlafen gehen willst, leidet dein Engel, denn er ist müde und kann nicht schlafen, solange du nicht schläfst.»

Wie sie es nur machte, mir das Bild dieses Engels so tief ins Herz zu pflanzen! Noch jetzt glaube ich an ihn. Ich glaube, daß mir ein Flügelpaar folgt, wo immer ich hingehe. Jetzt hat mich mein Engel hierhergebracht und läßt mich dieses große Glück genießen, so groß, daß ich Angst habe. Wie kann man so glücklich sein?

An dieser Stelle meiner Geschichte sah ich Pablo an und sagte: «Ich habe immer an diesen guten Engel geglaubt. Jetzt muß er seine Flügel weit öffnen, weil er uns beide zu beschützen hat.»

Pablo lachte, wobei sich sein Blick in der Ferne, auf dem See, verlor und er vielleicht an seine Kindheit dachte. Ihm hatten sie vor dem Einschlafen nie Geschichten erzählt, seine «Mamadre», wie er seine Stiefmutter nannte, die Güte selbst, war eine zu einfache Frau oder zu beschäftigt mit den Obliegenheiten in einem großen Haus, abgearbeitet, mit kleinen Kindern, für die sie kochen, waschen, bügeln mußte, und dem anspruchsvollen, autoritären Mann, der nie allein zum Essen nach Hause kam. In Temuco erzählten mir Pablos Verwandte, daß manchmal kein Freund zum Mittagessen da war, vielleicht, weil es zu stark regnete; er nahm seinen Regenschirm, trat zur Tür hinaus und lud den ersten, der vorbeikam, ein, sich mit ihm zu Tisch zu setzen. Pablo hatte diesen Charakterzug seines Vaters zu einem erheblichen Teil geerbt, er war glücklich, wenn an seinem Tisch viele Freunde saßen.

Eines Nachmittags betrachteten wir den See, den wir so liebten, und plötzlich fragte ich Pablo: «Was hat sich am tiefsten in dein Gedächtnis gegraben, zwischen deinem siebten und achten Lebensjahr?»

Er dachte nach und antwortete, ohne zu schwanken: «Als ich das erste Mal das Meer sah. Es faszinierte mich sehr. Von da ab wußte ich, daß ich nie mehr würde leben können, ohne es zu betrachten. Und bei dir?» fragte er mich gleich darauf.

Ebenfalls ohne zu schwanken, erwiderte ich: «Als mir meine Mutter das erste Mal eine Furche Erde überließ, wo ich ganz allein säen konnte. Wie sorgsam habe ich das gemacht! Ich mußte abwechselnd zwei Bohnen und einen Maiskern fallen lassen, und als ich am Ende ankam, drehte ich mich um. Mit wieviel Liebe bedeckte ich die Körner mit der Erde, die ich mit meinen kleinen Händen gut zerkrümelt hatte!»

Wir blickten uns an, wir lachten lange, das ideale Paar. Meine Füße waren an diesen Boden, an diese Furche geheftet, und all mein Tun im Leben würde dieses Zeichen tragen. In einem seiner Sonette würde Pablo zu mir sagen:

«Aus Erde dein Herz,
doch himmlisch sind deine Hände . . .»

«Erzähl mir mehr von deinem Leben in Chillán!» sagte er, und alle meine Erinnerungen an jene Jahre klangen auf, sie kamen singend, in der Hoffnung, gehört zu werden, ich glaube, nie zuvor hatte ich davon erzählt, und jetzt überstürzten sie sich, um von tief innen herauszukommen, wo sie bisher gewesen waren mit dem Wunsch, bekannt zu werden, doch nie hatten sie ein Publikum gehabt. Und nun hatten sie das wunderbarste menschliche Wesen, bereit, ihnen zuzuhören, sich an jeder einzelnen zu erfreuen, sie zu verstehen. Ich muß ihn dankbar angesehen haben. Die ferne Kindheit, mir unglaublich gegenwärtig, trat in lebendigen Erinnerungen hervor.

Ich blickte immer noch über den See, aber statt des Wassers sah ich mein Haus in Chillán. Seine Zimmer waren groß, sehr hoch, und es hatte einen sehr schönen Balkon, wo sich fast mein ganzes Leben abspielte, da war die Hütte meines verhätschelten Hundes, den ich abgöttisch liebte, er hieß Chap, war riesengroß, schwer, und wenn ich mit ihm spielte, kroch ich immer am Boden. Wir hatten das Nötigste, um äußerst bescheiden zu leben, dank der Vermietung der Hälfte des Hauses; einzuschränken brauchten wir uns deshalb nicht, da es für uns trotzdem noch sehr groß war.

Ich erinnere mich, daß in meinem Haus ein Mann war, den meine Mutter Jarita nannte, er war sehr klein und grau. Er lief immer mit kurzen, raschen Schritten, meine Mutter gab ihm ein Zimmer im hinteren Teil des Hauses. Nie haben wir Angehörige von ihm kennengelernt. Er verdiente sich ein paar Centavos auf dem Markt, wo er Körbe trug, er war freundlich und gutherzig. Ich liebte ihn und bewunderte ihn sehr, weil er den Boden für die Aussaat vorzubereiten wußte, seine Furchen waren so schön gerade ... Wenn sie gezogen waren, säte ich zusammen mit meiner Mutter. Das waren meine Feste. Ich liebte das Säen. Wenn ich die Erde auf die Körner fallen ließ, dachte ich schon an die zarten Sprosse, die sich sehr bald zeigen würden. Wir säten Saubohnen, sie sanken in den Boden, wie hineingesetzt, ganz anders als die *porotos*. Und sie schienen mir sehr ernsthaft, bedeutender; die verspielten *porotos* dagegen machten Sprünge, wenn sie auf die Erde fielen. Wir säten auch Erbsen; was ich nie konnte, war Weizen säen, das war wirklich eine Kunst. Meine Mutter nahm eine Handvoll Weizen, hob den Arm, und es schien, als flöge mit den Körnern auch diese Hand, die dabei aussah, als hätte sie Flügel. Der Weizen fiel, als hätte man ihn Korn für Korn gesät. Viele Male versuchte ich, es ihr nachzumachen, aber die Handvoll fiel mir immer auf einmal herunter. Wie enttäuscht war ich!

Mein Entzücken über die jungen Keimlinge ist jetzt wie ein Leuchten in meinem Gedächtnis. Nie hat sich diese Empfindung, dieser Wunsch zu säen, ganz verloren. Wenn der Weizen gedieh, ernteten wir ihn grün, meine Mutter drosch ihn, und wir trennten ihn von dem *soplillo*, der Spreu.

«Was?» fragte Pablo, «*soplillo*? Seit Jahren habe ich dieses Wort nicht gehört, es war aus meinem Gedächtnis verschwunden, und wie schön ist es!»

Hier war der Unterschied, Pablo erinnerte sich an das Wort, weil es schön war, ich sah es in einem Tiegel oder in den Bohnen, die meinen Appetit stillten.

Und ich fuhr fort, in meinem Gedächtnis Ereignisse aus dieser Zeit freizulegen, die ich verloren geglaubt hatte und die jetzt, da ich von ihnen sprach, dunkle Facetten meines Lebens beleuchteten.

«Das Schönste von allem», erzählte ich weiter, «waren die Jungpflanzen der Samenzwiebeln. In exakt ausgerichteten

Kästen, die unser guter Jarita tadellos angefertigt hatte, gingen diese Zwiebeln geheimnisvoll auf. Zuerst hoben sich ganz kleine, sehr zarte grüne Pünktchen von der Erde ab; allmählich richteten sie sich kerzengerade auf, ich beobachtete sie mehrmals am Tag, und sie wuchsen beinahe unter meinen Augen. Sie waren meine kleinen Spielzeugsoldaten; von den anderen, die damals in Mode waren und die alle Kinder hatten, besaß ich nie welche, und ich kann versichern, daß ich sie nicht vermißte.»

Ich sah Pablo an, er war ernst. Er streichelte mir den Kopf mit ganz weicher Hand, wobei er an die kleinen Soldaten dachte, die ich nicht gehabt hatte. Ich lachte, weil ich mich an etwas erinnerte, was mich so glücklich gemacht hatte.

«Jetzt werde ich etwas Wunderbares erzählen», sagte ich.

In Chillán gab es ein Bewässerungssystem. Etwa drei Ekken vom Haus entfernt, zogen wir ein paar kleine Schleusentore hoch, die einen geheimnisvollen Wasserschwall durchließen, der sich fröhlich und stürmisch in sein Bett zwischen Straße und Gehweg ergoß; ich hopste singend mit meinen nackten Füßen darin herum und genoß das schönste Fest, das es im Leben gibt. Mein Haus hatte ein großes Tor, durch das, als mein Vater noch lebte, die Wagen mit Brennholz und Kohle einfuhren. Jetzt drang das Wasser in Sprüngen ein. Man mußte es überwachen, denn es war ungestüm und aufrührerisch, und wenn man es allein ließ, konnte es all unsere Arbeit zunichte machen; man lenkte es klug in kleine Ströme, die auf die Saatfelder rannen, und der starke floß zu den Bäumen und zum Teich der Enten, die, wenn sie das Wasser sahen, mit den Flügeln schlugen und sich darauf niederließen. Sie waren plötzlich ganz munter! Sie lärmten und schnatterten immerzu.

Was für großartige Feste hatte ich in der Kinderzeit! Das Leben überhäufte mich mit Glück. Wir hatten nichts, und wir hatten so viel.

Auf diesem riesigen Grundstück standen alle Sorten von Obstbäumen, die sich unter dem Gewicht der Früchte bogen. Ich kam aus der Schule und hängte mich an einen Baum, das war meine Art, den Hunger zu stillen, und so hielt ich es mein ganzes Leben. Wenn ich heute Hunger habe, denke ich immer an einen Apfel oder an eine gute Weintraube.

Pablo unterbrach mich: «Untersteh dich und gib mir Äpfel oder Trauben, wenn ich Hunger habe!»

Ich beruhigte ihn, ich aß nicht nur Obst, Fleisch war reichlich im Haus. Es gab Hühner, Perlhühner. Heute sehe ich nie welche. Die Puten, die, wenn sie jung waren, köstlich schmeckten, brauchten viel Pflege, ganz im Gegensatz zu den Enten, die mir das meiste Vergnügen bereiteten. Hinter dem Haus hatte meine Mutter einen Teich angelegt, wo sie den ganzen Tag herumschwammen, ich schaute ihnen gern zu. Aus Papier machte ich kleine Boote, um sie dort fahren zu lassen, aber sie hielten nicht lange.

Pablo, den Blick verloren in der Ferne, erzählte mir, als denke er laut nach, von seiner Kindheit.

Die Dämmerung verursachte ihm unendliche Pein. Am liebsten sammelte er Käfer, Insekten, von der Feuchtigkeit seltsam verformte, bizarre Stecken, geäderte Steine.

Stolz sagte er: «In meinem Zimmer hatte ich eine riesige Kollektion, sie fand schon keinen Platz mehr, es waren meine Schätze. Vor allem las ich gern. Ich litt mit allen Gestalten, und ich machte mich selber ans Schreiben. Stets habe ich geschrieben, das erleichterte mich. Ich mochte die Mondnächte, aber sie machten mich wehmütig, nie heiter. Unter meinen Schulkameraden, mit ihrer Fröhlichkeit, ihrem Lachen, fühlte ich mich immer fremd, und wenn ich bei irgendeinem Spiel mitmachte, hatte ich nur Pech, ich war sehr ungeschickt, und daher spielte ich nicht gern.»

Und weiter erinnerte er sich: «Zum Glück nahm mich mein Vater in den Ferien in seinem Eisenbahnzug mit. Das gefiel mir natürlich. Ich schloß rasch Freundschaft mit den Eisenbahnern, die sich für alles interessierten, was mir gefiel. Sie halfen mir, Schmetterlinge und Käfer zu fangen.»

An einen erinnerte er sich besonders, er hieß Monge und hatte eine Narbe quer über die Wange.

«Aber sie machte ihn nicht häßlich», sagte er, «weil er die schönsten Augen hatte, die ich je gesehen habe. Er war herzlich, immer bereit, seine Freistunde zu opfern, um mit mir durch den Wald zu stromern und für mich Schätze zu suchen. Wir waren sehr schweigsam, der Humus dämpfte unsere Schritte, und wir drangen tief ein in das grüne Dunkel, das mir unvergeßlich ist. Dort waren wir Herren des Geheimnisses der Wälder. Was für eine glückliche Zeit! Ich kam, mit Schätzen beladen, heraus.»

Eine seltsame Sehnsucht nach der Kindheit überkommt uns beide, es ist keine Schwermut, wir quellen über vor lauter Liebe. Diese Tage gehen vorüber, wir möchten die Stunden anhalten, die zu schnell dahineilen. Ich sehe Pablo an, sein Blick ist voller Wehmut. Er muß wohl an den Süden Chiles denken, den er so liebt und den er jetzt nicht wiedersehen kann. Ich fühle, daß er traurig ist.

Wir müssen das Thema wechseln, und um ihn abzulenken, sage ich: «Jetzt werde ich dir etwas erzählen, worüber ich jahrelang immer wieder lachen mußte. Ich werde dir erzählen, wie und warum sich Jarita, unser Freund und Gärtner, von uns trennte.»

Er kleidete sich sehr nachlässig, meine Mutter war es, die ihm mal ein Hemd, mal eine Hose kaufte. Er kümmerte sich nicht darum. Aber eines Tages traf ihn meine Mutter ganz verändert, er war sehr sauber und hatte sich neu eingekleidet. Mir brachte er Süßigkeiten, und einmal kam er mit einem Dutzend Törtchen, wie ich sie nie gesehen hatte, weil uns das nicht unbedingt Notwendige verboten war. Meine Mutter, sehr neugierig gemacht, bemerkte, daß hochelegante Damen durch die zu seinem Zimmer führende Tür gingen. Eines Tages hielten wir es vor Spannung nicht mehr aus, und meine Mutter rief ihn. Wir setzten uns auf den Balkon; ich erinnere mich, daß sie, während sie eine Tasse Tee trank, ihn fragte: «Verkaufen Sie etwas, Jarita? Was suchen diese Damen, die zu Ihnen kommen?» Er lachte, wußte anscheinend nicht, womit er anfangen sollte, und dieses Lachen verstärkte sich, und da wir sahen, daß er nicht sprechen konnte, lachten auch wir. Schließlich sagte meine Mutter: «Nun fangen Sie schon an, Jarita, denn ich sterbe vor Neugier!»

«Doña Transitito», antwortete er, «sie kommen, um ihre

Zukunft zu erfahren.» Meine Mutter fragte ihn sehr überrascht, was er davon wüßte. «Wo sehen Sie sie denn? In den Karten?» Immer lachend, antwortete Jarita: «In einer Glaskugel», und er fügte hinzu: «Ich werde es Ihnen von Anfang an erzählen. Ich ging über den San-Francisco-Platz, als ich plötzlich im Gras etwas blinken sah, es war eine große Glaskugel, es schien, als kämen Lichter aus ihrem Innern. Ich schaute sie an, als mich plötzlich jemand am Arm berührte. Es war eine Dame, die mich fragte, was ich mit dieser Glaskugel machte, und ich, um zu scherzen, Doña Transitito, antwortete, es wäre eine Zauberkugel, in der man die Zukunft lesen könnte. Die Dame forderte meine Adresse und sagte, sie werde am Abend kommen, um ihre Zukunft zu erfahren. Ich dachte, ich werde ihr irgendwas erzählen und sie werde mir sicher einen Peso geben. Sie stellte sich pünktlich ein. Nach ein paar Tagen tauchte eine weitere auf und noch eine, sie sagen, daß alles stimmt. Sie zahlen, und ich nehme ihnen jeden Tag mehr ab, und sie gehen glücklich wieder weg. Womöglich habe ich diese Gabe wirklich und wußte es nur nicht.»

Die ganze Geschichte begleiteten wir alle drei mit schallenden Lachsalven. Und Jarita schloß: «Jetzt, glaube ich, kann ich in diesem Zimmer nicht wohnen bleiben, es ist sehr klein; manchmal sind bis zu fünf Damen gleichzeitig bei mir. Hier in der Nähe habe ich ein Häuschen entdeckt, da werde ich hinziehen. Aber ich komme alle Tage, weil ich dieses Kind wie meinen Augapfel liebe», sagte er, indem er mich unsagbar zärtlich ansah, so daß ich ihn umarmte und küßte.

Wir lachten nicht mehr so sehr, Jarita, unser treuer Gefährte, würde fortgehen, und nur wegen dieser Glaskugel, die er im Gras gefunden hatte. Schon sehr ernst, sagte meine Mutter zu ihm: «Und meinen Sie nicht, daß Sie diese Damen betrügen? Ich finde, diese Arbeit ist nicht ehrenhaft.» Der gute Jarita brach von neuem in Lachen aus. «Wenn ich ihnen doch Glück verkaufe, Doña Transitito! Ihnen allen muß es scheinen, als verlangte ich sehr wenig, keine geht traurig weg, allen löse ich die Probleme, darin bin ich sehr ehrenhaft, sehr ehrenhaft», versicherte er, halbtot vor Lachen. An dieser Stelle meiner Geschichte trocknete sich auch Pablo die Lachtränen.

«Er bezog ein Häuschen mit Wartezimmer», fuhr ich fort. «Anfangs besuchte er uns täglich, doch sein Ruf verbreitete sich mehr und mehr, man kam sogar aus den nahegelegenen Ortschaften, und er hatte für nichts anderes mehr Zeit. In den Winternächten aß ich Kastanien, die jetzt er bezahlte. Er brachte mir Süßigkeiten, immer verschiedene. Gesegnet sei er, Naschwerk kannte ich ja fast nicht.

Ich erinnere mich, daß er Weihnachten kam. Von ihm erhielt ich meine erste große, schöne Puppe. Als ich sie sah, war ich starr, sie war so elegant gekleidet, daß ich kaum wagte, sie anzufassen. Jetzt überlege ich, wievielmal Glück er wohl voraussagen mußte, ehe er sie kaufen konnte. Merkwürdig, daß ich mich nach so vielen Jahren an ihn erinnere, als sähe ich ihn vor mir. Es gibt beseelte Augen, und in Jaritas Augen lag seine Seele, ich glaube, das war das Wesentliche an seinem Triumph als Seher.»

Wir hatten während der Unterhaltung allmählich alles, was auf dem Tisch stand, gegessen. Es war sehr spät, das heißt sehr früh, bald würde es tagen. Bei uns herrschte eine allgemeine Unordnung hinsichtlich der Schlafens- und der Essenszeiten. Nie sahen wir auf die Uhr, und so gingen wir am Vormittag ins Eßzimmer hinunter, und wenn alle zu Mittag speisten, bestellten wir nur einen Kaffee, das war unser Frühstück.

Die Wirtin war sehr nett, sie sorgte für uns; lächelnd schüttelte sie den Kopf. Nachts stellte sie uns kalte Speisen ins Zimmer, sie war unser Engel. Außerdem bestellten wir jederzeit viel Brot zusätzlich, immer Brot, es war für unsere Möwen, unseren obligatorischen täglichen Spaziergang. Wir taten ganz einfache Dinge, die uns überglücklich machten.

Morgens gingen wir in eine kleine Bar, um einen Aperitif zu nehmen. Wir setzten uns draußen an einen Tisch, und unsere gespannte Aufmerksamkeit galt den Vögeln, die näher kamen und furchtlos, ohne Hast, die Krümel von den unbesetzten Tischen aufpickten.

Die Woche ging dem Ende zu, wir mußten uns trennen, ich sollte nach Paris zurückkehren, um alles zu holen, um mein Appartement aufzugeben, und wir würden uns in Rom treffen. Dort hatte ich mexikanische Freundinnen, Gesangsstudentinnen, die in einer Pension lebten, ich würde bei ihnen wohnen. Es war so schön, daran zu denken, daß wir bald wieder vereint sein würden, aber es machte auch traurig, es war wie Nebel, der überall eindringt und einen, ohne daß man weiß, wie, schweigend, unerbittlich einhüllt. Plötzlich, uns an den Händen haltend, stellten wir fest, daß wir beide an dasselbe dachten. Es war, als spinne sich in der Luft etwas an, es war schwer, dieses ausgedehnte Schweigen zu brechen, wer kennt die Trübsal dieser Welt nicht, die uns in diesem Augenblick so grausam und unbarmherzig schien. Warum mußten wir uns trennen?

Schweigend standen wir auf und wanderten am Ufer des Sees entlang, wir verabschiedeten uns von unseren unzertrennlichen Gefährten, den Möwen.

Plötzlich sagte Pablo: «Gehen wir ins Hotel, ich muß schreiben.»

Wir kamen dort an, bestellten eine Flasche Wein und setzten uns auf unsere kleine Terrasse.

«Setz dich mir gegenüber», sagte er, «und wenn du reden willst, tu es nur, ich höre zu.»

Er schrieb rasch, füllte Seite um Seite, als überstürzten sich die Worte in seinem Kopf und als sei seine Hand nicht schnell genug, um sie niederzuschreiben.

Dann hörte er auf zu schreiben, steckte alles in einen Umschlag und sagte, zufrieden lächelnd: «Das sollst du morgen während der Reise nach Paris lesen.»

Es war «Der Brief unterwegs».

«Wir werden nicht traurig sein», sagte er. «Ich liebe dein Lachen abgöttisch, ich glaube, nie habe ich mehr gelacht als in diesen Tagen mit dir, diese Erinnerung muß überwiegen. Denken wir an unser nächstes Treffen. Ich werde dir Rom zeigen, wir werden in seine Museen, seine Kirchen gehen, durch seine Straßen streifen, werden die Welt vergessen, immer werden wir beide, du und ich, allein auf der Erde sein.»

Wir gaben uns große Mühe, fröhlich zu sein, damit es kein bitterer Abschied wurde. Trotzdem schrie alles in uns, daß wir uns nicht trennen sollten.

Wir sagten Nyon und seinen Menschen ade, diesem Ort, der uns auf immer im Gedächtnis bleiben wird. Den Leuten hier schien ein Geist der Perfektion, der Pünktlichkeit und der Liebenswürdigkeit eigen zu sein, der das Leben des Ausländers sehr angenehm macht, besonders eines Ausländers, der wie Pablo verfolgt wurde. Für mich ist das Wort Nyon ein Zauber, als öffne sich ein verwunschenes Fensterchen zu den Erinnerungen an das vollkommenste Glück, das ich je erlebt habe. Dort fand ich den Weg und die Zielsetzung, die ich brauchte, ich entkam dem Zögern, Schluß war mit der Unsicherheit, die ich selber in meinem Leben empfunden hatte. Dort wußte ich, was ich wollte, obwohl Wehmut und Sehnsucht nach meinem vorherigen Leben sich in all meine Erinnerungen einschlichen. Ich weiß nicht, warum, aber es war so.

Nie habe ich nach Nyon zurückkehren wollen, ich möchte das Provinzstädtchen des Jahres 51 im Gedächtnis behalten. Sicher ist jetzt alles anders, ich möchte es weiter winzig vor mir sehen, mit seinem von Möwen bevölkerten See, möchte mich an jenes kleine Hotel mit seiner schmalen, fast senkrechten Treppe erinnern, ich liebe seine provinziellen Straßen mit ihren Lädchen und ihrer Minibar an dem kleinen Platz, wo wir uns nachmittags hinsetzten, um unseren Campari zu trinken.

Die Stunde kam, und ich mußte in den Zug steigen. Auf dem Bahnsteig stand mein Pablo, einen kleinen Hut in der Hand, und sagte «bis bald»! Ich konnte es nicht verhindern, ich hatte heftiges Verlangen zu weinen.

Ich nahm den Brief aus der Handtasche, es waren mehrere Blätter mit großer, sicherer Handschrift. Langsam las ich:

> Leb wohl, doch mit mir
> wirst du sein, wirst mit mir kommen
> in einem Blutstropfen, der in meinen Adern kreist
> und außerhalb, Kuß, der mein Gesicht entflammt,

oder Feuergürtel um meine Hüfte.
Geliebte, empfange
die große Liebe, die aus meinem Leben kam
und in dir kein Erdreich fand,
wie der verlorene Forscher
auf den Inseln des Brots und des Honigs.
Ich traf dich nach dem Sturm,
der Regen hatte die Luft reingewaschen
und im Wasser
glänzten deine zarten Füße wie Fische.

Liebste, ich ziehe in den Kampf.

Ich werde die Erde aufscharren, um dir eine
Höhle zu bauen,
und dort wird dein Kapitän
dich erwarten mit Blumen auf dem Bett.

Ich konnte nicht fortfahren, die Tränen verschleierten meine Augen. Was ich in diesem Augenblick fühlte, ist nicht zu erklären, ich könnte es nicht beschreiben, welch ein Glück, welch eine Fülle, und gleichzeitig war ich wie verloren, hilflos, ich fühlte mich verwaist wie nie zuvor. Mein Leben würde jetzt ganz anders werden, ich merkte, daß mir vertraute Dinge künftig nicht mehr gefallen würden, ich würde allein den Weg suchen und mich auf ihm zurechtfinden müssen.

Ich fuhr fort, seinen Brief zu lesen:

Liebste, denk nicht mehr
an den Sturm,
der zwischen uns niederging
wie ein Phosphorblitz
und uns vielleicht sein Brandmal aufdrückte.
Auch der Friede kehrte ein, denn ich gehe zurück
und werde in der Heimat kämpfen,
und weil ich ganzen Herzens bin
mit dem Anteil Blut, das du mir
für immer gegeben,
und weil meine Hände

voll sind von deinem nackten Wesen,
sieh mich an,
sieh mich an,
sieh mich auf dem Meer, ich ziehe strahlend weiter,
sieh mich in der Nacht dahinfahren,
und Meer und Nacht sind deine Augen.
Ich habe mich nicht aus dir entfernt, da ich fortgegangen.
Jetzt will ich es dir sagen:
mein Land wird dir gehören,
ich werde es erobern,
nicht nur, um es dir zu geben,
sondern für alle,
für mein ganzes Volk.
Eines Tages wird der Dieb seinen Turm verlassen.
Und vertrieben wird der Eindringling sein.
Die Früchte des Lebens
werden in meinen Händen reifen,
die zuvor an Staub gewohnt waren.
Ich werde lernen, die neu erblühten Blumen zu liebkosen,
denn du lehrtest mich die Zärtlichkeit.
Meine Liebste, Geliebte,
du wirst mit mir kommen, Körper an Körper kämpfen wir,
denn in meinem Herzen leben deine Küsse
wie rote Fahnen,
und sollte ich fallen, wird mich
nicht nur die Erde bedecken,
sondern die große Liebe,
die du mir gabst
und die in meinem Blut pulsierte.
Du wirst mit mir kommen,
in dieser Stunde erwarte ich dich,
in dieser Stunde und zu jeder Stunde,
zu jeder Stunde erwarte ich dich.
Und wenn die Traurigkeit, die ich hasse,

an deine Tür klopft,
sage ihr, daß ich dich erwarte,
und wenn die Einsamkeit will, daß du den Ring,
in dem mein Name steht, wechselst,
antworte der Einsamkeit, sie soll mit mir sprechen,
ich mußte fortgehen,
weil ich Soldat bin,
und dort, wo ich bin,
unter dem Regen oder im
Feuer
erwarte ich dich, meine Liebe.

Ich kann nicht mehr, ich drücke mir ein Taschentuch ans Gesicht und schluchze leise. Es sind gute Tränen, keine bitteren, es ist wie ein Bad, man kommt sich wie ein Nichts vor angesichts der Pracht des Empfangenen, sieht sich mit Zärtlichkeit, mit Lust, mit Liebe überhäuft, die man im Innersten fühlt, etwas schmilzt vor der Furcht, nicht fähig zu sein, so kostbare Gaben zu erwidern.

Ich lese weiter, diesmal bis zum Ende.

Ich erwarte dich in der harten Wüste
und neben dem blühenden Zitronenbaum:
Überall, wo es Leben gibt,
wo der Frühling keimt,
erwarte ich dich, Liebste.
Wenn sie sagen, «dieser Mann
liebt dich nicht», denke daran,
daß meine Füße allein sind in dieser Nacht,
daß sie die kleinen und zarten Füße suchen, die
ich anbete.
Liebste, wenn sie dir sagen,
daß ich dich vergaß, wenn
sogar ich es dir sage,
wenn ich es dir sagte,
dann glaube mir nicht,
wer sollte dich
aus meiner Brust reißen, und wie,

und wer empfinge
mein Blut,
wenn ich verblutete zu dir hin?
Doch ich kann auch mein Volk
nicht vergessen.
Ich werde in jeder Straße kämpfen,
hinter jedem Stein.
Auch hilft mir deine Liebe:
Sie ist eine geschlossene Blüte,
die mich stets mit ihrem Duft erfüllt
und sich plötzlich in mir
öffnen wird wie ein großer Stern.

Meine Liebste, es ist Nacht.

Das schwarze Wasser, die Welt
im Schlaf umgeben mich.
Dann wird der Morgen dämmern,
während ich dir schreibe,
um dir zu sagen: «Ich liebe dich»,
um dir zu sagen: «Ich liebe dich», hüte,
reinige, mehre,
verteidige
unsere Liebe, mein Herz.
Ich vertraue sie dir an, als hinterließe ich
ein frisch besätes Stück Land.
Aus unserer Liebe werden Leben hervorgehen.
Aus unserer Liebe werden sie Wasser trinken.
Vielleicht kommt der Tag,
an dem ein Mann
und eine Frau, genau
wie wir,
diese Liebe berühren und sie noch Kraft besitzt,
um die Hände derer, die sie berührten, zu
verbrennen.
Wer waren wir? Was heißts?
Sie werden dieses Feuer berühren,
und das Feuer, Liebste, wird stets deinen schlichten
Namen nennen

und meinen, den Namen,
den nur du kennst, denn nur du allein
auf Erden weißt,
wer ich bin, denn niemand auf der Welt kannte
mich
wie eine einzige deiner Hände,
denn niemand
wußte, wie noch wann
mein Herz brannte:
allein
deine großen braunen Augen erfuhren es,
deine vollen Lippen,
deine Haut, deine Brüste,
dein Bauch, deine Eingeweide
und deine Seele, die ich weckte,
daß sie singe
bis zum Ende des Lebens.

Liebste, ich warte auf dich.

Leb wohl, Liebste, ich warte auf dich.

Liebste, Geliebte, ich warte auf dich.

Und so endet dieser Brief
ohne jede Traurigkeit:
Ich stehe mit den Beinen fest auf der Erde,
ich schreibe diesen Brief von unterwegs,
und mitten im Leben werde ich
immer
an der Seite des Freundes, im Angesicht des
Feindes,
mit deinem Namen auf den Lippen sein,
und einem Kuß, der sich
niemals von deinen Lippen gelöst.

Mein Kopf denkt und denkt vernünftig, aber mein ganzes Wesen möchte schreien: Warum muß ich weggehen, warum?

Etwas ganz Winziges und sehr Großes pochte in mir, es war ein Kind von Pablo, das aus Nyon, vom See der Möwen, kam. Ich wußte es nicht. Später würde er ihm diese Verse schreiben:

Ach, Sohn, weißt du denn, weißt du,
von wo du kommst?

Von einem See mit weißen,
hungrig kreischenden Möwen.

Am winterlichen Wasser,
da entfachten wir, sie und
ich, ein rotes Geloder,
verschlissen uns die Lippen,
uns die Seele zu küssen,
warfen alles ins Feuer,
verbrannten unser Leben.

Und so kamst du zur Welt.

Doch sie, um mich zu sehen,
und auch dich, eines Tages,
überquerte die Meere,
und ich, um zu umarmen
ihre zierliche Taille,
lief um die ganze Erde,
durch Kriege, über Berge,
durch Wüsten, Dornendickicht.

Und so kamst du zur Welt.

Von so viel Orten kommst du,
vom Wasser, von der Erde,
vom Feuer und vom Schnee,
von so weit her gelangst du
bis zu uns beiden hier,
von der schrecklichen Liebe,
die uns verkettet hat,
daß wir nun wissen wollen,
wie du bist, was du sagst, denn
du weißt mehr von der Welt,
die wir zwei dir gegeben.

Wie ein heftiger Sturm
rüttelten wir den Baum
des Lebens, ihn erschütternd
bis hinab zu den letzten,
geheimsten Wurzelspitzen,
und jetzt erscheinst du singend
dort, auf dem höchsten Zweig,
den wir mit dir erreichen.

7

Zum dritten Mal in Paris

Zum dritten Mal komme ich in Paris an, ich weiß, daß mich niemand erwartet, und es macht mir nichts aus. Ich bin mit Schätzen beladen, halte meine Handtasche ganz fest, darinnen sind die Papiere mit den Liebesversen, die Pablo für mich geschrieben hat. Mich begleiten diese große Liebe und noch und noch lebendige Erinnerungen an das kleine Nyon. Nyon war für mich ein Zauberwort und wird es bleiben, ich spreche es aus und höre es, und es ist, als öffnete sich eine Truhe voll Überraschungen, Lachen, Küsse springen heraus, der Genfer See taucht auf und wiegt seine Schwäne und seine hungrigen Möwen.

Und nun, wieder in Paris, kam ich in meinem kleinen Appartement an, es war ein bißchen wie eine Heimkehr. Merkwürdig, wie man sich heimisch fühlt, wo sich die Kleider, das Bett, in dem man geschlafen hat, und die kleine Küche befinden, in der ich mir sofort eine Tasse Kaffee machte. Ich war heiter und setzte mich mit meiner Kaffeetasse an ein Dachfensterchen.

Ich dachte, ich weiß nicht, warum, an mein kleines Heim in Mexiko; diese in den ersten Tagen so starke Erinnerung verblaßte, sie bedrückte mich schon weniger, ich empfand sie wie ein Andenken, das mein Herz auslöschen wollte, es stand im Widerstreit zu meinem gegenwärtigen Glück. Jetzt zählte nur, was mit Pablo zusammenhing, mit meiner Liebe. Anscheinend lenkte eine mächtige Hand mein Schicksal. Mexiko würde in meiner Erinnerung bleiben, gleichsam verloren in der Zeit.

Pablo hatte mir eine Menge Adressen von Freunden mitgegeben, die ich aufsuchen sollte. Der einzige, zu dem ich ging, war Paul Éluard, ich hatte seine Gedichte gelesen und ihn in Mexiko kennengelernt, ich erinnerte mich gern an ihn und war begierig, ihn wiederzusehen. Sie empfingen mich an einem Abend, den ich nie vergessen werde; in dem Haus, das den Eindruck einer aufgeräumten Unordnung machte, gab es eine gemütliche dämmrige Ecke; überall hingen Bilder. Dort ließen wir uns mit seiner Frau Dominique nieder, die bis heute eng befreundet mit mir ist; sie wirkte auf mich wie eine exotische Schönheit. Ich merkte, daß sie mich neugierig musterten. Ich erzählte ihnen, wie es Pablo ging, der nicht nach Paris durfte, weil ein Ausweisungsbefehl gegen ihn vorlag. (Das wußte Paul.) «Das werden wir ganz schnell regeln», sagte er. Er war beeindruckend schön, groß, hatte regelmäßige Züge; was meine Aufmerksamkeit am meisten fesselte, war das Blau seiner Augen, nie habe ich ähnliche gesehen. Aber auch in seinen Bewegungen war soviel Harmonie, in seinem gewinnenden Lächeln soviel Güte; und seine Augen blickten sehr sanft, wie liebkosend; in ihnen zeigte sich seine Zärtlichkeit, seine Liebe zur ganzen Welt. Er fragte nach Pablo, nach unendlich vielen Einzelheiten, wie ein älterer Bruder. Ich beantwortete seine Fragen aufrichtig, ohne Geständnisse abzulegen, jedoch ohne zu lügen oder etwas zu verschleiern.

Wir redeten wie alte Freunde, ich erzählte ihnen vom Festival, wir sprachen über Mexiko. «Kehrst du bald zurück?» fragte mich Dominique.

«Erst fahre ich nach Rom», antwortete ich, «dort wohne ich bei mexikanischen Freundinnen, die ich sehr gern habe, und vielleicht sehe ich Pablo, ich glaube, er will ein paar Tage in Italien verbringen.» Es kam mir so vor, als schauten sie sich an. Wußten sie etwas von unserer Liebe? fragte ich mich einen Augenblick; es war besser, es nicht zu wissen.

Ich verabschiedete mich in dem Gefühl, daß sie mir sehr nahestanden.

Ein paar Tage blieb ich recht frohgestimmt in Paris, ich würde Pablo sehr bald sehen, wir würden wieder zusammen leben, dieser Gedanke allein machte mich glücklich. Ich besuchte alle meine chilenischen Freunde, die gerade hier waren, vor allem Nemesio Atúnez und seine Frau Inés Figueroa. Eines Tages, ich werde es nie vergessen, kam ich zu ihnen, ging durch sein Arbeitszimmer und sah ein paar Fischchen, die am Verderben waren. Verwundert fragte ich Inés: «Und diese Fische?» – «Nemesio malt sie», sagte sie, als sei das die natürlichste Sache von der Welt.

Nach und nach drang ich in dieses Reich ein, in dem es so viel zu sehen gab, so viel Erstaunliches.

Mich packte die Ungeduld, sie ließ mich nichts genießen, es war, als würde ich gejagt. Wenn ich ausging, lief ich sehr schnell und wurde bald müde, ich besuchte Freundinnen und verabschiedete mich gleich wieder, als hätte ich viel zu tun. Nachts konnte ich nicht schlafen.

Ich beschloß, nach Rom zu fahren und auf Pablo zu warten. Meinen mexikanischen Freundinnen teilte ich mit, daß ich kommen würde und mich in ihrer Pension einquartieren wollte. Ich freute mich darauf, sie wiederzusehen, ich hatte sie sehr gern.

Ich fuhr mit dem Zug, mein Gepäck hatte sich vermehrt. In Paris hatte ich verschiedenes gekauft, um unsere Wohnung zu schmücken, im Augenblick wußte ich noch nicht, wo wir bleiben würden. Ich hatte ein paar schöne Tassen bei mir, ein orangefarbenes Service, mit Vögeln bemalte Platten. Ich wußte, das alles machte Pablo glücklich.

Ich kam in Rom an, meine Freundinnen erwarteten mich. Sie waren so lustig! Unter Gelächter und Scherzen erzählten sie mir von der Pensionswirtin, die sie Bámbola nannten. Sie war etwas dick, rundlich und sehr hübsch. Sie empfing mich liebevoll. «Heute abend», sagte sie zu mir, «kochen wir dir zu Ehren *risotto alla milanesa*, und zu Beginn gibt es eine *mozzarella in carrozza**.»

* Überbackener Käse.

Alle Pensionsgäste aßen gemeinsam an einem riesigen Tisch; sie, an einem Ende wie eine Großmama, trug riesige Schüsseln auf. Alle lachten, plauderten. Ich, die ich unter der Einsamkeit in Paris gelitten hatte, war froh. Das Zusammensein mit meinen Freundinnen hatte mir mein sorgloses, fröhliches Leben zurückgegeben. «Wir wollen ein Fest feiern!» schlug Dora vor. «Matilde wird uns *chupe** kochen, das kann nur sie, und später kochen wir mexikanisch, wir kaufen einen Truthahn und bereiten ihn mit Pfeffersauce zu.» Die Italiener verstanden nichts von diesen Speisennamen, ihnen schien alles exotisch. Erst einmal genoß ich den *risotto alla milanesa,* den ich köstlich fand; es ist mit Wein und Käse gekochter Reis und dazu Geflügelstücken. Meine Freundinnen, die über alles ihre Witze machten, sagten zu mir: «Wenn wir Brathuhn gegessen haben, gibt es immer am nächsten Tag *risotto alla milanesa;* jetzt wird dir das Glück zuteil.»

Es war ein sehr fröhliches Mahl.

Als ich in der Nacht in mein Zimmer ging, kehrte die Sehnsucht nach Pablo wieder. Wann wird er kommen? fragte ich mich. Plötzlich wird das Telefon klingeln, und ich werde seine Stimme hören. Und wir werden ausgehen, um diese gastliche, liebenswürdige Stadt mit ihren fröhlichen, herzlichen Bewohnern zu erleben.

In dieser Stadt fühlte ich mich wohl, die Pension liegt an der Piazza del Pòpolo, die ich riesengroß fand, dort ist alles heiter, geschäftig, mit Cafés und mit Läden aller Art. Mit meinen Freundinnen ging ich oft ins Café, wir hatten uns so viel zu erzählen, uns an so vieles zu erinnern, jeden Augenblick stand uns Mexiko vor Augen. Für sie war auch ich Mexikanerin, wir lachten über alles, es war eine unbeschwerte, stets frohsinnige Atmosphäre. Ich kannte fast ganz Mexiko, seine Bräuche, seine Speisen, ich verehrte all das Großartige dieses Landes, das keinem anderen gleicht. Mit seinen Menschen, mit seinem ausgeprägten Nationalbewußtsein. Alle wollen Indios sein, ihr großer Stolz auf die Vergangenheit weckt in ihnen den Wunsch, Indios zu sein. Ich bewunderte

* Chilenisches Eintopfgericht aus vielerlei Zutaten.

sie, ich kam aus einem Land, in dem die Verachtung des Indios gepflegt worden war.

Und endlich kam der Tag. Ein Telefonanruf, es war Pablo, er war da. Ich atmete tief, alles verwandelte sich, alles gewann Schönheit, Bewegung, Licht. Er würde mich am Abend abholen.

Den ganzen Tag war ich nervös, die Freundinnen, in mein Geheimnis eingeweiht, zogen mich auf. Ich probierte ein Kleid an, riß es wieder herunter, brachte noch eine Schleife oder einen Kragen an, aber nein, auch so gefiel es mir nicht. Die Stunde rückte heran, und ich war noch nicht angezogen. Schließlich klingelte es, es war Pablo. Ich zog das erste beste an, und ohne mich gekämmt zu haben, trat ich einfach so hinaus, wie ein Backfisch, der außer dem Herzen auch noch den Kopf verloren hat.

Pablo stand mit einem winzigen Blumensträußchen da, sah mich an, lächelte, öffnete die Hand und übergab mir die Blumen. Ich liebte ihn so sehr, so sehr! Meine Freundinnen hinter mir betrachteten ihn. Wir nahmen uns bei der Hand und gingen. Wieder versank die Welt für uns, wir waren allein auf der Erde.

Ich kam sehr spät in der Nacht heim. Meine Freundinnen erwarteten mich. «Warum hast du ihn uns nicht vorgestellt?» fragten sie. «Ich habe es vergessen», sagte ich ehrlich. «Wie könnt ihr verlangen, daß ich an so was denke?» Sie warfen ein paarmal mit den Kissen nach mir und gingen schlafen. Ich blieb allein, war aber nicht einsam.

Alle Tage holte er mich ab, wir besuchten die Museen, die Kirchen, schlenderten durch die Straßen, setzten uns in Cafés. Am dritten Tag sagte er: «Da ist ein Mann, der uns überallhin folgt, wir werden uns köstlich amüsieren, denn wir lassen uns etwas einfallen, um uns zu verlaufen.» Für mich war es etwas ganz Neues, daß uns ein Mann folgte, ein gewaltiger Müßiggang, warum und wozu, wenn es doch kein Geheimnis gibt, ich gehe stets mit demselben Mann, den ich jede Minute küsse. Ich war zu einer politisch Verfolgten geworden und würde es von nun an immer sein. Das scherte uns kaum, wir setzten uns in die Straßencafés, schmiedeten

Pläne, unterhielten uns über tausend Dinge oder blickten uns in die Augen, schweigend und doch so beredt.

Ich besaß die Kunst, seinen Sinn für Humor durch natürliche Reaktionen zu erregen. Heute überlege ich: Warum lachten wir soviel? Worüber?

Glück überströmte mich, ich fühlte es wie eine neue Kraft in meinen Muskeln, meiner Haut. Ich wollte nichts als für diese Liebe leben. Ich wehrte nichts ab, sollte sich mein Leben auf diesen Weg ausrichten, mochte es bringen, was es wollte, für Zweifel war kein Raum mehr, mein Himmel hatte sich aufgeklärt, nichts würde uns trennen.

Und so vergehen die Tage in dieser Stadt, die mich gastlich aufgenommen hat und die Zeugin meines großen Glücks ist. Noch wissen wir nicht, wo wir unseren Zufluchtsort finden werden. Wir denken an irgendeine Insel in der Nähe. Pablo, der nach Neapel eingeladen ist, reist ab und wird mit den Freunden beraten, wohin wir gehen.

Einen Tag nach seiner Abreise bringen nachmittags alle Zeitungen die Nachricht: Pablo Neruda ist aus Italien ausgewiesen worden. Am Abend wird er in Rom eintreffen. Ich rufe den Maler Guttuso, einen der Freunde, die unser Geheimnis kennen, an, um zu erfahren, mit welchem Zug Pablo aus Neapel ankommt. Die Abendzeitungen berichten alle Einzelheiten.

Als ich eintreffe, ist es schwierig, in die Halle des Hauptbahnhofs von Rom zu gelangen. Er ist voller Menschen. Nie hätte ich mir vorgestellt, daß sie alle gekommen sind, um Pablo zu empfangen, aber so ist es. Ich gehe hinein und stoße auf einen Jungen mit einem Gepäckroller. «Was ist los, warum die vielen Menschen?» – «Ein Dichter kommt, ein Dichter kommt!» ruft er mir begeistert zu. Ich bin starr, es will nicht in meinen Kopf, daß man in ein paar Stunden eine so große Menge mobilisiert hat. Mit Mühe gelange ich in die Nähe des Bahnsteigs. Dort sieht mich mein Freund Guttuso und sagt: «Geh nicht zu nahe an die Bahnsteigkante heran, hier kann wer weiß was passieren. Lauf nicht zu Pablo, bevor er unten ist!»

Bald fährt der Zug ein. Die Menschenmenge schreit,

singt, ich bin betäubt, sehe Pablos Arm, das muß sein Wagen sein. Tatsächlich steigt Pablo aus, von Polizisten in Zivil begleitet, ich renne, komme endlich näher. Er lächelt mir zu, als wollte er sagen: Jawohl, daran mußt du dich gewöhnen, das ist mein Leben! Er hat viele Blumen mit, er gibt sie mir. Hier verliere ich ihn, die Leute drängen heran, umringen Pablo und die Polizisten, wie ein Kreis aus Menschen, die sich verzweifelt anstrengen, um ihn zu befreien. Pablo steht bei seinen Freunden, aber Uniformierte kommen als Verstärkung, sofort beginnt eine regelrechte Schlacht, Männer, Frauen, alle gehen auf die Polizisten los, stellen ihnen ein Bein, so daß sie hinfallen, es gibt gebrochene Nasen, unglaubliche Szenen, Elsa Morante, die Schriftstellerin, schlägt mit einem zierlichen Schirm drein.

Endlich dringe ich zu Pablo vor, er wird von zwei Senatoren, vielen Freunden und einigen Herren der Polizei festgehalten, die bereit sind, zu verhandeln. Sie gehen zum Bahnhofsbüro. Ich spaziere draußen auf und ab, die Arme voller Blumen. All die Leute warten ebenfalls, die einen singen, andere lachen, wieder andere rufen etwas gegen die Polizei, und ich stehe da wie ein Küken, das die Schale zerbrochen hat und zum ersten Mal in eine lebendige Welt schaut, eine Welt des Kampfes, von Menschen, die über ihr eigenes kleines Leben hinausdenken. In dieser kleinen Schlacht spielen sich viele Dinge ab, die ich in dem Augenblick nicht bemerke. Man schlägt sich nicht darum, ob Pablo gehen soll oder nicht, man schlägt sich, weil ein Schriftsteller, der in Italien nichts getan hat, von der Diktatur in seinem eigenen Land verfolgt wird. Es ist ein Kampf gegen Ungerechtigkeit, gegen alle Tyrannen der Welt.

Nach langer Zeit verkündet der Senator, daß Pablo nicht ausgewiesen wird. Ein Freudengeschrei erfüllt den Bahnhof, die riesige Menge nimmt sich bei den Händen und singt. Ich bin tiefbewegt, schaue auf das alles, als wäre ich erst gestern geboren. Pablo wird gebeten, einen andern Ausgang zu benutzen, damit sich die Leute zerstreuen. Der Senator hält ihnen eine freudige Ansprache, obwohl er eine zerschlagene Nase hat, die von Minute zu Minute anschwillt. Guttuso kommt, um mir zu sagen, daß Pablo ins Hotel Inghilterra geht und ich ihn anrufen soll. Ich kehre in meine Pension zurück.

In meinem Kopf wirbelte alles, was ich gesehen hatte, durcheinander, die Gedanken erregten mich tief. Ich erzählte meinen Freundinnen, was geschehen war. Dora beklagte sich bitter, daß sie nicht hingegangen war. «Wo ich so gut mit dem Schuhabsatz zuschlagen kann!» sagte sie lachend.

Nachts rief mich Pablo an. Er gab das Hotel auf, weil seine Freunde es für gefährlich hielten, ihn dortzulassen. Wenn sie dich in der Nacht herausholen und dich an die Grenze schaffen, können wir nichts machen, sagten sie. Er ging in das Haus des Senators, dort würde er sicher sein. Er bat mich, ihn am nächsten Tag aufzusuchen. «Komm früh», sagte er, «ich will dich sehen!» – «Ich finde es zwar nicht richtig, aber ich komme», sagte ich.

Ich traf ihn ruhig, lächelnd, an.

«Alles ist vorüber», sagte er, «wir bleiben in Italien.»

Die Tageszeitungen schrieben weiter über diesen chilenischen Dichter, den man beleidigend aufgefordert hatte, das Land innerhalb von vierundzwanzig Stunden zu verlassen. Ich besitze einen Zeitungsausschnitt aus jener Zeit, all das geschah am 13. Januar 1952. Tags darauf wurde mitgeteilt, der Innenminister habe erklärt, die Ausweisung wäre ungerechtfertigt ausgesprochen worden und Pablo Neruda dürfe im Land bleiben. Wir waren überglücklich, konnten wieder frei durch die Straßen Roms laufen.

Am nächsten Tag trafen wir uns, um unsern Sieg zu feiern. Plötzlich blieb Pablo vor einem Zoogeschäft stehen, im Schaufenster lag schlafend der wunderbarste Hund, den man sich nur erträumen kann. Er war sehr klein, wir klopften an die Scheibe, um ihn aufzuwecken, er blickte uns verschlafen an, und als er auf den Beinen stand, sah er aus wie ein braungeflecktes Knöpfchen. Wir betraten den Laden und verließen ihn mit unserem Hund. Wir tauften ihn Nyon, in Erinnerung an das Schweizer Städtchen, wo wir so glücklich gewesen waren. Ich nahm ihn mit in meine Pension, und sofort eroberte er sich die Herzen aller meiner Freunde.

Auf Capri wohnte der Schriftsteller Erwin Cerio, es hieß, er sei empört über die Maßnahme der Regierung gegen Pablo, und er bot dem Ehepaar Neruda sein Haus auf Capri an. Wir mit unserer Provinzler-Mentalität dachten: Wie wird er reagieren, wenn er erfährt, daß Pablo nicht mit seiner Ehefrau, sondern mit Matilde kommt? Wir müssen es ihn wissen lassen. Wir waren glücklich. Das Glück war mit uns. Für mich begann etwas so Neues, daß ich manchmal erschrak; wir lebten miteinander; das Zusammensein in Nyon wurde so rasch unterbrochen; jetzt wären wir auf Monate beisammen!

Wir planten unsere Reise. Aus Rom würden wir getrennt abreisen. In Neapel würden wir uns treffen, von dort sollte Pablo mit Cerio telefonieren, um ihn zu begrüßen und ihm nebenbei zu sagen, daß er mit mir kommen würde. Endlich kam der Abreisetag heran. Pablo war tags zuvor nach Neapel gefahren. Es war meine letzte Nacht in Rom, ich war sehr nervös, voller Unruhe, ich sollte die Füße in unbekanntes Gebiet setzen, vieles hatte ich zu lernen, und vor allem mußte meine Liebe rückhaltlose Hingabe werden, bar jedes Stolzes; würde ich fähig sein, weiter diesen Weg zu beschreiten? Bei solchen Überlegungen verweilte die Zeit, und ich fragte mich, ob ich wirklich hier war, auf alles verzichtete, und ich sah mit Schrecken, daß sich ein Teil von mir weiter hinter einer fensterlosen Mauer versteckte und um die Rettung meiner Unabhängigkeit, meiner individuellen Identität kämpfte. Ich erkannte die Zeichen einer Leidenschaft, einer Suche, einer wahnsinnigen Kraft, die mich unwiderstehlich anzog, aber würde ich fähig sein, der anspruchsvollen Forderung gerecht zu werden, die mit derselben Kraft und Stärke an mich gestellt wurde, welche wir brauchten, um uns in einer der empfindlichsten, köstlich-schönsten Beziehungen, der Liebe, zu vereinen?

Während ich packte, überlegte ich hin und her, ich war allein mit meinem Hund, der mich mit Äuglein ansah, die sanft vor Müdigkeit waren. Da ich ganz pessimistisch war, fragte ich Nyon: Und wenn der Herr Cerio uns nicht will, was machen wir dann? Er knurrte als Antwort und brachte mich zum Lachen.

Es war besser, zu schlafen. Dort in Neapel wird auch Pablo an mich denken. Ob sein Kopf ebenso ein Vulkan wechselnder Gedanken ist wie meiner?

Es wurde hell. Der ersehnte Tag brach an. Es war ein heiterer, sonniger Morgen; mit den dunklen Schatten waren die schwarzen Wolken verschwunden, die in der Nacht gedroht hatten, einen Sturm in meinem armen Kopf auszulösen.

Ich mischte mich in den Tumult meiner Pensionsfreundinnen, sie trieben tausend Scherze mit mir. Viele von ihnen entfernten sich, rufend und mit Taschentüchern winkend; ich nahm Abschied von meiner großen Familie. Ich war glücklich, fühlte mich im siebenten Himmel. Unmöglich, vom Leben mehr zu verlangen! Mein winziger Hund kuschelte sich an meine Brust.

Wie lang wurde mir die Strecke von Rom nach Neapel! Ich hatte den größten Wunsch, endlich anzukommen. Auf dem Bahnhof erwartete mich unsere Freundin Sara Alicatta. Schön, intelligent, fröhlich, für uns war sie mehr als eine Schwester. Sie umarmte mich und sagte: «Wie froh bin ich, dich zu sehen! Pablo war unausstehlich, heute nacht sagte er: ‹Und wenn Matilde nicht kommt?› Er hatte sich diesen Gedanken in den Kopf gesetzt, du ahnst nicht, wie er mich gepeinigt hat. Ich dachte: Was mache ich mit Pablo, wenn Matilde nicht kommt? Er liebt dich so sehr, aber er ist eifersüchtig und fürchtet, daß du plötzlich aus seinem Leben verschwindest, wie du es so oft gemacht hast.» Ich sah sie lächelnd an. «Das Leben fesselt uns aneinander, ich glaube, daß unsere Verbindung diesmal endgültig ist. Hoffentlich täusche ich mich nicht, denn daß ich Pablo so kennengelernt habe, wie ich ihn jetzt kenne, hat aus mir eine andere Frau gemacht, und ich glaube, daß ich nicht mehr in mein früheres Leben passe. Es wäre mir schrecklich, ihn jetzt zu verlieren.»

In diesem Augenblick erreichten wir die schmale Bucht, wo die kleinen Schiffe ablegen. Da stand Pablo glückstrahlend. Und schon fand ich mich in seinen Armen, eingehüllt in die Trunkenheit der Liebe. Meine erste Frage war: «Was hat Cerio gesagt? Hat er mich akzeptiert?» – «Wir sind richtige Provinzler, als ich ihm sagte, ich käme nicht mit meiner Frau, sondern mit einer Freundin, war er ganz einverstanden und sagte: ‹Ich freue mich außerordentlich, Ehepaare streiten sich doch nur.› Er kündigte an, daß im Haus ein schöner Blumenstrauß auf dich wartet.»

Unsere gute Freundin hatte alles für uns vorbereitet. Wir bestiegen das Schiff, das uns nach Capri bringen sollte. In diesem Augenblick begann einer der schönsten Zeitabschnitte, die ich je erleben durfte.

Das Schiff setzte sich in Bewegung, lange sahen wir noch Saras erhobene Hand, die uns, ein Taschentuch haltend, ade sagte. Wir, in uns zurückgezogen, stumm, genossen dieses tiefe, ganz uns gehörende Glück, während wir an Deck saßen bei etwas Kälte, die wir nicht spürten; an den Händen gefaßt, blickten wir in den Abend, der mit sanften Farben herabsank, ein zartblauer Streifen mischte sich mit Rosa. Ich hätte gewünscht, diesen Augenblick eine Ewigkeit zu bewahren, er war wie ein Geschenk für die Augen und für die Seele.

Lange schwiegen wir und wagten nicht, diesen Zaubermantel, der uns endlich umhüllte, mit Worten zu zerreißen.

Wir waren einfach glücklich.

8

Auf Capri vermählt uns der Mond

Nachts treffen wir auf dieser schönen Insel ein, alles ist für uns geheimnisvoll, ihre engen Gassen, ihre Fußwege. Der Marktplatz entlockt uns beiden gleichzeitig den Ausruf: «Wie schön!» Dieser Platz scheint eine Bühne für die Aufführung eines Werkes in zauberhafter Umgebung zu sein. Wir sehen uns alles begierig und staunend an. Wir gehen weiter, haben es eilig, unser Haus erwartet uns, endlich haben wir ein Zuhause, und was für jedermann so einfach ist, für uns ist es ein Sieg, wir haben es nach so vielen Kämpfen erreicht, diesen Traum hatten wir so viele Jahre gehegt, und jetzt liegt es hier vor uns, und seine Pforte öffnet sich, und ein gutmütiges, liebenswürdiges Gesicht heißt uns auf italienisch willkommen.

Pablo nimmt mich mit der ihm eigenen Ungezwungenheit auf die Arme und tritt ein, setzt mich neben einem Tisch ab, auf dem ein schöner Blumenstrauß steht mit einer großen Karte, auf der zu lesen ist: «Für Matilde, in Verehrung Erwin Cerio».

In diesem Augenblick schlägt mein Herz heftig. Der von mir am meisten geliebte und am meisten bewunderte Mann trägt mich auf seinen Armen hinein, ich bin seine Braut, seine Gattin. Vor mir die Huldigung des großen Schriftstellers und Patriarchen von Capri, Erwin Cerio. Ich fühle mich als eine ganz kleine Provinzlerin aus Chillán, die sich anschickt, die Eierschale aufzubrechen.

Wir gehen hinüber ins Wohnzimmer, und ein Ausruf entfährt uns beiden gleichzeitig, da ist ein großer Kamin mit einem herrlichen Feuer, das lustig Funken sprüht. Daneben Erwin Cerio, groß, stattlich, ganz in Weiß.

Wenn Pablo sich an diese Ankunft erinnert, sagt er von Cerio: «Im Dämmerlicht erhob er sich wie das Abbild des lieben Gottes aus den Kindergeschichten.» Das alles ist wie ein schöner Traum, wir stehen da, umschlungen, uns wortlos anblickend. Cerio kommt lachend auf uns zu, gibt uns die Hand und heißt uns willkommen, «fühlt euch hier zu Hause», sagt er. Das war ein konventioneller Satz, für uns aber hatte er eine nicht zu ermessende Bedeutung. Wir waren zu Hause, ein so lange gehegter Wunsch hatte sich erfüllt, wir müssen Cerio unsäglich dankbar angesehen haben, und er, immer lachend, umarmte uns und ging.

Amelia schaute uns halb überrascht, halb belustigt an. Wir dankten ihr, daß sie auf uns gewartet hatte. Sie war die Haushälterin von Cerios Tochter, die verreist war, und sollte in diesen Tagen bei uns bleiben. Alles war vorbereitet, um uns das Leben leicht und angenehm zu machen. Wir hatten nur einen Wunsch, allein zu sein, und mit unserem spärlichen italienischen Wortschatz kostete es uns viel Mühe, Amelia beizubringen, daß ich das Abendbrot selber auftragen würde, daß sie sich zurückziehen könnte. Lachend sagte sie: *«Io me ne vado»* *, und ging.

Endlich allein in unserem Haus. Unsere erste Mahlzeit dort, unsere erste Nacht. Es wäre töricht, sie zu beschreiben, nie würde es mir gelingen, die Worte zu finden, um auch nur die kleinste Idee davon zu vermitteln. Von dem Essen und von der Nacht sage ich bloß: Welch ein Fest!

Am nächsten Tag, ich schlief noch, hörte ich ein leises Klopfen an der Tür und eine sanfte Stimme, die etwas auf italienisch zu mir sagte, was ich nicht verstand. Ich gab mir einen Ruck, um aufzuwachen. Es war Amelia, sie brachte einen Tisch mit noch heißen Brötchen, die sie selbst gebakken hatte, und mit einem köstlich duftenden Kaffee. Ich dankte ihr. Was tun? Man mußte aufstehen. Wie konnten wir schlafen, wenn Capri auf uns wartete? Wie würde es bei Tag aussehen? Lachend, ich weiß nicht, warum, setzten wir uns an den Tisch, auf dem nichts fehlte. Unsere Fröhlichkeit schäumte über, der Hund tollte durchs Haus, auch er war glücklich, viel Platz und einen Garten zu haben. Wir öffneten die Fenster, im Hintergrund hatten wir eine kleine Terrasse, unten einen Wald und, weit entfernt, die Felsen der Marina Pìccola, eines Strandes. Wir kamen aus der Überraschung nicht heraus, das Haus war ein Paradies. Wir liefen hinunter zum Wald, der voller Moos war und voller Gras, das zum Glück niemand pflegte, so daß dort alles ungehindert wuchs.

Es war kalt, wir gingen gleich hinauf, zogen uns warm an und machten uns auf, den Ort kennenzulernen.

Wir gingen zu Fuß, anders war es nicht möglich, die sehr engen Straßen hatten einen besonderen Zauber, die Häuser waren wie eingewachsen; wir sahen nur ein paar kleine steinerne Umfassungsmauern, keine prächtigen Fassaden, die großen Häuser standen jenseits dieser Mauern.

* (ital.) «Ich verlasse Sie».

Es waren unsere ersten Tage auf Capri, es gab so viel zu sehen, so viel zu bewundern. Wir mußten lernen, auf einer Insel zu leben, alles war anders.

Dieses Capri mit seiner winterlichen Stille hat nichts gemein mit dem von Touristen wimmelnden Capri im Sommer. Jetzt war es ruhig. Wir lernten die Leute kennen, die immer dort lebten, einfache, arglose, hilfsbereite Menschen.

Wir gingen zum Marktplatz, in der Nacht war er uns wie ein großes Bühnenbild erschienen, jetzt machte er auf uns den gleichen Eindruck, von Cafés umgeben, überall Stühle und Tischchen; von seinen unregelmäßigen Seiten gehen mehrere Straßen ab. Sie sind so klein, daß man sie fast übersieht; die Hauptsache aber, die das Auge anzieht, ist eine alte, schöne kleine Kirche; daneben viele Stufen: eine Straße. Wir setzten uns, um diesen Platz besser bewundern zu können. Unser Freund Cerio sagt in einem seiner Bücher, dieser Platz sei das vollkommene Werk Gottes. Ich glaube, er übertreibt nicht. Es liegt etwas Besonderes in diesem Milieu von Capri, etwas Vertrautes, etwas Reines, so daß wir uns vom ersten Augenblick an heimisch fühlten. Wir setzten uns also auf diesen Platz, und bald darauf kamen Leute, um uns zu begrüßen, die Kellner, der Besitzer der Buchhandlung, der Wirt aus dem Café. Alle hießen uns willkommen. Die Nachricht von Pablos Ausweisung war bis auf die Insel gelangt, nun wollte uns die ganze Bevölkerung kennenlernen und uns ihre Sympathie bekunden. Uns tat diese menschliche Wärme der Einwohner wohl, und wir fühlten uns von Anfang an sicher. Wir lernten Capri lieben.

Seine großen Hotels waren geschlossen, aber es gab noch ein paar kleine, sehr hübsche, es gab Restaurants und wundervolle Lebensmittelläden, in einige von ihnen gingen wir, und wenn wir nicht aufgepaßt hätten, wäre das unser Ruin gewesen, man bezahlte nicht, sie schickten alles ins Haus, und am Monatsende sandten sie die Rechnung. Es war das Leben auf einer Insel, ganz anders, alles darauf angelegt, maßlos zu genießen; leider mußten wir sehr vorsichtig sein. Wenn wir beide unser Geld zusammentaten, konnten wir leben, aber ohne unnötige Ausgaben.

Die Tage vergingen; unermüdlich erforschten wir diese märchenhafte Insel, bald waren wir überall bekannt. Die Einwohner von Capri geben den Leuten gern Titel. Zu Pablo sagten sie, ich weiß nicht, warum, *professore*, allmählich hoben sie seinen Rang und nannten ihn *commendatore**. Das machte uns großen Spaß. Den ganzen Tag lachten wir, vor allem über uns, die wir lernten, auf einer Insel zu leben.

Pablos einzige große Enttäuschung waren die ruhigen Strände. Als wir zu jenem Marina Pìccola kamen, sagte er, sich vielleicht nach seinem Isla Negra sehnend: «Wenn das Meer doch rauschen würde! Hier kommen seine sanften Wasser fast lautlos ans Ufer; außerdem riecht es nicht wie unser Meer.» Es stimmte, uns gefiel es gar nicht. Diese Enttäuschung wurde wettgemacht durch die Klippen von Capri in der Nähe unseres Hauses. Es sind große Felsen, die zu ungeheurer Höhe emporragen. Unten liegt das Meer, der Blick ist beeindruckend. Ich habe viele Fotos von dieser Stelle aufbewahrt, wir fotografierten uns gegenseitig. Selten hatten wir jemand, der uns zusammen fotografierte.

Zwei Tage nach unserer Ankunft bestellte uns die *questura*, das heißt die Polizei, mit unseren Dokumenten in ihr Büro. Es war ein sehr freundliches Gespräch, sie standen zu unserer Verfügung. Pablo fragte, ob er Bescheid geben müsse, wenn wir nach Neapel oder auf eine andere Insel fahren wollten. Ein klares Nein war die Antwort. Lächelnd sagte Pablo danach zu mir: «Wozu sollten sie auch wollen, daß wir es melden, da sie es ja im selben Moment, in dem wir abfahren, bereits wissen würden?»

Auf Capri wenigstens folgte uns niemand, wir hatten das Gefühl von Freiheit. Wir waren unersättliche Touristen innerhalb der Insel und auf Anacapri, das höher liegt und größer ist, wenn es auch nicht die Schönheit Capris besitzt, wir fuhren gemächlich in Pferdewägelchen spazieren, was für uns ein großes Fest war. Die Zeit verging.

Ein glückliches Ereignis riß uns aus dem Frieden dieser ruhigen Tage, aus dieser nicht enden wollenden Pilgerfahrt. Ich war sicher, schwanger zu sein. Man empfahl uns einen

* (ital.) Komtur.

alten Arzt, der auf Capri wohnte, Doktor Proscilio. Er sagte, er sei sich meines Zustands fast sicher, er würde aber für alle Fälle eine Analyse in Neapel machen lassen.

Heute wird der Tag der großen Nachricht sein: Das Ergebnis der Analyse wird mit der Post aus Neapel kommen. Ich bin überzeugt, daß sie positiv ausgefallen ist. Ich bleibe im Café am Marktplatz, während Pablo auf die Post geht. Unverwandt blicke ich in die Richtung, aus der er auftauchen muß. Ich sehe ihn strahlend kommen, stehe auf, um ihn zu fragen, kann aber kein Wort sagen, ein langer, langer Kuß schließt meinen Mund, wir lachen, singen, vom Platz her schauen sie zu uns herüber, und wir lachen, glücklich über unser Geheimnis. Wir beschließen, es zu feiern. Wir trinken auf dem Platz ein paar Aperitifs, gehen nach Hause, nehmen uns vor, in einem Restaurant zu essen. Wir verabschieden uns von Amelia, die eben heimkehren will, und brechen auf, das große Ereignis zu feiern; wir werden immer fröhlicher, trinken die klaren, lieblichen Weine dieser Gegend, sie scheinen ungefährlich zu sein, sind es aber eigentlich nicht.

Spät, sehr spät, als schon kein Gast mehr da ist, verabschieden wir uns vom Personal, mit dem wir befreundet sind, und langsam gehen wir nach Hause. Hinter der Tür steht Nyon, bellend und winselnd. Die Nacht ist sehr kalt, Pablo sucht den Schlüssel in allen Taschen und findet ihn nirgends. «Du mußt ihn haben», sagt er. Ich suche ihn in meiner Handtasche, nichts, der Schlüssel ist nicht da. Hinter der Tür heult Nyon, er weiß, daß wir da sind. Der Schlüssel taucht nicht auf, ich setze mich auf den Boden und schütte die Handtasche aus, er ist nicht da. Pablo sucht überall, vergebens. Wie kann das sein? fragen wir uns. «Pablo», sage ich, «laß mich in allen deinen Taschen suchen, du mußt ihn haben.» – «Es ist nutzlos», antwortet er. «Ich habe schon in allen gesucht, zweimal.»

Es ist sehr kalt und sehr spät, wir müssen in ein Hotel gehen, in welches? Würden sie uns zu dieser Stunde einlassen? Wir laufen zu dem ersten besten, klopfen, alles ist dunkel, ein schlechtgelaunter Nachtwächter kommt heraus. Wir bitten um ein Zimmer, er kennt uns nicht, diese Ausländer, die noch dazu miserabel italienisch sprechen! Mühsam erklären wir ihm, daß wir auf Capri wohnen, daß wir aber unseren Schlüssel verloren haben, daß dort hinter der Tür unser Nyon heult und auf uns wartet. Er reißt die Augen sperrangelweit auf, wie?, ein Kind heult hinter einer Tür, und wir hier so sorglos, halbtot vor Lachen, verlangen ein Zimmer zum Schlafen! Mein Gott, was für eine beängstigende Situation, wir können nicht sprechen, das Lachen bricht aus uns heraus wie eine Welle, wir lachen und lachen, und dieser Nachtwächter wird immer wütender. Wie schwierig, diesen Mann davon zu überzeugen, daß Nyon kein Kind, sondern mein verwöhnter Hund ist. Nach vielem Reden bekommen wir ein Zimmer, das eher einem Eisschrank ähnelt. Welch eine Kälte, und dann der Gedanke, daß in unserem molligen Zimmer das Feuer auf uns wartet, das Amelia, immer bevor sie geht, anzündet und das wir stets brennend vorfinden!

Zum Glück sind wir sehr fröhlich, und dieses Mißgeschick verursacht uns Lachanfälle, was unseren Nachtwächter am meisten empört. Wie kann jemand so lachen, nur weil er seinen Schlüssel verloren hat?

Am Morgen steht Pablo auf und verläßt das Zimmer, um festzustellen, wo wir uns befinden; kurz darauf höre ich es an der Tür sachte klopfen, eine Hand schiebt sich herein, nur eine Hand, die unsern Schlüssel in Anschlag hält; er ist in einer seiner Taschen gewesen.

Wir gehen nach Hause und stellen uns dabei vor, was Amelia gedacht haben mag, als sie mit dem Frühstück hineinkam und wir nicht da waren. Tatsächlich hatte unsere Amelia bei Cerio angerufen, der sich beunruhigte.

Diese Geschichte mußten wir viele Male erzählen, ganz Capri wußte, daß das Ehepaar Neruda die Hausschlüssel verloren hatte und zum Schlafen in ein Hotel gegangen war. Als wir in die Bar am Marktplatz kamen, umringten Neugierige unseren Tisch. Wie war das, zum Schlafen in ein Hotel zu gehen? Und wir fingen von neuem an zu erzählen. Es war, als lebten wir in einem Dorf, alles machte Schlagzeilen, alle kannten uns, alle nahmen Anteil.

Ich habe immer gesagt, daß ich das vollkommene Leben kennengelernt habe und daß, wenn es ein Paradies gibt, es dieser Harmonie gleichen muß, die mir beschieden war.

Und die Monate vergingen. Pablo verwöhnte mich, ich wurde geliebt. Dazu unser Kind, das kommen sollte und unser Leben verändern würde. Wir machten uns keine Sorgen, das Kind würde ankommen, ich die Mama, Pablo der Papa sein, nichts ängstigte uns. Einmal sagte Pablo: «In ein paar Tagen, wenn Vollmond ist, wollen wir heiraten, weil uns ein Kind geboren wird und wir verheiratet sein müssen. Wir werden ein Fest feiern, und der Mond wird uns trauen, heute gebe ich den Ring in Auftrag, den du dein ganzes Leben tragen wirst.» Auf Capri war ein alter Juwelier, der meinen Ring anfertigte, in den eingraviert ist: «Capri, 3. Mai 1952, dein Kapitän.»

Auf Capri gibt es Handweberinnen, sie stellen wundervolle Modestoffe her. Pablo ließ mir einen schwarzgrüngestreiften machen, ganz mit goldenen Fäden durchzogen, das sollte mein Brautkleid werden. Die Schneiderin, ein Mädchen, das wir oft besuchten, war sehr erstaunt, als Pablo bei der letzten Anprobe zu mir sagte: «In diesem Kleid wirst du eine wunderschöne Braut sein.» Alles, was für uns das Natürlichste von der Welt war, lieferte Capri den obligatorischen Gesprächsstoff, und wir wurden als das exzentrischste Paar registriert, das je auf Capri gewohnt hatte.

Unsere Freundin Sara Alicatta, die sich auf Capri ein Haus bauen ließ, kam sehr oft von Neapel herüber und hörte alle die Bemerkungen über den *commendatore Neruda e la sua moglie.*

Als alles vorbereitet war, kam der für unsere Zeremonie gewählte Tag. In aller Frühe stießen wir mit Amelia an und gaben ihr ihren freien Nachmittag, wir mußten allein sein. Pablo hatte alles für die Ausschmückung des Hauses besorgt, ich ging in die Küche, kochte ihm eine Ente à l'orange und viele Schälchen Fisch in verschiedenen Saucen und auf vielerlei Arten zubereitete Krabben.

Als alles fertig war, überreichte ich ihm die Speisekarte, und er zeigte mir seine Dekoration; ich betrachtete alles und war vor Glück außer mir, etwas wollte in mir bersten. Ich sah die Wände voller Blumen und Zweige, und überall war zu lesen: «Matilde, ich liebe dich», oder «Dich liebe ich, Matilde», in großen, aus vielfarbigem Papier ausgeschnittenen Buchstaben. Lange umarmten wir uns. Wir traten hinaus auf die Terrasse. Ein strahlender Vollmond war zu unserem Stelldichein herbeigeeilt.

Dort auf der Terrasse, zitternd vor Ergriffenheit, in mein grünes, schimmerndes Gewand gekleidet, empfand ich das Mondlicht nicht als kalt, etwas umgab uns, ein seltsamer Zauber. Da bat Pablo, sehr ernst, ohne einen Anflug von Scherz, den Mond, uns zu trauen. Er erzählte ihm, daß wir auf Erden nicht heiraten könnten und daß er, die Muse aller verliebten Poeten, uns jetzt trauen sollte und daß wir diese Ehe als die heiligste achten würden. Er nahm meine Hand und steckte mir den Ring auf. Pablo versicherte mir, der Mond habe in diesem Augenblick seinen großen Mund bewegt. Er gab uns seinen Segen, dessen waren wir gewiß. Wir waren verheiratet, wir küßten uns lange, lange, und dann zogen wir, uns an den Händen haltend, durchs ganze Haus, Lohengrins Hochzeitshymne singend, die mich an den Städtischen Chor erinnerte, in dem ich als Schülerin des Konservatoriums gesungen hatte, um mir ein paar Pesos zu verdienen.

Wir sangen, tanzten, unser Hund Nyon, Zeuge solcher Glückseligkeit, wollte in irgendeiner Form daran teilhaben, er kam, wenn wir tanzten, hinter uns her und verfing sich in unseren Beinen. Der Mond schaute uns zu, er folgte uns durchs Fenster. Pablo zeigte ihn mir und sagte: «Siehst du seinen breiten Mund? Er ist so groß wie deiner, er lacht.» Wir erhoben unser Glas und stießen mit ihm an. Was für ein schöner Mond! Was für eine Nacht vollkommenen Glücks!

Wie konnte man so sehr lieben? Wie konnte man so glücklich sein? Welch ein fröhliches Mahl! Jeden Augenblick sagte er: «Du bist die Königin der Kochkunst. Wie gut bin ich verheiratet!»

Groß war unsere Überraschung, als wir das erste Tageslicht sahen; die Nacht war vergangen, ohne daß wir es gemerkt hatten. «Wie schrecklich!» sagte Pablo. «Wir werden keine Hochzeitsnacht haben!» Eilig und wie Kinder kichernd, legten wir Amelia gut sichtbar die Nachricht hin, sie sollte uns nicht wecken, sondern warten, bis wir sie rufen würden. Sie würde reichlich Arbeit in der Küche haben, um die von unserem großen Fest hinterlassene Unordnung aufzuräumen.

Nach dieser Nacht habe ich zahlreiche Hochzeiten von Freunden und Verwandten mitgemacht, ich glaube aber versichern zu können, daß keine wahrhaftiger und glücklicher war als meine, die der Mond segnete.

Lange Jahre füllten diese Erinnerungen meine Träume, die Phantasie, die zweifellos mit der Zeit hinzukommt, hat sie vielleicht ausgeschmückt und verschönert.

Das machte mir Pablo bewußt, als wir Jahre später in Santiago einmal in der kleinen Wohnung in der Providencia zu Tisch saßen. Ich sagte zu ihm: «Die Erinnerungen an Capri sind für mich wie ein verlorenes Paradies.» Er blickte mich leicht verwundert an und versicherte, in unserem Leben hätten wir viele Paradiese, denn wir sorgten selbst dafür.

Jahre nach dieser Hochzeit, die der Mond segnete, wurde Pablo Witwer, und wir heirateten 1966 noch einmal.

Bei diesem Fest gab es Gäste, Fotos, Essen, viele Leute, die auf das Brautpaar anstießen. Wir, die wir nervös waren, wollten allein sein, wollten jene Nacht unserer ersten Hochzeit wieder auferstehen lassen. Aber die Augenblicke großen Glücks kehren nie auf die gleiche Weise zurück.

Jene Nacht auf Capri konnte sich nie wiederholen, sie war einmalig, und wir vergaßen sie nicht.

9

Geschichten aus meinem Leben

Pablo hat «Die Verse des Kapitäns» beendet. Wir sprachen mit unseren Freunden in Neapel über eine Veröffentlichung. Am meisten begeistert und am rührigsten war Paolo Ricci. Fünfzig Exemplare wurden hergestellt, alle mit den Namen der Subskribenten. Es ist ein sehr sorgfältig gemachtes, sehr schönes Buch; als Titelbild der Kopf der Medusa. Pablo nennt mich *Chascona*, wegen meines wehenden Haars; die Italiener nannten mich Medusa. Das Buch ist wenig bekannt, ich glaube, in Chile gibt es nur die Exemplare, die ich besitze. In einem steht «Neruda Urrutia», es war für unsern Jungen – oder unser Mädchen – bestimmt, das geboren werden sollte. Pablo wünschte sich ein Mädchen. «Sie soll dir ähneln», sagte er. Ich lachte, aber ich glaube, in tiefster Seele wünschte ich ein Kind, das wie Pablo wäre.

Morgens verwandelt sich das Haus in ein Büro, in dem es fleißig zugeht. Pablo schreibt viel. Sein Buch «Die Trauben und der Wind» wächst allmählich. Ich schreibe das Manuskript mit der Maschine, und nachdem er korrigiert hat, schreibe ich es ein zweites Mal. Ich bin glücklich, ihm zu helfen, ich fühle, daß ich einen Teil seiner Arbeit mache, und das erfüllt mich mit Stolz.

Eines Tages sagt er zu mir: «Heute werde ich etwas schreiben, was dir sehr gefallen wird, aber lies es nicht vor dem Abend.»

Den ganzen Tag wiederholt er, daß es eine Überraschung sein wird. Ich rätsele, was es sein kann, die Liebesgedichte pflegt er mir nie anzukündigen.

Am Morgen hat er zu schreiben begonnen. Als er fertig ist, sieht er zufrieden aus.

Alles erheitert uns. Nachmittags fahren wir mit einer Drahtseilbahn hinauf, wo ich gern singe. In dieser Höhe hat meine Stimme eine einzigartige Resonanz. Pablo kennt schon mein Repertoire, und besonders bittet er mich, chilenische Lieder zu singen, immer ist ihm seine Heimat gegenwärtig.

Die Besuche Neapels faszinierten uns, das waren unsere Festtage. Wir logierten in der Wohnung unserer Freunde Alicatta, wo wir an einem beliebigen Tag zu beliebiger Stunde auftauchten. Mit Sara hatten wir ein Abkommen getroffen: Wir baten sie, uns das Sofa in ihrem Wohnzimmer zum Schlafen zu überlassen. Als wir ihr das vorschlugen, lachte sie sehr und sagte, wir würden darauf keinen Platz haben und uns morgens auf dem Fußboden wiederfinden. Aber als sie merkte, daß wir ihr Schlafzimmer nicht benutzen würden, war sie einverstanden. Es war ein sehr schmales, aber langes Sofa, ich weiß nicht, wie wir es bewerkstelligten, aber wir schliefen ganz bequem darauf, und nachts drehten wir uns gleichzeitig um.

Wir liebten Neapel, diese Stadt, die ihr Elend nicht verbirgt und deren verschiedene Gesichter sich enthüllen, als sei sie eine Wunderkiste; man spricht laut, und vor allem, man singt. Alles singt.

In diesen Tagen herrschte in Neapel eine USA-feindliche Stimmung. Die Navy lief die italienischen Häfen an und hinterließ keine sehr guten Erinnerungen, besonders bei den Frauen, die nach dem Dunkelwerden nicht allein ausgehen konnten, ohne den Beleidigungen der Marines ausgesetzt zu sein, die mit brutaler Gewalt sogar zur Liebe zwingen wollten. Das alles sahen wir, und eines Nachmittags erlebten wir es am eigenen Leib, als ich mich mit Sara Alicatta einen Augenblick entfernte, um Zigaretten zu kaufen. Zwei Marines zerrten uns ins Innere einer Bar, wir schrien. Da bemerkten die Marines zwei starke Männer, die mit wenig freundlichen Gesichtern anrückten, es waren Pablo und Mario Alicatta, Saras Ehemann. Sofort ließen uns die Marines los und rissen aus.

«Schade», sagte Mario. «Wo ich sie so gern verdroschen hätte!»

Alles, was wir in dieser Zeit sahen, war Material für das Kapitel «Italien» in «Die Trauben und der Wind». Viele Gedichte dieses Buches können, glaube ich, der heutigen Jugend übertrieben erscheinen, aber ich versichere, daß alles, was Pablo schrieb, damals in Europa geschah, und wir haben es miterlebt. Außerdem brachten die Zeitungen sehr viele dieser Nachrichten.

Plötzlich war Schluß mit allen Reisen. Ich fing an, mich schlecht zu fühlen. Als Doktor Proscilio erfuhr, daß ich schon eine Fehlgeburt gehabt hatte, empfahl er mir für eine Weile Ruhe.

In diesen Tagen erzwungener Rast, in denen wir nicht ausgehen konnten, um uns herumzutreiben, setzten wir uns auf unsere Terrasse und erzählten aus unserem Leben. Pablo war begierig, alles zu wissen. Eines Nachmittags fragte er überraschend: «Wie hieß deine Mutter? Wie hieß dein Vater? Erzähl mir von ihnen! Wohnten sie immer in Chillán?»

«Das ist eine lange Geschichte, ich glaube, es wird dich sehr interessieren. Mein Vater hieß José Ángel, meine Mutter María del Tránsito. In den Regennächten von Chillán erzählte sie mir viele Geschichten, die mich sehr bewegten, ich bat sie immer wieder, sie mir zu erzählen. Diese Geschichten, die meine Mutter in den Regennächten des Winters am warmen Küchenherd erzählte, müssen mich tief beeindruckt haben, daher erinnere ich mich so genau daran.

Sie lebte auf dem Land, in Argentinien, in der Nähe von Chosmalal, einem ganz kleinen Ort. Ihre Eltern besaßen Tabakpflanzungen. Sie war die einzige Tochter. Auf dem Land wuchs sie auch auf. Sie beschrieb mir die Tabakpflanzen bis ins einzelne. ‹Die hellen Blätter sind die besten. Von klein auf machte ich mir aus diesen Blättern Zigarren und lernte rauchen›, sagte sie. Als sie mir das alles dort in Chillán erzählte, kaufte sie losen Tabak und drehte sich Zigarren aus trockenen Maisblättern, solchen, die am Kolben haften und sehr dünn sind.

Meine Mutter erinnerte sich an ihren Vater als an einen sehr gütigen und gefühlvollen Mann, der ungewöhnlich tierlieb war; wenn ein Tier krank war, stand er mehrmals in der Nacht auf, um nach ihm zu sehen, und anscheinend verstanden sie ihn, es war, als sprächen sie mit ihm, wenn er kam.

Meine Mutter erzählte mir, daß ihr Leben sehr ruhig verlief und ihr Zuhause voller Fröhlichkeit war, bis zu dem Tag, als die Pest über sie herfiel, die viele Menschen dahinraffte, darunter ihren Vater. Von da ab wurde alles anders. Sie erinnerte sich schmerzlich daran. Sie sagte, sie und ihre Mutter waren ganz allein und fühlten sich nachts einsam und traurig. Damals war Mama etwa acht Jahre alt. Die Lebensumstände blieben mehr oder weniger die gleichen, und sie richteten sich ohne den geliebten Vater ein. Zur Erntezeit kamen viele Tabakkäufer ins Haus. Unter ihnen war eines Tages ein Mann, den meine Mutter rüde fand und den sie, das spürte sie sofort, nicht mochte. Er war ein Fremder, der in der ganzen Gegend Tabak aufkaufte. Schließlich kam er häufig wieder, obwohl es schon keinen Tabak mehr zu kaufen gab. Wenn er aufkreuzte, versteckte sich meine Mutter, zwar war er ihr gegenüber sehr freundlich, sie aber mochte ihn nicht. Bei einem seiner Besuche blieb er da, als Herr über alles: über meine Großmutter, die Santos hieß, und über den Tabak. Und er mußte meine Mutter, die ihn haßte, ertragen. Ich frage mich, wie sie aufwachsen und dabei diesen Mann erdulden konnte, an den sie nie das Wort richtete; nie hatte sie eine freundliche Geste für ihren Stiefvater, der sie schließlich so haßte wie sie ihn. Meine Mutter sagte, daß er kein schlechter Mensch war und daß er meine Großmutter sehr gern hatte, betrank er sich aber, war er ein hemmungsloses Vieh. Wenn es dazu kam, erfuhren es beide Frauen, weil er schon von weitem schrie und nach meiner Großmutter heulte. Da nahmen sie Decken und legten sich ins Weizenfeld schlafen, weit weg vom Haus, vor Angst und Kälte zitternd, meine Mutter schlief, dicht an meine Großmutter geschmiegt. Diese Nächte, in denen sie sich so schutzlos und verlassen fühlten, konnte sie nie vergessen. Im Morgengrauen kehrten sie ins Haus zurück.

In einer dieser Nächte, in der sie sein Geheul in der Ferne hörten, versteckten sie sich im Gebüsch, er aber, anstatt ins Haus zu gehen, machte sich auf die Suche nach ihnen und durchforschte zu Pferd die ganze Umgebung. Je näher er kam, desto mehr zitterten sie vor Angst. Da beschloß meine

Großmutter, ins Haus zurückzukehren, denn ihr würde er nichts antun, schickte aber meine Mutter zu ihrer Patin. Diese wohnte sehr weit entfernt, die Nacht war schwarz, nichts war zu sehen. Als meine Großmutter ging, sah meine Mutter den Mann unter Heulen und Schreien auf die Büsche losstürzen, die sie verbargen. In diesen Tagen war ein Greis gestorben, der meine Mama sehr gern gehabt hatte, er hieß Mateo. Angstbebend unter den Büschen, flehte meine Mutter zu Don Mateos Seele, sie vor diesem Rohling zu schützen, ihn sie nicht finden zu lassen. Ganz nah hörte sie die Pferdehufe und die Peitsche, die auf die Zweige niederschlug, während eine vor Wut heisere Stimme stoßweise schrie: ‹Komm raus, oder ich bring dich um!› Die Angst lähmte sie, sie rührte sich nicht und sah selbst wie ein Strauch aus. Endlich entfernte sich der Schreckliche, und meine Mutter tappte, tausendmal hinstürzend, zum Haus ihrer Patin. Erst kurz vor Tagesanbruch kam sie, halb ohnmächtig, bei diesen guten Leuten an, die sie unendlich mitleidig zudeckten und schlafen ließen. Am nächsten Tag waren ihre Füße voller Blasen, alles tat ihr weh, als hätte ihr betrunkener Stiefvater sie verprügelt. Ein Woche verging, und meine Großmutter kam, sie zu holen, und sagte ihr, der Stiefvater hätte geschworen, nie mehr zu trinken. Obwohl keine der beiden das glaubte, kehrte meine Mutter nach Hause zurück, das war ihr Los.

Und so wuchs meine Mutter sehr unglücklich auf bei meiner von ihr abgöttisch geliebten Großmutter und bei diesem Mann, den sie aus tiefster Seele haßte.»

An dieser Stelle meines Berichts blickte ich Pablo an, der mir sehr interessiert folgte.

«Anderntags werde ich dir erzählen, wie meine Mutter von zu Hause wegging.»

«Nein, ich will es jetzt wissen», sagte Pablo.

Wir saßen auf unserer Terrasse auf Capri, und es begann kühl zu werden.

«Gehen wir hinein», sagte er. «Wir machen Feuer, und du erzählst weiter.»

«Feiern wir ein Fest!» schlug ich vor. «Tun wir eine Tortilla in die glühende Asche, so etwas habe ich in Chillán gegessen.»

«Sieh mal, was für schöne *pulchén*, feine weiße Asche, aus dem Holz entsteht», bemerkte ich, indem ich in dem Feuer stocherte.

«Wie sagst du? Dieses Wort, *pulchén*, habe ich seit der Kindheit nicht mehr gehört, und wie schön ist es», sagte er, voll Sehnsucht nach seinem Land, das sie ihm genommen hatten.

Ich ging in die Küche, um die Tortilla zuzubereiten, und brachte sie, in ein Tuch gehüllt, zurück. Wir stellten einen Tisch neben den Kamin und machten Feuer. Welch vollkommenes Glück bescherte uns das Leben!

«Erzähle! Erzähl mir, wie deine Mutter heiratete», drängte er gespannt. Mir gefiel seine Neugier, und ich grub in meinem Gedächtnis nach Einzelheiten, die mir meine Mutter berichtet hatte.

«Immer hat sie gern geschaukelt. An den Aststümpfen der Bäume befestigte sie Stricke und schaukelte, was das Zeug hielt; manchmal schwang sie sich bis in die Zweige. Lachend erzählte sie mir, daß das ihr Lieblingsvergnügen war, daß sie sogar, als sie schon groß war, noch immer gern schaukelte.

Eines Nachmittags, sie schaukelte gerade, kam ein reifer Mann zu ihnen, er mochte das Alter ihres Vaters haben; er war blond und hatte blitzblaue Augen. Neugierig betrachtete er das Mädchen, trat näher und wollte sie bei der Hand nehmen. Meine Mutter aber, spröde und scheu, wie sie war, rannte weg. Der Fremde kam häufig wieder, sprach mit dem Stiefvater und mit ihrer Mutter, brachte Geschenke mit und versuchte, sich ihr zu nähern, aber alles umsonst. Sein gütiges Gesicht und das Lächeln, das nie aus seinem Gesicht wich, gewannen sie allmählich trotzdem, und schließlich nahm sie einige Geschenke an.

Dann begann meine Großmutter, mit ihr von diesem Mann zu sprechen, der so gut zu sein schien und sie heiraten wollte. Er war Witwer. Seine schon erwachsenen Kinder lebten in Chile.

Meine Mutter erzählte mir, daß dieser Herr ihr damals nur Achtung einflößte. Wie konnte sie ihn heiraten? Aber beim nächsten Rausch des Stiefvaters (sie waren jetzt seltener, aber nicht weniger brutal) willigte sie ein. Auf diese Weise konnte sie das Haus, in dem sie so viel gelitten hatte, verlassen. Sie folgte diesem Mann, den sie nie duzte.

Als mir meine Mutter das erzählte, fragte ich sie gleich, ob sie ihn geliebt habe und wie diese Ehe gewesen sei. Sie zögerte mit der Antwort, vielleicht suchte sie nach einer, die mich nicht verwirrte. Und sie sagte: ‹Ich glaube, es war Liebe, was aus dieser so ungleichen Bindung entstand. Er war ein sehr schöner Mann. Ich fühlte mich immer beschützt, geliebt. Die Kinder wurden geboren. Ich hätte in einem sehr glücklichen Heim gelebt, wenn nicht die schreckliche Einsamkeit gewesen wäre. Diese Gegend Südargentiniens war sehr wild und trostlos.›

Damals drangen Banden von Viehdieben in die Häuser ein, raubten und mordeten wahllos. Mein Vater handelte mit Gold. In der Nähe lagen Minen, die von Gringos, wie man sie dort nannte, ausgebeutet wurden. Eines Morgens fand man diese Gringos niedergemetzelt, anscheinend hatten sie sich, nach den Blutspuren im ganzen Raum zu urteilen, so gut sie konnten, verteidigt. Da begann die Unruhe. Sicher wußten die Banden, daß in unserem Haus manchmal Gold war, und eines Tages würden sie uns umbringen. Der Schrecken, den die Viehdiebe verbreiteten, war so groß, daß meine Mutter nicht zu Hause schlafen wollte, sondern sich mit Decken und ihren beiden Kindern ins Gebüsch flüchtete. Als mir meine Mutter das erzählte, sagte sie: ‹Merkwürdig, ich hatte nur geheiratet, um ein ruhiges Zuhause zu haben. Ich verlangte so wenig vom Leben, nur Ruhe, und die wurde mir verwehrt. Ich stand Todesängste aus.› Und hinzu kam die Pest, die auch meinen Großvater dahinraffte und an der ihre einjährige Tochter starb.

Viele Jahre waren vergangen, als sie mir diesen Abschnitt ihres Lebens erzählte, aber, so sagte sie, nichts war dem Schmerz über den Verlust eines Kindes vergleichbar. ‹Immer sehe ich sein niedliches Gesichtchen, hochrot vom Fieber und von der Atemnot, denn an der Pest ersticken sie, sie bekommen keine Luft.›

Mich erschütterte das alles, ich sah den Schmerz meiner Mutter, die an den Todeskampf ihrer Kleinen dachte. Mit der Zeit verschlimmerten sich ihre Ängste, bis sie sich beinahe in eine Krankheit verwandelten. Sie hatte ihren Frohsinn und ihren Lebensmut verloren. Sie wollte nichts als nach Chile gehen. Vergeblich versuchte mein Vater, sie davon abzubringen, und da er sie vergötterte, verkaufte er alles und bereitete wenig begeistert die Reise vor. Er hatte einen Bruder in Chile, der in Parral geblieben war und dort Land gekauft hatte.

Die Freude meiner Mutter auf die Reise steckte ihre Angestellten im Haus an, und so wuchs die Karawane. Drei Familien, die auch alle ihre Habe verkauft hatten, wollten sie begleiten. Endlich kam der Tag der Abreise. Sie ließ alles zurück, ohne ihm nachzutrauern, hinter den Kordilleren, die sie überqueren würde, lägen alle ihre Illusionen. Sie war überzeugt, sie würde finden, was sie suchte: Ruhe, um zu leben und sich um Kinder und Haus zu kümmern.»

Das Feuer war niedergebrannt und hatte eine wunderbare glühende Asche für meine Tortilla hinterlassen, die, wohlriechend und in ein Tuch gehüllt, neben uns lag.

Pablo sagte: «Weiter, weiter! Wie war die Ankunft in Chillán?»

«Die Tortilla kann nicht warten», sagte ich, «die Asche kühlt sehr schnell ab.» Ich schob die Asche auseinander, machte meiner Tortilla ein Bett, deckte sie zu, und obendrauf legte ich die restlichen glühenden Holzkohlestückchen.

«Das ist ein Ritus», sagte Pablo. «Du bist eine Heilige der Kochkunst.»

Ich war dem Leben, das mir soviel Glück schenkte, dankbar, nie hatte mich jemand gefragt, wer mein Vater war, was meine Mutter gemacht hatte, was ich als Kind besaß. In dieser Hinsicht hatte sich keiner für mich interessiert, und ich war glücklich, zum ersten Mal diese Erinnerungen zu erzählen, die so viele Jahre in meinem Kopf geschlummert hatten. Und während ich zusah, wie meine Tortilla aufging und ihr Duft das Zimmer füllte, setzte ich meine Erzählung fort.

«Die Überquerung der Kordilleren dauerte viele Tage. Mein Vater trug den Jungen, meine Mutter die noch kein Jahr alte Kleine, die in Tücher und Windeln gewickelt war. Damals wurden die armen Babys in so viele Windeln gewikkelt, daß sie zu kleinen Bündeln wurden und sich nicht bewegen konnten. Sehr oft wechselten sie die müde gewordenen Maulesel, aber die meiner Mutter brauchten sie kaum zu wechseln, weil sie sehr schlank war und wenig wog. Als es jedoch bergauf ging, war der Maulesel schon müde, und anstatt vorwärts zu laufen, ging er rückwärts. Bei dem Versuch, das Kind zu halten, verlor meine Mutter das Gleichgewicht und stürzte. Das Kind wurde aus ihren Armen geschleudert und rollte abwärts. Ängstlich sah meine Mutter, daß es blutüberströmt war. Alle stiegen hinab, um das Kleine zu holen. Was meine Mutter als Blut gedeutet hatte, war das rote Tuch, das es bedeckte, das Kind hatte nicht einen Kratzer abbekommen.

Nach mehreren Reisetagen und tausend Zwischenfällen gelangten sie über einen Paß nach Pinto, daneben lag Coihueco, endlich Chile! Dort kampierten sie. Es war ein kleiner Ort, wo gutes Land, schöne Felder mit Wasser, verkauft wurde. Die Freunde begeisterten sich dafür und blieben. Auch mein Vater wäre gern geblieben, aber meine Mutter lehnte das Dorfleben ab, sie wollte in einer Stadt wohnen, wollte nach Chillán. Später erkannte sie ihren Irrtum, aber da war es zu spät.

Sie erreichten Chillán, meiner Mutter schien es, als seien sie direkt im Paradies angekommen, von dort würde sie nicht weichen. In einer Stadt mit aneinanderklebenden Häusern zu wohnen, wo es Leben, wo es Menschen gab, wo ein munteres Treiben herrschte! Sie war fröhlich, lachte, sang. Mein Vater war glücklich, als er sah, daß Mama ihren Frohsinn wiedergewonnen hatte, das war ihm das liebste. Sie suchten eine Wohnung; natürlich wollte meine Mutter eine mitten im Ort, drei Querstraßen vom Hauptplatz entfernt. Dort kauften sie ein riesiges Haus mit Gärten und vielen Obstbäumen. Mein Vater begann eine völlig andere Arbeit, er betrieb einen Laden mit Früchten des Landes, wurde Geschäftsmann und war doch nicht dazu geboren. Obwohl er den Lebensunterhalt bestritt, kam er nie aus den Schwierigkeiten heraus.

Meine Mutter begann ihr Leben in Chillán mit der gleichen Tätigkeit wie zu Hause in Argentinien. Sie legte einen Nutzgarten an, pflanzte Kartoffeln, säte Weizen; den ganzen Zaun entlang zog sie Artischocken, und sie verwandelte dieses riesige Grundstück in ihr Anbauland, nie aber vernachlässigte sie den Ziergarten; auf diesem Grundstück sah ich die größten und schönsten Rosensorten, das Geißblatt rankte sich empor und bedeckte einen großen Balkon, auf dem sich das Leben des Hauses abspielte.

Und so vergingen die Jahre in diesem provinziellen Frieden. Meine Mutter hatte fünf Kinder; als sie dachte, sie würde keine mehr bekommen, und die andern schon groß waren, wurde ich geboren. Immer hörte ich meine Mutter sagen: ‹Dies ist das Nesthäkchen.›

Als ich ein Jahr alt war, starb mein Vater. Meine Geschwister, obwohl noch jung, waren bereits erwachsen und machten sich leichten Herzens selbständig; Santiago zog sie an, und sie gingen fort. Alle Erinnerungen aus meiner Kinderzeit sind allein mit meiner Mutter verknüpft, ich war wie ein Einzelkind.

Mit dem Laden für einheimisches Obst war es aus, und wir vermieteten schließlich die Hälfte des Hauses, das sehr groß war; von diesem Geld lebten wir sehr kärglich.»

Meine Tortilla muß fertig sein. Ich decke sie auf, sie ist goldgelb und dampft. Sachte entferne ich die Asche. Pablo beobachtet verwundert, daß sie mit Asche bedeckt ist, das regt nicht den Appetit an. Ich hole Tücher und säubere sie umständlich. Jetzt glänzt sie. Mit einem Messer löse ich kleine verbrannte Teile heraus, drehe die Tortilla auf dem Tuch um, schlage sie schließlich ein und bringe sie auf den Tisch. Was für ein Fest! Was für Erinnerungen!

Als alles fertig ist, rufen wir Olivito, jene wundervolle Einwohnerin von Capri, die einige Stunden des Tages bei uns ist. Nie hörten wir sie kommen, und Pablo sagt, es scheine, als rolle sie auf lautlosen Rädchen. Sie ist sanft; wir liebten sie so sehr, daß Pablo sie Olivito nannte.

Sie sieht den gedeckten Tisch und kann es nicht glauben. «Und das hat die Signora gemacht!» ruft sie. Fast fällt sie mit einer dampfenden Suppenschüssel hin, die sie in den Händen hält.

Wir schneiden ein Stück von meiner Tortilla ab, sie ist so heiß, daß wir sie kaum anfassen können; ich tue etwas Butter darauf, die sofort zergeht, und bediene Pablo und Olivito. Man kann mit so wenig glücklich sein . . . Das Essen an diesem Abend verläuft sehr fröhlich.

«Morgen erzählst du mir, warum ihr das Haus in Chillán verlassen habt!» sagt Pablo.

Und das Leben verlief in der Ruhe, die mir auferlegt worden war. Pablo war den ganzen Tag auf den Beinen, morgens ging er einkaufen, und immer machte er mir kleine Geschenke. Wie sehr ich ihn liebte!

Unser Leben schränkte sich ein. Wir machten Feuer und lasen viel. Ich schalt den unruhigen Nyon, der sich nach seinen langen Spaziergängen sehnte und durchs ganze Haus tollte. Eines Samstagabends erklärte er seine Unabhängigkeit und entwischte. Es war sehr spät, und er kehrte nicht zurück. Auch am nächsten Tag nicht. Wir erzählten es unserem Freund Cerio, und wie überrascht waren wir, als wir kurz darauf im Radio die Nachricht hörten, daß *il cane** des Dichters Pablo Neruda entlaufen sei; sie beschrieben ihn genau und baten, die «Cassetta d'Arturo» zu informieren. Unser Hund war berühmt geworden. Sonntagabend tauchte er mit einer an sein Halsband geknoteten Krawatte auf. Sicher hatte ihn jemand mitgenommen, und ihm war es gelungen, sich zu befreien. Als er ins Haus kam, gebärdete er sich verrückt vor Freude, er lief zu Pablo, dann zu mir, und als er sich beruhigt hatte, soff er noch und noch Wasser. Wir be-

* (ital.) der Hund.

trachteten ihn ganz gerührt. Pablo sagte: «Wie schade, daß er nicht sprechen kann! Uns entgeht die Geschichte seiner Abenteuer, die, nach seinem Aussehen zu urteilen, schrecklich gewesen sein müssen.»

Von diesem Tag an beneideten wir ihn sehr: Er war hochberühmt geworden.

An dem Abend, an dem unser Hund wiederkam, kehrte auch Ruhe in unser Haus zurück. Olivito verabschiedete sich, ein großes Feuer brannte in unserem Kamin, und Pablo sagte: «Erzähl mir, warum ihr nach Santiago gegangen seid, warum ihr euer Haus in Chillán verlassen habt!»

«Nach dem Willen meiner Mutter sollte ich aufs Lehrerseminar gehen und Lehrerin werden; auch ich wünschte das. Alle meine Geschwister arbeiteten in Santiago; der Älteste war verheiratet und hatte zwei Kinder. Es war natürlich, daß sie mit ihnen zusammensein wollte. Im Sommer davor waren wir auf ein paar Tage nach Santiago gefahren, und mich hatte die Stadt fasziniert, mir gefiel der Lärm der Straßenbahn, und ich sah soviel Licht, so viele Leute.

Ohne lange zu überlegen, bot meine Mutter das Haus zum Verkauf an und fand sofort einen Käufer, einen Rechtsanwalt. Die Tage vergingen schnell mit unseren Reisevorbereitungen und der Unterzeichnung der Papiere. Je näher der Augenblick des Abschieds von diesem Haus rückte, desto mehr schwand meine Freude: Ich würde nicht mehr durch seine Gärten tollen, nicht mehr auf seine Bäume klettern: Ich wurde sehr traurig, und an dem Tag, als ich es verließ, weinte ich in einem fort. Meine Mutter dagegen verließ das Haus halb wehmütig, halb zufrieden. Die Aussicht, endlich mit ihren Kindern zusammenzusein, machte sie glücklich; ihr Leben in Chillán war ganz bestimmt recht eintönig und einsam gewesen.

Wir reisten nach Santiago ab. Ich trat in ein neues Leben ein.

Meine Mutter glaubte, viel Geld zu haben, und gedachte, ein Haus zu kaufen. Ich bat sie um eins, das Bäume, Garten, eine große Weinlaube und einen Balkon für die Hütte meines Hundes haben sollte. Ich wünschte mir ein Haus, das genauso wäre wie jenes, welches wir in Chillán verlassen hatten. Sehr bald stießen wir in Santiago auf die Wirklichkeit. Wir konnten nur ein Grundstück in der Lira-Straße in Höhe des 1900 kaufen; gegenüber war eine große Fohlenweide, die sich bis zur Maestranza erstreckte, das ist der alte Name der Portugal-Straße. Dort bezogen wir ein Häuschen mit drei Zimmern, ein Armeleute-Häuschen, wo aber sehr bald ein Wald aus Sträuchern und Blumen entstand. Ich erinnere mich, daß es ein Gitter hatte, so etwas wie einen Vorgarten, und dieses Gitter war mit schöner, großblütiger Trichterwinde und überall mit Pflanzen und Blumen bedeckt; in einer ganz kleinen Ecke zogen wir Majoran, Koriander, Petersilie, Minze, Melisse ... Alles zusammen strömte einen Duft nach Feld und nach Lebenskraft aus. Ich war dreizehn Jahre alt. Und so verlief mein Leben in einem sehr ärmlichen Haus.

In Santiago meldete ich mich sogleich im Lehrerseminar an und machte die Aufnahmeprüfung. Ich war überzeugt, daß ich dort bleiben würde, ich war fleißig und wußte immer alles, was sie mich fragten. Den ersten Verdruß bereitete mir der Blick in die Listen. Ich war unter denen, die bestanden hatten, aber Plätze gab es nur wenige, und ich kam bei der Auslosung nicht durch. Wenige Tage danach traf meine Mutter eine Dame, die wir im Lehrerseminar kennengelernt hatten und deren Tochter aufgenommen worden war. Meine Mutter erzählte ihr, daß ich trotz guter Prüfung ausgeschieden war, weil ich kein Glück bei der Auslosung gehabt hatte. Als die Dame das hörte, sagte sie: ‹Unsinn! Sie hätten sich eine Empfehlung besorgen müssen, hier kommt man nicht rein, wenn man keinen Fürsprecher hat. Meine Tochter ist eine der schwächsten, aber ich wußte, daß sie bleiben würde, sie hatten es mir versichert.› Wir konnten nicht verstehen, daß man in Santiago Empfehlungen brauchte. Wir waren so allein, so hilflos. Wo gab es diese Empfehlungen? Wie sie erwerben? Was für Geheimnisse barg die Hauptstadt!»

Gut gelaunt, lacht Pablo über meinen Bericht, und ich pruste los, als ich ihn so vergnügt lachen sehe.

«Aber wie gut, daß du nicht ins Seminar gegangen bist!»

sagt er. «Du wärst eine unausstehliche Lehrerin geworden, ich wäre dir nicht begegnet, und du würdest nicht singen.»

«Ja», antworte ich. «Aber damals war ich ganz ratlos.

Später hatte ich Freundinnen in unserem Viertel, eine von ihnen besuchte eine Handelsschule; da ich nicht wußte, wo ich mich sonst hätte anmelden können, und ich bis zur Aufnahme ins Lehrerseminar ein Jahr warten mußte, ging ich auf diese Schule, und das war sehr gut, weil ich nach kurzer Zeit anfangen konnte zu arbeiten.

Meine erste Anstellung bekam ich erst nach drei Jahren, denn ich hatte noch nicht das Alter, um zu arbeiten. Wie aufregend, als ich meinen ersten Lohn erhielt! Es schien mir so viel Geld. Ich hatte eine Menge Stellungen, in einer Genossenschaft, bei der Post, bei der Arbeiterversicherung, wo ich etwas mehr verdiente und mir den Luxus leisten konnte, Privatstunden in Gesang bei Consuelo Guzmán zu nehmen, der ersten Frau Juan Guzmán Cruchagas, von dem sie zwei Kinder hatte; sie lebte mit der Tochter und er mit dem Sohn. Jetzt ist sie wieder verheiratet und lebt in Kolumbien.»

«Ich kenne ihn gut», sagt Pablo, «und auch Raquel, seine zweite Frau. Die erste habe ich nie kennengelernt.»

«Ich würde ihn zu gern persönlich kennenlernen», sage ich. «Wie ist dieser leidenschaftliche, heftige Mensch? Ich habe die Briefe gelesen, die er Consuelo schickte. Als sie sich trennten, ging sie in die Vereinigten Staaten.»

Consuelo besaß ein Kästchen voller Briefe, die leidenschaftlichsten und schönsten, die eine Frau bekommen kann. Sie zeigte sie mir eines Abends bei sich zu Hause, und ich las sie alle. Ich holte mir Guzmán Cruchagas Bücher, aber in keinem Gedicht fand ich die Leidenschaft der Briefe wieder. Sie gefielen mir so sehr, daß ich sie nicht vergessen kann.

Jetzt, da ich diese Erinnerungen schreibe, lange nachdem ich Pablo davon erzählt habe, und da Juan Guzmán Cruchaga schon tot ist, frage ich mich: Wo ist Consuelo? Wo ist das Kästchen mit diesem Schatz von Briefen?

«Warum lernte ich dich damals nicht kennen?» fragt Pablo. «Ich war bereits in Santiago. Was für eine gute Freundin du für mich gewesen wärst!»

Ich blicke ihn lächelnd an. «Ich glaube, ich wäre das genaue Gegenteil gewesen, du warst ein Romantiker, und ich war immer von einer überschäumenden Fröhlichkeit. Ich wäre dir leichtfertig und albern vorgekommen. Diese Fröhlichkeit überkam mich ohne rechten Grund. Während du die Abenddämmerung von Maruri mit dem Wunsch betrachtetest, zu weinen, lachte ich über alles. Ich war ein armes Mädchen, das arbeitete, um zu leben, aber ich besaß einen beinahe grenzenlosen Schatz von Frohsinn. An den Monatsenden hatte ich nicht einmal mehr Geld für die Straßenbahn, und ich lief vom Zentrum Santiagos zu Fuß nach Hause, neun Querstraßen hinter der Avenida Matta. Ich hatte eine Freundin, Cristina, mit ihr machte ich diese weiten Wege, immer lachend. Ich erinnere mich, daß wir an den Schaufenstern der Konditoreien vorbeigingen und in Gelächter ausbrachen, weil wir so gern Kuchen gegessen hätten und kein Geld besaßen, um ihn zu kaufen. Immer lachte ich. Für mich war alles komisch. Wenn ich ins Kino ging, dann natürlich in eines, wo wir weniger bezahlen mußten, nie wollte ich unten im Parkett sitzen. Mit Cristina erlebte ich diese Abenteuer. Sie ist blond, sehr hübsch. Wenn wir wieder in Chile sind, werde ich sie dir vorstellen. Jetzt ist sie verheiratet und hat Kinder. Wenn wir uns später einmal trafen, sprachen wir von jener Zeit, und ich versichere dir, daß wir dem allen nachtrauerten. Wenn ich mir eine Jugendzeit auswählen dürfte, würde ich mich für die entscheiden, die ich hatte, ohne ihr etwas hinzuzufügen, und denke nicht, daß das eine Herausforderung ist, ich war immer sehr glücklich.

Ich lernte schon meine ersten Opernromanzen, als Consuelo Dozentin am Konservatorium wurde. Sie liebte mich sehr und empfahl mir, ins Konservatorium einzutreten, weil ich dort umfassenden Musikunterricht erhalten würde, den ich dringend brauchte. Ich folgte dem Rat. Ich arbeitete und studierte. Nach wenigen Jahren traf ich zufällig Tomás Gatica Martínez und Consuelo. Sie planten, am Institut für

Kulturwissenschaft eine Sektion Musik einzurichten, ich sagte, halb im Scherz, halb im Ernst, die einzige, die das übernehmen könnte, sei ich. Meine Unverfrorenheit und meine Selbstsicherheit schienen Tomás zu belustigen. Er bestellte mich für den nächsten Tag, und so begann ich mit einer Arbeit, die mir wirklich gefiel. Dort lernte ich alle Schriftsteller dieser Zeit kennen, die alten und die jungen. Alle kamen ins Institut. Ich lernte viel, und obwohl ich sehr wenig verdiente, war ich zufrieden und studierte weiter am Konservatorium. Eines Tages aber legten sie das Institut für Kulturwissenschaft und das Direktorium für Information und Kultur zusammen. Der Direktor, der gerade aus den Vereinigten Staaten gekommen war, Aníbal Jara, sagte mir, der Leiter der Sektion Musik sollte ein Herr Garrido werden und ich möge mich ihm zur Verfügung stellen. Es verstand sich von selbst, daß Garrido, ein hervorragender Musiker, der Leiter wurde und ich seine Untergebene, aber schon wirbelte mir etwas im Kopf herum: Ich wollte die Welt kennenlernen. Der Gesang waren meine Flügel, ich wollte losfliegen, und dies war der Augenblick. Ohne viel zu überlegen, trat ich zurück.»

Ich sehe Pablo an. Er schwankt bei dem, was ich ihm anvertraue, zwischen Wehmut und Belustigung.

«Wie komisch!» sagt er. «Ich gehörte dem Institut für Kulturwissenschaft an, als es gegründet wurde, auch D'Halmar. Wir waren ehrlich daran interessiert zu arbeiten, aber eines Tages legte Tomás ein Buch am Eingang für uns aus, in das wir uns mit Uhrzeit und Unterschrift eintragen sollten. Wir waren so überrascht und fanden es so lächerlich, daß wir alle Tage Ulk hineinschrieben. Aber wir verließen das Institut. Diese bürokratischen Maßnahmen brachten uns oft zum Lachen, aber sie behagten uns nicht. Warum habe ich dich damals nicht kennengelernt? Warum bist du nicht ein bißchen früher gekommen?»

Ich glaube, es wäre ganz anders gewesen. Ich wollte unabhängig sein, das war das Wichtigste in meinem Leben. Ich wollte keinerlei Fesseln. Nach dem Tod meiner Mutter nahm ich mir vor, mich an nichts zu binden. Ich liebte meine Unabhängigkeit, wollte die Welt erobern. Und dazu zählte ich nur auf meinen guten Engel, an den zu glauben mich meine Mutter gelehrt hatte. Ich besaß nichts im Leben, und ich hatte alles.

«Zwei Freunde waren in meinem Leben entscheidend, Blanca Hauser und Armando Carvajal. Erinnerst du dich, wie wir uns kennenlernten?»

«Ja, ich erinnere mich», sagt Pablo und macht sich daran, das Feuer zu schüren, das fröhlich im Kamin brennt.

Wir schweigen. Sehr lebhaft kommt mir jener Tag im Waldpark ins Gedächtnis. Wir hatten uns niedergesetzt, zwischen uns meine beste Freundin, Blanca Hauser. Ich schaute Pablo von der Seite an, und mir schien, als hätte ich noch nie solche Augen gesehen. Ich fragte Blanca, wer das neben ihr wäre, und sie antwortete: «Ignorantin! Das ist Pablo Neruda.» Ich schaute ihn genauer an, was für merkwürdige Augen, als ob sie nach innen blickten! Ich wünschte mir, daß er mich ansähe. In dem Moment wendet er den Kopf, sieht mich an, und ich sehe ihn an. Kurz darauf sagte er etwas zu Blanca. Danach flüsterte sie mir zu: «Pablo hat mich gefragt, wer du bist.» Ich war ganz glücklich: Er hatte nach mir gefragt, und mir fielen seine Verse, seine Gedichte ein, die ich gelesen hatte. Als das Parkkonzert zu Ende war, lud er uns für den nächsten Tag zu sich nach Hause zum Tee ein.

«Woran denkst du?» unterbricht mich Pablo.

«Daran, wie wir uns kennenlernten. An die Zufälle. Ich glaube an das Schicksal. Wenn an jenem Tag einer von uns nicht zu dem Konzert gegangen wäre, hätten wir uns vielleicht nie geliebt. Wenn Blanca nicht zwischen uns gesessen hätte, wäre es auch nicht zu dieser Annäherung gekommen.»

Wir sprechen weiter von Blanca und Armando. Als Pablo und ich uns kennenlernten, wohnte ich bei ihnen und wartete darauf, daß ich die Wohnung von Monjitas bekäme, den Pablo kannte. Ich wohnte oft in ihrem Haus. Ihre Kinder waren noch klein, morgens weckten sie mich, indem sie mich mit Kissen bewarfen. Ich jagte sie durchs ganze Haus, wobei wir höllischen Lärm machten. Diese Freunde boten mir mein ganzes Leben lang brüderlichen Schutz.

«Sie werden unsere Freunde in Chile sein; für mich sind sie wie meine Familie. Sie haben mir so viel gegeben. Im Stadttheater kam es mir nie in den Sinn, Eintritt zu bezahlen, immer ging ich durch den Künstlereingang hinein; manchmal sagte der Pförtner, sich auf Blanca beziehend: ‹Ihre Schwester ist schon drin.›

Das war ein Charakteristikum meines Lebens: Alles geriet mir zu meinem Glück, ohne daß ich es suchte. Dort im Stadttheater sang ich durch Armando Carvajals Vermittlung während der Opernsaison und verdiente ein paar Pesos. Zwei Spielzeiten sang ich im Chor, übernahm auch kleine Partien in ‹Schwester Angelika›, in ‹Manon›; in einer ‹Lohengrin›-Aufführung, wo Melchior sang, spielte ich einen der Pagen, sie wählten uns nach den Beinen aus, wir traten in Trikots und mit unmöglichen blonden Perücken auf. Aus dieser Spielzeit besitze ich ein Foto mit Melchior, ich zeige es dir in Chile.»

Pablo unterbricht mich, er will das Foto nicht sehen. Ihm paßt es überhaupt nicht, daß ich meine Beine im Stadttheater zur Schau gestellt habe. Ich lache über seinen Protest.

Er mag keine Opern, er konnte sie nie ertragen; wenn ich ihm eine Schallplatte mit Opernarien auflegte – ich besaß mehrere –, fing er zu lachen an. Ich wurde wütend, aber schließlich lachte ich mit ihm. Das hat mir meine Liebe zur Oper für immer getötet.

Es muß sehr spät sein, das Feuer geht aus. Wir schweigen in Gedanken an jene Zeit. Nyon springt an uns hoch und zerstört die nostalgische Stimmung. Wir kehren in die Wirklichkeit zurück.

Als ich schon am Einschlafen war, sagte Pablo, der noch las (nie wußte ich, wie lange): «Morgen erzählst du mir von der Reise nach Peru. Was hast du da gemacht?»

«Einen Film, ‹Das Muttermal›, er soll sehr schlecht sein, ich habe ihn nicht fertig gesehen, denn ich mußte nach Mexiko reisen», antwortete ich lachend und schlief ein.

Am nächsten Tag aber konnte ich ihm nichts erzählen. Eine böse Fee, neidisch auf so viel Glück, das in der «Cassetta d'Arturo» herrschte, verschlechterte meinen Zustand. Alles war umsonst, und ich verlor mein so sehr geliebtes, so sehr gewünschtes Kind, das schon zahllose schöne Namen hatte und dem ein Band der «Verse des Kapitäns, Neruda Urrutia» gehörte. So viele Illusionen hatten sich in Rauch aufgelöst. Da legte sich ein Schatten auf unsere Umgebung und drohte, uns traurig und reizbar zu machen.

Ich lag mit Fieber im Bett, der Arzt versicherte, es wäre eine nervöse Störung, die vorübergehen würde. Pablo war beunruhigt. Plötzlich begann er zu schreiben. Ich beobachtete ihn. Seine Gesichtszüge veränderten sich, seine glänzenden Augen waren hoffnungsfroh, siegesgewiß. Als er fertig war, sagte er: «An diesem Tag, an dem wir uns niedergeschlagen fühlen, schenke ich dir einen Sohn, er ist eben geboren worden, er soll ‹Die Trauben und der Wind› heißen.»

Es war ein Tag im Februar 1952.

Zwei Tage darauf kamen aus Neapel neue Bewohner ins Haus: vier Kakadus in ihrem Käfig, mein Hund mochte sie gar nicht, er beschnupperte sie eifersüchtig. Sie schwatzten, stritten, gurrten. Da in ihrer kleinen Welt ereignete sich allerhand. Pablo hätte kein schöneres Geschenk wählen können.

Heute ist der dritte Tag, an dem ich das Bett hüte. Mein Kopf glüht. Als ich aufwache, sehe ich als erstes ein Plakat aus ausgeschnittenen verschiedenfarbigen Buchstaben: «Ich liebe dich, Matilde».

Pablo sagt: «Ich bereite alles für die Reise nach Venedig vor, ich selber will es dir zeigen, es gleicht keiner anderen Stadt, alles ist anders.»

Ich lächle ihn an. Ich weiß, daß er sich bemüht, mich aufzumuntern. Meine große Hoffnung, die zerschlagen worden ist, drückt mich nieder, ich kann nicht dagegen an. Er aber erfindet unbeirrbar den ganzen Tag Spiele. Er kauft kleine Karten, und wir spielen «Die Last der Eselin». Hier in mein Album ist eine seiner Karten eingeklebt. Wieviel Erinnerung weckt sie in mir!

Am vierten Tag stehe ich trotz des Verbots meines alten Arztes Doktor Proscilio auf. Pablo strahlt vor Glück. Er umarmt mich und sagt: «Ich hatte solche Angst! Verlier nicht deinen Frohsinn, das wäre das einzige, was ich nicht ertragen könnte!»

Ich fühle, daß sein Leben in meines hineinströmt. Sein Schmerz und die Liebe binden unser beider Leben aneinander. Immer hatte ich geglaubt, daß ich nach dem großen Unglück, dem Verlust meiner Mutter, 1935, nie wieder so leiden würde.

Ich beginne, eine sanfte Abhängigkeit zu spüren, das zu lieben, was ich immer gehaßt hatte: etwas oder jemand unterworfen zu sein, das oder der meine Freiheit einengt. Aber jetzt ist alles anders. An einem jeden Tag ist Pablo für mich das Licht, das Fest. Ich frage mich, wie entsteht die Liebe? Warum?

10

Reise nach Nizza

Eine neue Sorge kommt zu diesem Leid hinzu. Mein dreimonatiges Visum für Capri läuft ab.

Pablo sagt: «Hier werden sie deine Aufenthaltsgenehmigung nicht verlängern, sie werden sogar zufrieden sein, weil sie wissen, sobald du weggehst, werde ich nicht bleiben.»

In zehn Tagen ist mein Visum erloschen. Was tun, damit sie auf Capri nicht merken, daß ich das Land verlassen habe? Wir entwerfen sorgfältig einen Plan. Ich werde nach Nizza reisen, um mein Visum verlängern zu lassen, dann gehe ich nach Rom, und dort erledige ich die Formalitäten für die Aufenthaltsgenehmigung, weil ich, wenn ich in Italien eingereist bin, auf die Polizei muß, um das Visum eintragen zu lassen, erst dann ist alles in Ordnung.

Ganz in der Frühe fahren wir nach Neapel, dies ist eine Reise, die keine Aufmerksamkeit weckt, wir machten sie oft, nur mit einer kleinen Handtasche. Wir laufen direkt zur Anlegestelle, treffen in Neapel ein, und wie immer werden wir verfolgt, wir suchen Sara auf, dort aßen wir immer zu Mittag, und am Nachmittag gingen wir aus. Diesmal aber bleibt Pablo zurück, ich ziehe einen anderen Mantel an, setze einen Turban auf und eine Brille, die nur aus dem Gestell besteht und wie eine Brille mit farblosen Gläsern aussieht. Pablo begutachtet mich und billigt mein Äußeres: «Wenn ich dich auf der Straße in diesem Aufzug sehe, erkenne ich dich nicht.»

Mit einem Taxi fahre ich zum Bahnhof und nehme einen Zug nach Rom. Am Abend komme ich an.

Ich will meine mexikanischen Freundinnen besuchen. Ich bin froh und denke: Wie überrascht werden sie sein, wenn sie mich sehen! Diese Nacht muß ich dort schlafen, mein Zug fährt am anderen Tag in der Frühe. Ich frage nach Dora, sie kommt heraus, ist freundlich, tut aber geheimnisvoll; sie zieht mich auf die Straße und sagt: «Gehen wir in das Café dort, ich muß dir was erklären!»

Ich bin mehr als beunruhigt, denn sie will nicht, daß ich meine kleine Reisetasche zurücklasse. Es ist etwa acht Uhr abends. Wir setzen uns. Ich erzähle ihr von meinem Leben auf Capri, von meinem Glück.

«Warum hast du mich nicht besucht?» frage ich sie. «Jedesmal, wenn ich dich einlade, hast du eine Ausrede.»

Sie wird ganz verlegen und antwortet: «Ich muß dir alles sagen. Als du aus dem Haus gingst, kam die Polizei, sie sprach fast einen ganzen Vormittag mit Bámbola; die erzählte mir dann, daß sie alle ihre Rechnungen kontrollierten und ihr erklärten, sie hätte in ihrem Haus einen *pesce grosso comunista** beherbergt! Sie besaß keine Erlaubnis, Pensionsgäste aufzunehmen, aber eigentlich hatte sie nur wenige, sie waren wie eine Familie. Sie mußte Strafe zahlen. Danach war sie sehr bedrückt. Bei uns kontrollierten sie die Pässe, und nur, weil wir Studenten waren, wurden wir nicht ausgewiesen. Sie sagten, solltest du eines Tages nach Rom kommen, müßten wir das sofort melden. Deshalb erschrak ich so, als ich dich sah, denn Bámbola wird es sicher melden, wie sie es verlangt haben.»

Ich ein *pesce grosso comunista*! Trotz des Ernstes der Lage

* (ital.) dicker kommunistischer Fisch.

mußte ich lachen. «Aber du wirst das doch nicht glauben! Wir waren in Mexiko täglich zusammen, du weißt, daß ich weder mit der kommunistischen noch mit einer anderen Partei etwas zu tun habe.»

Jetzt zählte ich gar nichts. Unter normalen Umständen wäre ich in ein Hotel gegangen, aber das konnte ich nicht, die Hotels meldeten die Namen ihrer Gäste der Polizei, und ich war überzeugt, daß ich, wenn sie mich erkannten, nicht hineinkam.

«Mach dir keine Sorgen», sagte ich zu meiner armen eingeschüchterten Freundin. «Wagst du es, mit diesem *pesce grosso* essen zu gehen?»

«Na klar», antwortete sie. «Ich hole meinen Wagen und sage Bescheid, daß ich spät zurückkomme.»

Sehr bald war sie wieder da, wir gingen fröhlich los, lachten, redeten von tausend Dingen gleichzeitig.

«In allen Briefen, die wir aus Mexiko erhalten, fragen sie nach dir, Matilde, wann gehst du zurück?»

«Wahrscheinlich kehre ich nicht zurück», sagte ich. «Ich gehe mit Pablo nach Chile, ich will nichts anderes, ich liebe ihn zu sehr.»

Sie zog eine mißbilligende Grimasse.

«Du wirst sehr leiden», sagte sie. «Denn wenn man einen Mann liebt, will man ihn ganz haben. Ich könnte eine Liebe nicht mit jemand teilen.»

Ich konnte ihr nicht darlegen, daß ich nichts teilte. Pablo und ich waren ein einziger Leib, eine einzige Seele.

Langsam, langsam vergingen die Stunden. Um Mitternacht sagte ich, sie möge losfahren und mich am Bahnhof absetzen. Dort würde ich bleiben und ein Buch lesen, das ich mithatte.

Ich sah sie traurig weggehen. Ich hatte Verwirrung in ihr Leben und in das unserer Bámbola gebracht, die, wie es hieß, so menschlich, so großzügig war; ich durfte ihr nichts erklären, ihr keinen Kuß geben, ihr nicht sagen, daß ich sie sehr gern hatte und etwas von mir selbst hingäbe, um ihr diese durch meine Schuld erlittenen Augenblicke zu ersparen.

Ich betrat den Bahnhof, er war still, leer, verlassen; ich suchte einen Platz, um mich zu setzen und zu lesen. In dem großen Bahnhof waren alle Bänke aus Zement, ohne Rükkenlehne. Es war ungemütlich, ich ging rasch umher, damit ich warm wurde, dann langsamer, schließlich setzte ich mich auf den kalten Stein. In dem großen, finsteren, einsamen Bahnhof sah ich auf die Uhr, die Stunden wanderten nicht weiter. Ich dachte an Pablo, nie, überlegte ich, könnte er sich vorstellen, daß ich hier auf dem Bahnhof saß, allein, frierend. Bald ertrug ich es nicht mehr und lief wieder umher.

Ich hörte einen Telegrafenapparat und folgte dem Geräusch, auf der Suche nach dem Büro, dort mußte ein menschliches Wesen sein. Es war gegen drei Uhr morgens, mein Zug fuhr um sieben.

In einer Ecke hinter einer Säule war Licht. Ich trat vor, da war ein älterer Mann. Er wunderte sich, als er mich sah, und fragte, was ich wollte, da zu dieser Stunde doch kein Zug abfuhr. Ich antwortete, man habe mich falsch informiert.

«Sie sagten mir, mein Zug nach Nizza führe um Mitternacht», sagte ich mit Unschuldsmiene.

«Gehen Sie nach Hause, meine Dame, Ihr Zug fährt um sieben», sagte der Mann.

Ich antwortete, das lohnte nicht, weil ich zu weit, fast außerhalb von Rom, wohnte.

«Ich werde hier auf dem Bahnhof warten, es ist nicht mehr so lange», fügte ich hinzu.

Der Mann sah mich an, schüttelte den Kopf und meinte: «Noch ziemlich lange, und die letzten Minuten sind die längsten.»

«Ich laufe ein bißchen», sagte ich, «das ist gut gegen die Kälte.»

«Besser ist eine Tasse Kaffee», antwortete der gute Mann und holte eine Thermosflasche aus seinem kleinen Schreibtisch. «Setzen Sie sich, dieser Bahnhof ist der kälteste der Welt!»

In kleinen Schlucken trank ich den dampfenden Kaffee. Mein guter Engel hatte sich gezeigt. Wie gut kann eine Tasse Kaffee sein!

Wir plauderten, verhalten zunächst. Ich erzählte ihm von Mexiko, von seinen Märkten, von seinen Menschen und ihren Bräuchen. Er war überzeugt, daß ich Mexikanerin bin, aber gesagt hatte ich ihm das nicht.

Die Stunden verstrichen, endlich war es soweit, an den Zug zu gehen. Ich stieg erst im letzten Augenblick ein, ich hatte Angst, sie würden mich suchen. Ich wählte ein Abteil, in dem schon eine Frau saß. Welche Erleichterung, als sich der Zug in Bewegung setzte! Meine Mitreisende war Italienerin und sah unserer Bámbola sehr ähnlich. Ich begann zu lesen. Bald fielen mir die Augen zu, mit einem Tuch über dem Kopf schlief ich mehrere Stunden. Als ich aufwachte, begegnete ich dem Blick meiner Reisegefährtin.

«Sie waren müde», sagte sie, «den ganzen Vormittag haben Sie geschlafen.»

«Ja», log ich, «ich bin sehr früh aufgestanden.»

Meine Unruhe hatte sich gelegt. Wir unterhielten uns. Ich lernte ihr ganzes Leben und das ihrer Kinder kennen. Ohne Zwischenfälle kam ich in Nizza an. Ich nahm ein Taxi und bat, mich zu einem zentralgelegenen Hotel zu bringen. Dort wartete der Genuß eines heißen Bades und eines schönen Bettes auf mich, ich mußte mich gut ausruhen, der folgende Tag würde sehr bewegt werden.

In aller Frühe stand ich auf und ging zum Konsulat, ich hatte Italien am Vortag verlassen und wollte wieder einreisen. Ich war unruhig und dachte, sie würden mir viele Fragen stellen, aber es war nicht an dem. Sie waren es gewohnt, Tausende von Ausländern machten das so. Von dort kehrte ich ins Hotel zurück, zahlte, nahm meine Reisetasche und fuhr zum Flugplatz. Ich wollte das erste Flugzeug nach Rom benutzen. Ich hatte großes Glück. In Rom würde ich rechtzeitig sein, um bei der Polizei meinen Einreisevermerk machen zu lassen, aber ich würde mich beeilen müssen. Ich verließ das Flugzeug, und da ich nur meine Reisetasche hatte, brauchte ich nicht zu warten, sondern fuhr mit einem Taxi direkt zur Polizei. Im letzten Moment traf ich dort ein, die Beamten wollten mich nicht mehr abfertigen. «Kommen Sie morgen oder nächste Woche», sagten sie, «es eilt überhaupt nicht.» Ich sagte ihnen, ich müßte am nächsten Tag Rom verlassen und aufs Land fahren und wollte nicht zurückkehren. So inständig bat ich sie, daß sie mir die Genehmigung gaben. Ich befand mich ja mitten in Italien, ganz legal, niemand konnte mich am Bleiben hindern. Frohgemut trat ich auf die Straßen Roms hinaus, stieg in ein Taxi und ließ mich zum Bahnhof bringen. Ich hatte ein riesengroßes Paket gepackt mit allem, was ich für meinen Freund, den Telegrafisten, hatte kaufen können. Da war er, sah mich überrascht an, ich überreichte das Paket, gab ihm einen Kuß und rannte zum Zug nach Neapel. Hätte man mir nicht geholfen, ich hätte ihn verpaßt. Eine Fahrkarte hatte ich nicht, ich kaufte sie beim Einsteigen. Wie glücklich und wie stolz fühlte ich mich! Alles hatte ich so gut gemacht.

Als ich in Neapel ankam, war es etwa neun Uhr abends. Ich rief Pablo an.

«Was!» rief er. «Du bist schon da? Geh in ein Hotel, und morgen früh kommst du her.»

Er dachte, ich spräche von Rom aus.

«Ich bin in Neapel, ich nehme ein Taxi», sagte ich.

Er stand auf der Straße und erwartete mich mit einem etwas welken Blumenstrauß, es war der aus Saras Eßzimmer.

«Hast du das Visum und den Sichtvermerk?» war seine erste Frage.

«Alles habe ich», antwortete ich, erstickt in einer langen, langen Umarmung. Ich war nicht mehr allein, fror nicht mehr. Jetzt war ich die glücklichste Frau der Welt.

Sara wollte es nicht glauben. Wie hatte ich diese lange Reise hin und zurück in so kurzer Zeit bewerkstelligen können! Ich erzählte ihnen alles. Über den *pesce grosso comunista* mußten sie viel lachen. Mein nächtliches Warten in dem eiskalten Bahnhof. Als ich an diese Stelle kam, blickte Sara Pablo an. Sie berichtete mir, daß sie und ein paar Freunde ihn zum Essen ans Meer mitgenommen hatten, wo die neapolitanischen Ensembles, die so begeistert spielen und singen, viel Fröhlichkeit verbreiteten. Aber Pablo war unruhig. Als es schon sehr spät war, sagte er zu Sara: «Irgendwas ist mit Matilde, ich bin sehr unruhig. Irgendwas ist mit ihr. Keinen Augenblick kann ich den Gedanken an sie loswerden, irgendwas ist mit ihr.» In der Nacht hörte sie, wie er mehrmals aufstand. Sara erhob sich sehr zeitig, um ihm das Frühstück zu bringen, und Pablo sagte wieder: «Ich konnte nicht schlafen, irgendwas ist mit Matilde.»

Uns ist es im Leben mehrmals so gegangen. Waren wir voneinander entfernt, verbanden sich unsere Gedanken und übertrugen Zeichen von Angst oder von großer Freude.

Wir kehrten sofort nach Capri zurück. Am nächsten Morgen rief mich die Polizei an und sagte, ich sollte meinen Paß bringen. Die Beamten blätterten ihn sorgfältig durch. Wir bemerkten die Überraschung in ihren Augen, als sie mein Visum sahen. Sie gingen mit meinem Paß in einen anderen Raum, wo sie lange blieben. Sie kehrten zurück, wie immer lächelnd. «Alles in Ordnung, Signora», sagten sie. Wir grüßten und waren froh, sehr froh. Wir hatten einen kolossalen Sieg errungen. Diese Polizei, die sich die fähigste der Welt dünkte, hatten wir an der Nase herumgeführt.

Zwei Tage nach meiner Rückkehr nach Capri wußten sie nicht, daß ich außer Landes gewesen war. Es schien uns unglaublich. Der Gott der Liebe war mit uns und hatte uns beschützt.

11

Venedig

Eines Nachmittags fuhren wir endlich nach Neapel und nahmen Kurs auf Venedig. Welch Glück für mich, Pablo als Cicerone bei mir zu haben! Diese Reise hatten wir sorgfältig vorbereitet, wir hatten Zimmer reservieren lassen, uns mit Stadtführern versehen. Nichts konnte schiefgehen.

In Neapel verabschiedeten wir uns von Sara, die uns, wie immer lachend, zum Zug brachte.

«Vorsicht!» warnte sie. «Fallt nicht in den Kanal!» Ihre

letzte Frage konnten wir nicht mehr beantworten: «Könnt ihr schwimmen?»

In unserem Abteil saß nur noch ein junger Mann, der unaufmerksam las. Wir, wie immer, plauderten und lachten. Wir holten unsere Karte heraus, um nachzusehen, welche Städte wir berühren würden.

«Wir fahren durch Bologna», sagte Pablo, «die Stadt, wo der Abbé Molina so viele Jahre gelebt hat, nachdem er aus Chile verbannt worden war.»

«Erzähl mir mehr von ihm», bat ich.

Pablo wurde sehr ernst, nachdenklich blickte er in die wechselnde Landschaft, die uns der Zug anbot. Er berichtete von der Odyssee, die dieser von ihm so sehr bewunderte großartige Mann erlebt hat.

«Es sind viele Jahre her, es war 1767. Nie habe ich besser als jetzt den Schmerz der Verbannten verstanden; er ist ein dauerndes Leiden, er ist in jeder Minute des Lebens gegenwärtig.

Dieser Mann hatte Chile sein Leben als bedeutender Forscher geweiht. Er liebte unser Land. Als sie ihn aus Chile auswiesen, hatte er schon das Manuskript seiner ‹Naturgeschichte Chiles› fertig. Er nahm es mit, zwischen die Deckel eines anderen Buches gelegt. Aber in Callao wurde er peinlich genau durchsucht, und sie beschlagnahmten es. Kannst du dir vorstellen, was der Mann in diesem Augenblick empfand? Er verlor sein Land, das er so sehr liebte, und verlor sein Manuskript, das gewiß jahrelange Arbeit bedeutete.»

Pablo war ernst, sichtlich bewegt von diesen Erinnerungen.

«Und da ist etwas sehr Sonderbares in dieser Geschichte», fuhr er fort. «Nach zehn Jahren bekam er sein Manuskript wieder und veröffentlichte es 1782, fünfzehn Jahre später, als vorgesehen, anscheinend sehr verändert. Es war jetzt sorgfältiger ausgearbeitet, sicher hatte er noch mehr Material zu dem Thema studiert. Er starb, als er die Erlaubnis erhielt, Chile wieder zu betreten», schloß Pablo ergriffen.

Wir kommen nach Bologna und treten auf den Gang hinaus. Bevor der Zug den Bahnhof erreicht hat, lehnen wir uns aus dem Fenster, um soviel wie möglich von dieser Stadt zu sehen. Der Zug fährt langsam ein.

Pablo erzählt weiter von Abbé Molina. Da hören wir von fern: «Neruda!» Jemand hat ihn gerufen. Pablo sieht mich an. «Hast du gehört?»

«Ja», antworte ich, «jemand nannte deinen Namen.»

Mit der Schnelligkeit im Denken, die ihn so viele Jahre der Verfolgung gelehrt haben, entscheidet er: «Geh zurück ins Abteil, laß mich allein, uns sucht die Polizei.»

Ich schaue hinaus, einen Waggon weiter vorn wird es unruhig. Wir sehen, wie ein Mann Befehle an mehrere andere gibt, die sich blitzschnell verteilen und in die Wagen einsteigen.

Wenn ich reise, pflege ich ein großes Tuch an meine Handtasche zu hängen, es hat mir oft geholfen, Schwierigkeiten zu vermeiden. Instinktiv nehme ich es und binde es mir um den Kopf, um mein rotes Haar zu verdecken; ich betrete mein Abteil und setze mich zu dem Herrn, der liest und nicht einmal bemerkt hat, daß der Zug hält. Ich spreche ihn an und mache ihn darauf aufmerksam, daß wir in Bologna sind. Ich unterhalte mich weiter mit ihm, während ich Rouge aus meiner Handtasche hole und es mir, ganz ungezwungen, sorgfältig auf die Lippen lege. In diesem Augenblick kommen zwei Männer ins Abteil, sehen meinen Begleiter an, der von sehr kleiner Gestalt und sehr jung ist und eine Kurzsichtigenbrille trägt, das ganze Gegenteil von Pablo. Mich schauen sie nicht einmal an, alles ist sehr rasch vorbei. Sie gehen hinaus.

Pablo lehnte sich inzwischen aus demselben Fenster, auch ihn bemerkten sie nicht; ihre Zeit ist um: Sie suchten ein Paar, das sich nie getrennt hat.

Kurz darauf tönt das Abfahrtssignal, und der Zug setzt sich in Bewegung. Pablo, am Fenster, sieht sie aussteigen. Glücklich kommt er zurück.

«Der Abbé Molina ist dagewesen», sagt er.

Es stimmt. Wären wir im Abteil gewesen, hätten sie uns erkannt.

Sobald wir in Venedig angekommen sind, spricht Pablo

mit seinen Freunden in Rom und teilt ihnen mit, was geschehen ist. In wenigen Stunden haben wir die Antwort: Wir würden nicht belästigt werden, sie wußten schon, wo wir waren. Zu dem ganzen Aufruhr war es gekommen, weil sie auf Capri nicht wußten, wohin wir gefahren waren. Immer die unermüdliche Polizei! Für sie ist dieses mysteriöse Paar, das lebt und sich liebt, eine sehr große Gefahr.

Am Morgen frühstücken wir glückselig in einem Café auf dem Markusplatz; wir haben Appetit, und es wird ein großes Frühstück. Dann wandern wir Hand in Hand, Venedig zu entdecken. Alles ist neu für mich.

Plötzlich ist ein wütendes Gesicht vor uns, Hände fuchteln, Augen und Mund sind aufgerissen, wir werden scharf zurechtgewiesen. Wir haben die Rechnung nicht bezahlt; da wir auf Capri daran gewöhnt gewesen waren, zu essen und wegzugehen, haben wir vergessen, daß wir hier bezahlen müssen. Wir blicken uns an und lachen gleichzeitig los. Es ist so komisch, diesen armen verärgerten Kellner mit uns Inselbewohnern zu sehen, die die Bräuche der Stadt vergessen haben. Später kehren wir oft in dem Café ein, wo uns derselbe Kellner, immer lachend, empfängt.

Alles in Venedig ist neu für mich: Umherzustreifen, aber in Booten mit diesen liebenswürdigen Gondolieri, die immer aufgelegt sind, sich mit dem Ausländer zu unterhalten, und so weise, zu erraten, wann es sich um ein Liebespaar handelt, und die langsam, langsam rudern . . .

Als ich mein Tagebuch öffne und in meinen Erinnerungen nachschaue, um über unsere Reise nach Venedig zu schreiben, finde ich nur dies: «Wasser, Wasser, Wasser. Glück, Glück, Glück.» Es ist nicht viel, aber ich glaube, es ist alles.

Es war eine traumhafte Woche. Pablo kannte die Namen all der großen Gebäude, es war, als ginge man mit einer kleinen Enzyklopädie an der Seite. Wir hatten das Glück, die Biennale dieses Jahres zu erleben. Wieviel Entdeckungen für mich! Es war eine Welt, die sich mir plötzlich in ihrer ganzen Pracht auftat. Wieviel Glück, wieviel Freude! Ich wurde nicht müde, diesen klugen, gebildeten, ruhigen Mann zu bewundern, der mich keinen Augenblick meine Unwissenheit spüren ließ.

«Wie wenig weiß ich von der Welt!» sagte ich einmal zu ihm. «Ich hatte sie für viel kleiner gehalten, und jetzt wird sie immer größer, ihre Ausmaße erschrecken mich.»

Er lachte und erzählte mir, wie er zum ersten Mal nach Paris kam: «Ich war so einfältig. Alles hatte ich aus Büchern gelernt, aber als ich dort ankam, merkte ich, daß ich nichts wußte, ich mußte alles entdecken.»

Wie ich jetzt, die ich von einer Überraschung in die andere fiel. Alles war für mich so neu. Die in Venedig verbrachten Tage blieben unvergeßlich.

Später waren wir oft dort, aber diese erste Reise ist es, die in meiner Erinnerung haftet, damit ich mich mein ganzes Leben daran freuen kann.

Wir mußten nach Capri zurück.

Als wir in unserem Haus in der Via Tragara eintrafen, gebärdete sich unser Hund wie toll. Sobald er uns sah, rannte und sprang er unermüdlich; ich fand, er war gewachsen. Amelia erzählte uns, daß der Arme viel gelitten hatte; an den ersten beiden Tagen konnte sie ihn nicht von der Tür wegbekommen, er wollte nicht fressen, immer lag er auf der Lauer; es tat weh, ihn anzusehen. Eines Abends, als sie ihm zu fressen gegeben hatte, folgte er ihr mit einem so traurigen Blick, daß sie daran dachte, ihn mit nach Hause zu nehmen, aber er wollte nicht.

«Er will nur bei Ihnen sein», sagte sie.

Plötzlich war der Frühling da, überall Blumen, Sonne, Fröhlichkeit. Überall unerwartetes Aufleuchten, Düfte von Pflanzen und Blumen. Überall sprudelte neues Leben hervor. Die ganze Insel füllte sich mit Wohlgerüchen. Die ganze Insel blühte.

Nach und nach stellten sich die Touristen ein, und wir begriffen, daß wir dieses große wunderbare Haus, das im Sommer bestimmt vermietet wurde, abgeben mußten.

Wir gingen auf die Suche nach einem kleinen Haus, das wir bezahlen konnten. Durch die Hilfe all der Freunde auf

Capri bekamen wir in der Gli-Campi-Straße 7 ein wunderschönes Haus neben grünüberwachsenen Ruinen, es hatte ein Wohnzimmer mit einem türkisfarbenen Fußboden. Als wir das erste Mal dort waren, schauten wir durchs Fenster, und der Fußboden bezauberte uns. Wir mußten auf die Eigentümerin warten, die in Neapel wohnte. Zu befürchten war, daß sie es diesem Ausländerpaar nicht vermieten würde; aber wir irrten: Auf Capri mochten uns alle und gaben günstige Auskünfte über uns.

Von dem schönen Haus in der Via Tragara wollten wir Abschied nehmen. Gerade an dem Tag hatte Pablo ein langes Gedicht auf China für sein ständig wachsendes Buch «Die Trauben und der Wind» vollendet.

Es gab viel Grund zum Feiern. Wir telefonierten nach Neapel, mit unserer Freundin Sara Alicatta, wir wünschten, daß viele Freunde kämen.

Pablos Schreibtisch nahmen wir heraus, um das Eßzimmer zu vergrößern. Seine Papiere blieben irgendwo. Olivito erledigte alles. Ich erinnere mich, einen Papierkorb gesehen zu haben, der unter Pablos Schreibtisch stand und voller Hefte war. Ich maß ihm keinerlei Bedeutung bei.

Es war ein Treffen mit Freunden, aber jeden Augenblick nahm die Zahl der Gäste zu. Olivito mit ihrem Gang wie auf Rädchen wurde mit allem fertig. Am festgesetzten Tag herrschte in unserem Haus fröhliches Treiben. Da waren Filmschaffende, Maler, Schriftsteller, Theaterleute. Unser Essen fanden sie exotisch. Die Platten mit *empanadas** (die köstlich waren) kamen laufend aus der Küche, wo drei Personen buken, und sie schafften es doch nicht, alle wollten mehr und mehr davon.

Bei seinen Festen wußte Pablo eine Phantasie zu entfalten, wie das nur er konnte. Immer gab es große Verbrüderungen, lebhaftes Hin und Her, Frohsinn. Unser Abschied von der «Cassetta d'Arturo» war ein Erfolg.

Um zum normalen Leben zurückzukehren, hielten wir uns nach dem Fest den ganzen Tag auf Anacapri auf und ließen Olivito mit der Unordnung allein.

* Fleischpasteten.

Anderntags setzte sich Pablo an seinen Schreibtisch, um zu arbeiten. Er fand seine Papiere nicht. Ich sagte: «Irgendwo werden sie sein, alles hat den Platz gewechselt.» Wir drei machten uns auf die Suche, die Papiere tauchten nicht auf, und am Abend gaben wir allmählich die Hoffnung auf, sie zu finden, das ganze sehr lange und sehr schöne Kapitel über China war weg. Zum Glück hatte sich «Der unsichtbare Mensch» zwischen ein paar Bücher geschmuggelt. Das Original von «Ein blauer Tag» war verschwunden, aber er besaß eine Kopie. Pablo war untröstlich, es war ein langes Gedicht, unmöglich, es neu zu schreiben, ich fühlte mich schuldig, nicht auf seine Arbeiten geachtet zu haben, es war mein erster schwerer Fehler in diesem Zusammenleben, das vollkommen zu machen ich mir die größte Mühe gab.

Wir hatten die Hoffnung verloren, sie zu finden, und ich schlug Pablo vor, sie noch einmal zu schreiben.

«Es wird etwas anderes werden», sagte er, «ich kann ein Gedicht nicht zweimal schreiben.»

Ich erinnerte mich an einige Verse, die mich sehr beeindruckt hatten, es waren wenige, aber ich erinnerte mich, wie sie aufgebaut waren.

«Ich werde dir das Gedicht erzählen», sagte ich. «So kannst du es schreiben.»

Das amüsierte ihn, und er sagte: «Das ist doch Unsinn, aber vielleicht kommt was dabei heraus. Erzähl es mir!»

Viele Tage vergingen, und als wir überzeugt waren, daß sie nicht auftauchen würden und daß Olivito sie mit dem Abfall vom Fest auf den Müll geworfen hatte, schrieb Pablo es neu, aber immer fragten wir uns: Wie war das andere?

Wir gaben die «Cassetta d'Arturo» unserm Wohltäter und Freund Cerio zurück und zogen in das Haus in der Gli-Campi-Straße, das wir vom ersten Tag an heiß liebten. Wir hatten gedacht, unser Leben würde geruhsam und friedlich wie bisher verlaufen, aber wir irrten. Nach einem Monat kam endgültig der Sommer. Wie durch Zauberhand veränderte Capri sein Gesicht, es bevölkerte sich mit Touristen, der Lärm schwoll an. Die Burschen, die uns unsere Bestellungen brachten und mit uns über tausend Dinge schwatzten, hatten es jetzt sehr eilig; alles war fieberhafte Geschäftigkeit: verkaufen, verkaufen.

Und fast keiner betrachtete diese duftende Insel; überall Blumen, dazu eine Sonne, die sie in blaue Reinheit tauchte, eine immer klare, leichte Luft. Alle Tage zogen wir aus und wanderten, stets bis ans andere Ende, pflückten Blumen, sammelten Samen. Aber selbst das wurde schwierig, die Touristen fragten, was es auf der Insel zu sehen gäbe, und zu unserem Schrecken stellten wir fest, daß ihnen gesagt wurde, auf der Insel hielte sich ein sehr berühmter chilenischer Dichter auf. Sie kamen in unser Haus, unterbrachen unsere Spaziergänge, wir fühlten uns mehr und mehr belagert. Diese wundervolle Insel war nicht wiederzuerkennen, jener Friede, in dem wir gelebt hatten, war dahin, wir mußten das schöne Haus, das uns so gut gefiel, und unsere Olivito, die uns fürsorglich betreute, verlassen.

Wir gingen nach Ischia, um zu sehen, ob es dort eine Zuflucht gab, zum Wohnen gefiel es uns nicht. Aber dort zeigten sie uns einen kleinen Winkel, Sant'Àngelo, einem kleinen Fischerhafen ähnlich. Direkt am Meeresufer lag ein kleines Hotel. Wir beschlossen, dieses Fleckchen zu wählen, wo keine Touristen hinkamen.

Unser Aufenthalt auf der Insel Capri, die wir lieben gelernt hatten und deren Andenken sich durch unser ganzes Leben ziehen würde, war zu Ende. In der Erinnerung werden wir noch einmal seine Straßen, sein ruhiges Meer, die Großmut seiner Menschen erleben, dieses Leben eines Dörfchens im Winter. Und wir werden uns auch an den Einbruch des Sommers erinnern, an den Strand voll Lärm, lebhafter Farben, exzentrischer Gestalten, die in gewagter Kleidung wetteiferten. Das alles schuf eine Atmosphäre größter Lebenslust, Freude, Schönheit.

Wir nahmen Abschied von Capri, von allem, was es für uns bedeutet hatte. Wir sagten unseren Freunden, sagten Cerio Lebewohl. In jenen Tagen hatten wir an seiner Hochzeit teilgenommen, er war etwa achtzig Jahre alt und heiratete seine sehr junge Sekretärin. Ich glaube, daß sie ihn liebte. Er war so schön, so klug, wo immer er erschien, lenkte er die Aufmerksamkeit auf sich, immer weißgekleidet, von imposanter Figur.

Allen sagten wir auf Wiedersehen. Unsere Olivito weinte, ich glaube, innerlich weinte ich auch. Vom Deck des Schiffes aus sahen wir sie mit erhobener Hand, bis sie nur noch ein kleiner schwarzer Punkt war.

Auf Capri bietet sich alles großzügig dar, die Gefühle, die Liebe, die Sonne, die Blumen, die Natur. Wir sagten dieser Insel, auf der Pablo so viele Gedichte geschrieben hatte, Lebewohl. Oft lese ich Abhandlungen darüber, und ihre Verfasser glauben häufig, wenn sich Pablo auf die Insel Capri bezieht, Isla Negra sei gemeint. Unser Aufenthalt auf Capri blieb lange Jahre unser Geheimnis. Heute hat die Geheimhaltung keinen Sinn mehr.

Es ist unglaublich, wie die Geschehnisse im Laufe der Zeit andere Dimensionen gewinnen. Alles ändert sich, alles verwandelt sich.

Pablos Aufenthalt auf Capri war fruchtbar, nicht einen einzigen Tag verbrachte er, ohne zu arbeiten. Dort vollendete er «Die Verse des Kapitäns», die er im August 1951 in Bukarest begonnen und in der Transsibirischen Eisenbahn, in China, Prag, Wien und in der Schweiz fortgeführt hatte. Während unseres Aufenthalts auf Capri schrieb er «Dein Lachen», «Die Nacht auf der Insel», «Der Wind auf der Insel», «Deine Hände», «Du kamst», «Der gestohlene Zweig», «Schöne», «Kleines Amerika» und «Ode und frisches Keimen».

Darüber hinaus schrieb er viele Gedichte, die einen Teil von «Die Trauben und der Wind» bilden, unter anderem «Die Sirene kehrte zurück», «Die Trauben Europas» und «Die Reisende von Capri».

In Sant'Àngelo lag unser kleines bescheidenes Hotel wie angenagelt an die Spitze eines Felsmassivs am Meer. Gleich am Tag unserer Ankunft machten wir uns auf, das Leben der Fischer kennenzulernen. Gegen Abend sahen wir sie mit ihren Booten ausfahren, ins Meer vordringen, und nachts erkannten wir in weiter Ferne ein paar Lichtchen, die sich hoben und senkten. Im Morgengrauen kamen die Frauen mit Körben. Langsam näherten sich die Boote dem Strand. Wir sahen Tassen mit dampfendem Kaffee, den die Männer tranken, während die harte Arbeit ihren Fortgang nahm. Männer, Frauen, Kinder, alle holten die Netze ein. Am ersten Tag eilten wir herbei, um Tonnen von zappelnden Fischen anzuschauen, aber groß war unsere Enttäuschung, als die riesigen Netze an Land gezogen waren: Nur ein paar Fische hatten diese Männer gefangen, die die ganze Nacht auf dem Meer zugebracht hatten.

Schon nach wenigen Tagen kannten wir alle, kannten wir ihre Frauen, ihre Kinder.

In Sant'Àngelo gibt es kleine, sehr flache Strände. Dort merkte ich, daß Pablo nicht schwimmen konnte. Ich war sehr froh über diese Entdeckung: Endlich konnte ich ihm etwas zeigen! Nachmittags gingen wir an einen Strand in der Nähe warmer Quellen, der einer Lagune glich. Dort lernte er zuerst, sich treiben zu lassen, und dann schwamm er neben mir her; ich mußte wachsam sein, denn er mogelte, indem er mit einem Fuß den Boden berührte und dabei zu schwimmen vorgab. Von Natur aus träge, mochte er keine körperlichen Übungen, aber Schwimmen machte ihm Spaß; als ihm die ersten Schwimmstöße gelangen, war er glücklich. Und wir gingen schwimmen, ohne auch nur einen Tag auszulassen.

In dieser Ruhe, in diesem Fischerdorf, erreichte uns eine Nachricht: Pablo durfte Chile betreten, sollte zurückkehren, der Tyrann befand sich im letzten Jahr seines Mandats, und seine Verfolgungskraft hatte sich erschöpft. Pablo bekam eine Einladung zu einem Schriftstellerkongreß in Deutschland und sollte hinfahren. Wir machten einen Plan. Pablo würde nach Deutschland reisen, zurückkommen, und gemeinsam würden wir nach Genf fahren, um unsere Reise nach Chile zu regeln. Wir würden, so schnell wir könnten, reisen. Ich würde mit ihm nach Rom fahren, damit unsere Trennung möglichst kurz wäre.

Aber dieses so gut geplante Programm mußte geändert werden. Wir hatten im Hotel mitgeteilt, daß wir nach Rom fahren und zurückkehren würden, und gebeten, das Zimmer für uns freizuhalten, da wir nur eine Nacht weg wären. Am Tag unserer Abreise gingen wir zum Strand, und als wir zurückkamen, sagte uns die Hotelbesitzerin, daß welche von der Polizei nach Pablo gefragt hätten.

«Wir müssen unsere ganze Reise ändern», sagte Pablo. «Wenn ich nach Deutschland ausreise, lassen sie mich nicht wieder nach Italien hinein, da bin ich sicher. Du mußt alles allein machen. Du gehst nach Capri Geld umtauschen.» Für uns waren ein paar Schecks angekommen, und dort kannten uns alle. «Sie müssen dir Dollars geben. Dann fährst du nach Neapel, nach Rom, und wir treffen uns in Genf, dort regeln wir unsere Reise nach Chile, wir werden ein Schiff nehmen. Wir bleiben in Verbindung.»

Und da, auf einem Blatt Papier, stand unser Plan. Leicht zu schreiben, aber wie schwer durchzuführen!

In meinem Tagebuch steht zu dieser Reise nach Genf über Neapel und Rom das Wort «katastrophal».

Pablo fuhr mit dem Bus nach Ischia, von dort würde er das kleine Schiff nach Neapel nehmen. Ich brachte ihn zum Bus. Beim Einsteigen sagte er zu mir: «Ich glaube, unsere Reisevorbereitung ist schon bekannt, mir ist so, als folge mir ein Polizist.» Ich dachte, das könne nicht möglich sein. Pablo fuhr fort: «Sobald der Bus losfährt, steige ich aus, und wenn jemand mit mir aussteigt, ist das der, der mir folgt.»

So machte er es. Sobald er abgesprungen war, folgte ihm ein junger Mann. Pablo ging auf mich zu, als wollte er mir etwas sagen, und genau in dem Augenblick, als sich der Bus in Bewegung setzte, sprang er auf. Der junge Mann stieg hinter ihm ein: Pablo fuhr unter Bewachung. Mein Tagebuch erinnert daran mit einem einzigen Satz: «Polizei. Ach, die Polizei, wie unnütz und unaufmerksam sie ist!»

Wir hatten viele Sachen gekauft, um unsere Häuser auf Capri zu schmücken, so daß es nun vierzehn Gepäckstücke geworden waren. Pablo trug nur ein kleines mit dem Nötigsten bei sich. Ich mußte mit dem Schiff nach Neapel, von dort nach Rom und weiter nach Genf reisen. Außerdem mit meinem Hund, der, an viel Platz gewöhnt, schrecklich lebhaft war. Ich wußte nicht, wie ich ihn im Zug bändigen sollte.

In Europa reist niemand mit vierzehn Gepäckstücken und obendrein einem Hund. Allein in Sant'Àngelo, die ärmlichen Häuser und das Meer betrachtend, machte ich mir einen Reiseplan. Zuerst würde ich nach Capri fahren, um Geld zu tauschen, zudem wollte ich mich von allen meinen Freunden verabschieden. Täglich lief in aller Frühe eine Barkasse aus, die am Abend zurückkehrte; ohne vorher jemand etwas zu sagen, bestieg ich diese Barkasse. Ich verbrachte einen sehr schönen Tag auf Capri, nahm von jedem Ort Abschied. Der Traum war zu Ende, jetzt war ich wie immer allein. Mein ganzes Leben lang würde ich den auf dieser Insel verbrachten Monaten nachtrauern.

Am Abend kehrte ich mit derselben Barkasse zurück, aber das Wetter war umgeschlagen, und hohe Wellen türmten sich auf, die Gesichter der Schiffsbesatzung drückten Bedenken aus. Die Barkasse war sehr leicht, wir waren nur acht Personen, die nach Sant'Àngelo zurück wollten. Bald durchnäßten uns die Wellen, eine große Plane wurde über uns gezogen, das Wasser bespritzte uns von allen Seiten; ab und zu hörte man unter dem Schiff dumpfe Schläge, die uns Angst einjagten. Würden wir ankommen?

Wir schwiegen, dic Besatzung fluchte, um sich Luft zu machen. Wir versuchten in gespannter Haltung, die drohende Finsternis mit den Augen zu durchdringen. Plötzlich richtete sich vor uns ein Gebirge aus Wasser auf, und als wir glaubten, es würde uns verschlingen, hob uns diese Masse hoch und ließ uns mit einem harten Schlag fallen, den wir bis ins Innerste spürten. Wir fuhren weiter, die ganze Zeit von hartnäckigem Regen und von den Wellen bespritzt. Bald gab man uns allen Töpfe und Eimer, um das Wasser auszuschöpfen, das sich auf dem Boden des Schiffes in beunruhigender Menge angesammelt hatte. Das half uns, warm zu werden. Uns war sehr kalt in den durchnäßten Kleidern und vor allem infolge der Angst. Wir alle hatten große Angst. Und die eigentlich nur ein paar Stunden dauernde Fahrt zog sich dic ganze Nacht hin, sie war wie ein sehr langer Todeskampf. Beim ersten Schimmer der Morgendämmerung erreichten wir Sant'Àngelo. Vom Ufer aus sahen wir das Hotel. Seltsam, alles war erleuchtet!

Nie wäre ich auf den Gedanken gekommen, daß ich die Ursache des Aufgebots war. Die Polizei hatte sich eingefunden, um mit mir zu sprechen, und ich war verschwunden, ohne zu sagen, wohin und ob ich zurückkäme. Die Frau mußte sehr gefährlich sein, dieser *pesce grosso comunista*. Wohin hatte er sich gewandt? Was für eine Verabredung hatte er auf Capri und mit wem? Alle diese Fragen hatten sie den Hotelbesitzern gestellt, die ganz erschrocken antworteten: «Sie muß zurückkommen, weil sie ihren Hund abgöttisch liebt, und der ist hier.» Auch ich war erschrocken, aber deshalb, weil ich die ganze Nacht auf diesem tobenden Meer gewesen war, das wie durch ein Wunder unsere so wehrlose, kleine, leichte Barkasse nicht zum Kentern gebracht hatte.

Ich wollte schnell in mein Zimmer hinauf, um mich warm anzuziehen, als die Polizisten an mich herantraten. «Ich beantworte keine Frage», sagte ich, «solange ich nicht dazu in der Lage bin. Ich muß mich umziehen und werde herunterkommen, um, wenn möglich, eine Tasse recht heißen Kaffee mit Ihnen zu trinken.» Das letzte sagte ich zu der Hotelbesitzerin, die bisher meine Freundin gewesen war und mich jetzt fragend anblickte. Auch sie verstand nichts, und liebenswürdig sagte sie: «Ich werde welchen kochen, Signora.»

Ich zog mich um und ging hinunter. Ich war weder müde noch erschöpft. Ich war wütend. Auch mein Hund tat seine Mißbilligung kund, er bellte sie an, er mochte sie nicht.

Wir setzten uns an ein Fenster, ich dachte an Pablo, was für einen schweren Packen hatte er mir auf die Schultern geladen, und wie wenig war ich gerüstet, ihn zu tragen! Bevor sie etwas fragten, fragte ich sie: «Sagen Sie, müssen die Touristen in diesem Land die Polizei benachrichtigen, wenn sie sich von einer Stadt zur andern bewegen? Auf Capri, wo wir lange wohnten, fragte ich, ob ich dazu verpflichtet sei, wegen der Situation Pablo Nerudas, und sie sagten uns, wir könnten gehen, wohin immer wir wünschten. Warum jetzt dieser Aufruhr?»

«Wir wollten uns nach Signore Pablo Neruda erkundigen. Wo ist er?» antworteten sie.

«Pablo hat vor zwei Tagen Italien verlassen, und wenn Sie Einzelheiten wissen wollen, fragen Sie den Polizisten, der mit ihm in den Bus gestiegen ist und der ihn bis zur Grenze begleitet haben muß. Ich reise morgen aus diesem Land ab und werde der ganzen Welt berichten, daß der Faschismus hier noch immer lebendig ist.»

«Signora, Sie dürfen nicht von Faschismus sprechen, Sie wissen nicht, was das ist.»

«Doch, ich kenne ihn, denn gerade eben erlebe ich ihn. Nach einer Nacht, in der wir glaubten, das Meer würde uns verschlingen, kam ich hier an, durchnäßt, zitternd vor Angst und Kälte, und statt mich ins Bett zu legen, mußte ich mit nassen Haaren herunterkommen, um mit Ihnen zu sprechen. Sie haben mich dazu gezwungen, hat das nicht auch der Faschismus getan?»

Die Polizisten waren sehr jung, sie begriffen, daß sie sich mit dieser wütenden Frau nicht unterhalten konnten, und gingen sehr liebenswürdig, sehr höflich fort. Ich war gespannt. Was tun? Mit meinem Hund zog ich mich aufs Zimmer zurück. Ich hatte ein Telegramm von Pablo erhalten. Auf meinem Nachttisch sah ich «Die Verse des Kapitäns». Auf dem Schutzumschlag das Medusenhaupt. Ich öffnete das Buch aufs Geratewohl und las:

Jetzt aber an meiner Seite
du siehst, daß mit mir das Leben geht
und der Tod weit hinten liegt.
Nun kannst du nicht mehr tanzen
mit deinem Kleid aus Seide im Saal.
Du wirst deine Schuhe zerschleißen,
doch wirst du auf dem Wege wachsen.
Du wirst gehen müssen über Dornen
und kleine Blutstropfen lassen.
Küß mich noch einmal, Liebste.
Reinige mir das Gewehr, Gefährtin.

Ich begann zu verstehen. Ich telefonierte mit meinen Freunden in Neapel, sprach mit ihnen über mein Reiseproblem und über meine vierzehn Gepäckstücke. Sara sagte laut lachend: «Mal sehen, was sich machen läßt. Morgen erwarten wir dich.» In aller Frühe sollte ich nach Neapel fahren und noch am selben Tag nach Rom weiterreisen. Ich mußte Bescheinigungen für meinen Hund besorgen, um ihn auf das Schiff nach Chile mitzunehmen. Ich bat sie, mir ein Zimmer im Hotel D'Inghilterra reservieren zu lassen, wenigstens dort kannten sie mich, und sollte die Polizei nach mir suchen, würden sie sich nicht wundern.

Ich nahm Abschied von Sant'Àngelo, von seinen Fischern, von seinen einfachen Menschen, von den Hotelbesitzern, die mich sehr gern hatten, die sich aber bestimmt freuten, daß dieses konfliktreiche Paar verschwand. Niemand wünschte Komplikationen.

Ich traf in Neapel ein. Sara hatte schon fast alles für den Transport meines Gepäcks zum Bahnhof geregelt. Ich wollte am selben Tag nach Rom weiterreisen. Das war sehr kompliziert. Ich bat sie, meinen Freunden Paolo Ricci, Piera, seiner Frau, Mario Alicatta und vielen anderen von mir Lebewohl zu sagen.

Als ich in den Zug stieg, sagte Sara: «Dir wird nichts passieren, weil du überwacht wirst. Zwei Polizisten folgen dir.» In meinem Gesicht muß sich Schrecken widergespiegelt haben, und als ich sagte: «Denken sie denn, ich bin Kommunistin?», konnte sich meine gute Freundin nicht halten vor Lachen. «Du bist so kommunistisch wie ein Neugeborenes», sagte sie. «Aber sie wissen das nicht. Es ist besser, daß sie dich für den *pesce grosso comunista* halten, so respektieren sie dich mehr.»

Der Zug fuhr ab, ich saß auf meinem Platz wie angenagelt, die beiden Polizisten hatten in meinem Abteil Platz genommen. Als ich aufstand, um den Gang entlang zu spazieren, gingen auch sie hinaus. Ekelhaft! Und wie lange wird diese Reise dauern!

Etwas später beruhigte ich mich, sah die Jungen an, sie waren fröhlich, boten mir etwas zu trinken an, was ich nicht ablehnte. Sie streichelten meinen Hund, und wir kamen ins Gespräch. Ich erzählte ihnen ganz harmlos von meinen vierzehn Gepäckstücken, die ich im Gepäckwagen hatte. «Wir werden Ihnen helfen», sagten sie, was ich sofort gern annahm. Und von diesem Augenblick an waren sie meine Schutzengel. In Rom stiegen sie aus, sprachen mit dem für das Gepäck Zuständigen, stapelten es in zwei riesige Mietkarren, und ohne irgendwelche Schwierigkeiten war ich im Nu im Hotel D'Inghilterra untergebracht.

Ich dachte, daß es nicht so schlecht war, überwacht zu werden. Gern kam ich in dieses Hotel, wo sie Pablo kannten und mochten und wo ich, seine chilenische Freundin, mit ihrem Willkommenslächeln rechnen konnte.

Nicht ohne eine gewisse Scheu rief ich meine Freundin Dora an, die mir herzlich wie immer antwortete. Ich fragte sie, ob ihr in jener Nacht, als sie mit mir gegessen und mich am Bahnhof abgesetzt hatte, irgendwelche Unannehmlichkeiten entstanden waren. «Ich hatte welche», sagte sie, «und zwar große. Nach wenigen Tagen kamen sie in die Pension und behaupteten, du hättest hier geschlafen. Die Bámbola war sehr erschrocken. Ich erzählte ihnen, daß ich mit dir gegessen und dich am Bahnhof abgesetzt habe, daß du aber das Haus nicht betreten hast. Diese Wahrheit war anscheinend völlig absurd, und sie glaubten mir nicht. Danach ließen sie uns in Ruhe.» Traurig verzichtete ich darauf, sie zu sehen. Ich sagte ihr: «Zur Zeit folgt mir die Polizei, ich kann mich nicht mit dir treffen, ich befinde mich bereits auf dem Weg nach Chile. Bevor ich wegfahre, rufe ich dich noch einmal an.» Ich war in den Untergrund getaucht, ohne etwas zu begreifen.

Damals litt Rom gerade unter der seit vielen Jahren größten Hitze, am Tage konnte man nicht ausgehen, heiße Luft geißelte das Gesicht und verbrannte es fast. Die Menschen bekamen auf der Straße einen Sonnenstich und fielen um. Ich holte die zahllosen Papiere ein, um meinen Hund an Bord nehmen zu können. Als ich schon alle Impfzeugnisse zusammen hatte, sagte mir jemand, das Konsulat müßte den Sichtvermerk geben. Ich ging zu Gabriela Mistral, die Konsulin in Rom war; vor kurzem fand ich in meinen Papieren einen von Lucila Godoy unterzeichneten Sichtvermerk, er ist das Visum meines Hundes Nyon für Chile. Sie sagte überrascht: «So was habe ich nie gemacht; ich weiß nicht einmal, wieviel für dieses Visum verlangt wird. Lassen Sie auf alle Fälle Ihre chilenische Adresse hier, damit Ihnen etwas berechnet werden kann, falls es etwas kostet.»

Das alles, was für mich sehr ernst war, brachte Pablo tagelang immer wieder zum Lachen. «Ein Visum für einen Hund!» rief er. «Und warum keinen Paß?»

Und diese Gabriela, die nicht wußte, ob Kosten zu berechnen waren oder nicht! Mir kam es auch sehr komisch vor, aber ich wollte mich nicht bloßstellen.

Freilich forderten sie auf dem Schiff kein Papier für den Hund, sie betrachteten ihn als weiteres Gepäckstück und steckten ihn in eine Art großen Käfig, der auf dem Oberdeck stand.

12

Rückkehr nach Chile mit der «Giulio Cesare»

Endlich war ich mit den Formalitäten fertig, und der ersehnte Tag war da: Meine Reise nach Genf. Dort würde mich Pablo erwarten, wir würden wieder zusammen sein. Wie lang war mir diese Trennung vorgekommen! Die Tage ohne ihn waren so leer.

Wegen der vielen Gepäckstücke mußte ich mit dem Zug fahren. Telefonisch verabschiedete ich mich von meinen Freundinnen. «Eines Tages sehen wir uns in Mexiko wieder», sagte ich, «und dann lachen wir uns tot über diese blödsinnige Situation.»

In meinem Notizbuch steht: «Wie häßlich ist die Welt, wenn man sie, von Polizisten umzingelt, sieht, die als einfache Bürger verkleidet sind. Man fühlt sich unsicher, es ist, als folgte dir überallhin eine riesige Klaue. Wie häßlich, das alles zu erleben!»

In Rom hatte ich viele Freunde, die sich um mich sorgten. Ich wußte, daß mir nichts sehr Schlimmes passieren konnte, aber ich war unruhig, und es war eine große Freude für mich, Italien zu verlassen. Ich würde mein ganzes Leben an dieses Land denken, die Monate auf Capri werden die schönste Erinnerung bleiben.

Ich sah meinen Freund, den Telegrafisten, wieder, wir waren bereits dicke Freunde. Ihn in jener Nacht gefunden zu haben war für mich wie ein Wunder gewesen; bewegt verabschiedete er sich von dieser jetzt fröhlichen vagabundierenden Chilenin, die er halbtot vor Kälte und Verlassenheit kennengelernt hatte. Der herzliche Abschied ist mir unvergeßlich.

Am nächsten Tag würde ich Pablo sehen, allein dieser Gedanke machte mich zur glücklichsten Frau der Welt, er beschwingte meine Schritte. Mit unglaublicher Leichtigkeit erledigte ich das mit dem Gepäck: Ich sagte, ich sei Vertreterin einer Theatertruppe. Mein Nyon war unruhig, er mochte die Eisenbahn nicht, der Tierarzt gab ihm eine kleine Schlaftablette. Während der ganzen Fahrt schlief er tief und ganz ruhig an meiner Seite.

Pablo hatte darauf bestanden, daß ich diesen Zug nähme. Ich überlegte, ob ich die Hoteladresse, die er mir am Telefon gegeben hatte, richtig notiert hatte. Meine Unruhe grenzte schon an Verzweiflung. Ich schaute auf die Uhr, und mir schien, sie ging nicht. Auf dieser langen Fahrt bewegte ich mich nicht aus dem Abteil, mein Hund schlief friedlich; ich wollte lesen und konnte nicht. Meine Gedanken flogen zu Pablo, ich war schon bei ihm. Welche Sehnsucht! In meinem Tagebuch steht: «Das Erwarten des geliebten Wesens ist ein einzigartiges Gefühl, eine Mischung von Lust und Angst, es ist wie ein süßsaurer Trank.»

Wir kamen an, der Zug fuhr in den Bahnhof ein, ich lehnte mich aus dem Fenster und hörte seinen Pfiff, einen Pfiff, der dem Gesang des Turpials ähnelt, des im äußersten Süden beheimateten chilenischen Vogels. Wir hatten versucht, ihn nachzuahmen, es ist ein Pfiff aus fünf verschiedenen Tönen, die von oben nach unten perlen. Er nützte uns sehr, um uns zu finden, wenn wir uns nicht sahen, wie das jetzt der Fall war in diesem von Menschen wimmelnden Bahnhof. Ich antwortete auf seinen Pfiff und hörte ihn wieder, ohne etwas zu sehen. Aber ich wußte ja, daß er auf dem Bahnsteig war. Kurz darauf sah ich fern in der Menge eine geliebte Hand, die einen winzigen Blumenstrauß hochhielt. Wie lange dauerte es, diesen Zug zu verlassen und in seine Arme zu sinken!

Nyon bellte und sprang um uns herum, auch er wollte von seinem Herrn begrüßt werden. Für uns aber verschwand die Welt, mit großer Mühe kamen wir wieder auf die Erde, und der arme Nyon mußte warten.

Wir fuhren in ein Hotel, das Pablo kannte, wir waren wieder in der Schweiz, dem Land, das wir so sehr liebten. Vor lauter Wonne war meine Müdigkeit verflogen, ich schwamm neuerlich in Sicherheit.

Wir gingen in ein kleines Restaurant essen. Pablo brannte vor Neugier auf die Abenteuer meiner Reise. Ich erzählte ihm von meiner ereignisreichen Fahrt nach Capri und dem Sturm auf dem Meer und vor allem von meiner Ankunft, meiner Bestürzung, als Verbrecher betrachtet und behandelt zu werden, von dem, was diese beharrliche Polizei angestellt hatte, um mir in alle Städte zu folgen – vergebens. Pablo lachte über meine Empörung, er hatte all das hinter sich, was ich erst kennenzulernen begann.

«Als ich nach Spanien kam, vor dem Krieg», erzählte er, «hielten sie mich schon für einen Kommunisten, weil ich Freunde hatte, die es waren, denn ich kämpfte auf ihrer Seite, indem ich gegen alles schrieb und protestierte, was wir ungerecht und grausam fanden. Dann war Krieg, und ich sah, daß es die Kommunisten waren, die versuchten, in dieses Chaos von Bürgerkrieg Ordnung zu bringen; sie waren die Menschlichsten innerhalb der Entmenschlichung, die ein Krieg bedeutet.»

Weiter erzählte er, wie er nach diesem schrecklichen Erlebnis, das der spanische Krieg für ihn war, nach Chile kam und fortfuhr zu kämpfen, indem er über das schrieb, was er in Spanien gesehen hatte. Schon war er als der größte Kommunist registriert, und er dachte: Wenn das Aufdecken von Ungerechtigkeiten und der Protest dagegen bedeutet, Kommunist zu sein, meinetwegen; und er trat in die Partei ein. Immer war er Kommunist, und ich glaube, ein guter. Er konnte nicht anders, die Leiden der anderen schmerzten ihn zu sehr. Solange er lebte, stellte er seine Feder und sein Leben in den Dienst des Volkes.

Alle diese Erinnerungen überschatteten keineswegs unser Essen, an allem fanden wir eine spaßige Seite. Pablo lachte Tränen darüber, daß mich die italienische Polizei verfolgte, wo er mich doch als die politisch dümmste Frau einstufte, die er je kennengelernt hatte. Aber ich war seine Geliebte, und von da an sollte ich stets die Schwierigkeiten seines Lebens miterleiden.

In seinem Gedicht «Die Liebe des Soldaten» aus dem Buch «Die Verse des Kapitäns» hatte er geschrieben:

Du wirst die Schuhe zerschleißen,
doch wirst du auf dem Wege wachsen.

Du wirst gehen müssen über Dornen
und kleine Blutstropfen lassen.

Küß mich noch einmal, Liebste.

Reinige mir das Gewehr, Gefährtin.

Vergnügt und glücklich streiften wir in dieser Nacht durch Genf, eine Stadt, in der alles früh schließt. Unsere Liebe war groß, sehr groß. Merkten die Leute, wenn sie uns ansahen, daß wir diesen Schatz in uns trugen?

Anderntags gingen wir in aller Frühe zum Reisebüro. Wir wollten mit dem Schiff nach Chile fahren, seit langem träumten wir von dieser Reise. Die Schiffskarten waren für uns sehr teuer. Der Augenblick war gekommen, die Rechnung aufzustellen. Wir buchten zweiter Klasse auf der «Giulio Cesare», aber das Schiff ging erst in zwei Wochen von Cannes ab, wo wir uns an Bord begeben mußten.

Wir beschlossen, eine Unterkunft außerhalb von Genf zu suchen. Ich sagte: «Und wenn wir nach Nyon gingen?»

Er überlegte lange und sagte dann: «An diese Erinnerung dürfen wir nie wieder rühren, es war dort so wunderbar.»

Er hatte recht, völlig recht. Dieser Aufenthalt war in unserer Vorstellung sicher noch idealer geworden; man könnte ihn nicht noch einmal erleben.

Am nächsten Tag trafen wir ein paar Freunde, unter ihnen einen jungen Dichter, einen der Bewunderer Pablos, der von unserer Ankunft erfahren hatte. Wir erzählten ihm von unserm Problem: einen billigen, schönen, ruhigen Ort ganz in der Nähe von Genf zu finden.

«Vézenas», sagte er sofort. «Machen wir uns gleich auf, es wird euch sehr gefallen.»

Wir fuhren mit einer Straßenbahn, die in ein paar Minuten dort war. (Wenn man einen schönen Platz sucht, muß man einen Dichter fragen.) Der Ort war unbeschreiblich, man hätte nie geglaubt, daß es so nahe von Genf so etwas gab, ganz ländlich, mit kleinen Häuschen.

Unser Freund war in einer Pension bekannt, wir hatten Glück, sie hatten ein sehr schönes großes Zimmer im zweiten Stock frei, mit einem Fenster, das auf einen ungepflegten, verwilderten Garten ging. Sofort richteten wir uns ein. Wir strahlten, allein da oben, in diesem ländlichen Haus, mit seiner aufmerksamen, kühlen, immer beschäftigten Wirtin, die uns aber am zweiten Tag anlächelte und sich am dritten in ein Gespräch mit uns einließ, um ein paar Minuten ihrer kostbaren Zeit mit diesen Südamerikanern zu verlieren, die sie sehr amüsierten. Unser Zimmer war mit farbigen Tapeten, mit Blumen und Zweigen geschmückt.

Am Nachmittag bellte unser Hund laut im Garten. Wir sahen nach dem Rechten, und vor unsern Augen zogen Tierchen vorbei, wie langgestreckte Igel mit ganz kurzen Beinchen; am meisten überraschte uns, daß sie den Garten in tadelloser Reihe durchquerten. Diese Tierchen wurden unser liebster Zeitvertreib.

An einigen Tagen fuhren wir nach Genf und nahmen unsern Hund Nyon mit; es belustigte uns, daß wir, wenn wir in eine Straßenbahn stiegen, für ihn ein halbes Billett bezahlen mußten, ebenso, wenn wir ins Kino gingen. In den Restaurants pflegen sie den Hunden besondere Gerichte zu fressen zu geben. Es ist großartig, in einem zivilisierten Land wie der Schweiz zu leben, wir werden es nie vergessen.

Mit der Zeit fuhren wir seltener nach Genf. Durch Vézenas zu laufen schien uns viel interessanter, wir wanderten durch seine schöne ländliche Umgebung. Dieser kleine Winkel wird uns auch so in Erinnerung bleiben, wie wir ihn im Jahr 1952 erlebten. Wir wollten ihn nie wiedersehen.

Der Tag unserer Abreise nach Cannes kam heran, wo wir uns nach Chile einschiffen würden. Der Gedanke an diese Reise bezauberte mich, aber ich muß gestehen, daß ich der Ankunft in Chile wie einer unermeßlichen Unbekannten meines Glücks entgegensah. Was würde geschehen? Besser nicht daran denken! Wir nahmen von dem ländlichen Ort Abschied.

Am Nachmittag wusch und bügelte ich, das alles konnte man in der Pension machen. Es war heiß. Pablo neben mir schrieb. Endlich war ich mit allem fertig: die Wäsche sauber für unsere Reise, meine Koffer gepackt; und Pablo, immer der Barmixer der Familie, hatte für mich ein frisches, von ihm erfundenes Getränk, dem er beigab, was er fand. Wir setzten uns. Er hielt ein Geschenk für mich bereit, seine «Ode an eine Uhr in der Nacht».

Wir trafen in Cannes in einem Hotel ein, das in der Nähe des Büros der Schiffahrtsgesellschaft lag. Pablo sagte: «Wir haben nur eine Nacht in Cannes. Ich möchte, daß wir in Vallauris, Picassos Dorf, essen gehen, das in mir so viele Erinnerungen weckt. Als Ausgewiesener kam ich her, und Picasso war mir wie ein Bruder.»

Ich war sehr erschöpft, aber wie sich diesem Sturzbach von Energie, der Pablo war, entziehen?

Wir sind in Vallauris, in einem kleinen Restaurant, und ich sage zu Pablo: «Eben erinnere ich mich an zwei Anekdoten, die mir Paul Éluard erzählte, als ich ihn in Paris traf.»

«Welche?» fragt er neugierig.

«Du und Picasso, ihr wart hier in Vallauris bei irgendeinem Wohltätigkeitsessen, ihr fandet es sehr lästig, daß die Leute euch um Autogramme baten, und da sagtest du zu Picasso: ‹Unterschreib du mit Neruda, ich unterschreibe mit Picasso, ich garantiere dir, daß keiner etwas merkt.› Von diesem Augenblick an lachtet ihr wie Buben, die einen Streich spielen. Keinem fiel der Unterschriftentausch auf. Er erzählte mir auch, daß ihr eines Tages ganz heimlich in ein Restaurant gingt; gerade, als sie euch ein Huhn brachten, erschien, keiner wußte, woher, ein Fotograf, knipste und verschwand sofort. Picasso stand empört auf, du aber nahmst ihn am Arm und sagtest: ‹Setz dich, er wollte doch nur das Huhn fotografieren!›»

Wir lachten viel über diese Erinnerungen. Dann erzählte mir Pablo, wie Picasso war: «Er ist ein zugänglicher Mensch, alle denken, ein Ungeheuer, aber er will nur seine Ruhe. Wenn wir allein waren, lachten wir nur. Als ich, von González Videla verfolgt, nach Europa kam, half er mir sehr. Er gab mir einen Schlüssel zu seinem Atelier, damit ich hineingehen konnte, wann ich wollte. Als ich einmal überraschend eintrat, arbeitete er an der Friedenstaube, um dic sie ihn gebeten hatten. Hunderte von Tauben entstanden, ehe die fertig war, die ihm vorschwebte. Er ist ein unermüdlicher Arbeiter, ich bewundere ihn tief.»

Nach diesem Essen waren wir so ausgelassen, daß wir hinausgingen und in den Straßen von Vallauris unsere Hymne sangen, das erregte kein Aufsehen, wir waren einfach selig. Glücklicherweise ahnten wir in dieser Nacht nicht, daß uns der nächste Tag große Schwierigkeiten bringen würde. Pablo sagt in seinen «Memoiren»: «Ich fürchtete schon, Matilde würde das Schiff verpassen, so daß auch ich nicht würde fahren können. Lange Zeit dachte ich: Dieser Tag ist der bitterste meines Lebens gewesen.»

Sehr früh am nächsten Morgen gingen wir zum Büro der Schiffahrtsgesellschaft. Ich sah eine große, schöne Gestalt, die auf Pablo zukam, es war Paul Éluard. Die einzige, die von unserer Reise wußte, war Alice Gascar, Pablos Übersetzerin und gute Freundin. Sie hatte es den Freunden mitgeteilt, und da standen nun Paul, Dominique, Nemesio Atúnez und seine Frau; außerdem sollten wir bei Picasso, der auch wußte, daß Pablo da war, Mittag essen.

Ich war natürlich verschwunden, ich wollte nicht, daß Paul mich sähe. Unsere so geheime Reise war schon allen Freunden bekannt. Pablo sagte ihnen, er habe noch mit dem Gepäck zu tun, und sie verabschiedeten sich bis zum Mittagessen.

«Was machen wir?» fragte Pablo. «Ich möchte, daß du mitkommst, wir sagen, daß du auf der Durchreise hier bist.»

Ich lachte laut los, der Plan war zu naiv, keiner würde ihn glauben.

«Dann bleibt uns wohl nichts anderes übrig, als daß du allein gehst», sagte ich. «Es werden ein paar Stunden sein, ab vier Uhr nachmittags lassen sie die Passagiere an Bord. Ich werde mich um alles kümmern, wir treffen uns beim Zoll.»

Nachdem wir lange diskutiert hatten, wobei ihm mein Plan nicht sehr gefiel, beschlossen wir, daß ich nicht zum Mittagessen mitkommen und daß er mit Picasso reden würde, damit er die Freunde im Restaurant festhielt und sie ihn nicht zur Abfertigung begleiteten. Alle kannten mich.

Pablo entdeckte die heitere Seite des Plans.

«Picasso werden meine vertraulichen Mitteilungen sehr gefallen», sagte er mit diesen Fünkchen, die aus seinen Augen sprühten, wenn er einen Spaß ausheckte. «Er wird sich totlachen, wenn ich ihm erzähle, daß meine Liebste ein Bauernmädchen aus Coihueco ist.»

Während wir noch über die ganze Verwirrung unserer Pläne lachten, gingen wir am Schalter der Schiffahrtsgesellschaft vorbei. Pablo passierte ohne Schwierigkeit, er reiste nach Uruguay. Als sie meine Schiffskarte sahen, fragten sie mich nach meinem argentinischen Visum, ich antwortete, Chilenen brauchten keines. Das war mein Irrtum; wenn ein Chilene von Europa nach Buenos Aires reist, braucht er ein Visum. Ich war unangenehm überrascht, in Cannes gab es kein argentinisches Konsulat. Sie rieten mir, zum uruguayischen Konsulat zu gehen, in Uruguay würde ich leicht ein Visum nach Argentinien bekommen. Es war ein Sonnabend. Wir begaben uns ins Konsulat. Ich sagte Pablo, es wäre besser, wenn ich allein wäre. Der Beamte könnte ein Reaktionär sein und ihn nicht mögen, und wenn er das ganze Gegenteil war, würde ich das sehr schnell merken. Nervös, unruhig, wartete er an einer Ecke auf mich.

Ich klingelte, ein Herr in Shorts und ärmellosem Hemd öffnete. Ich fragte nach dem Konsul von Uruguay. «Der bin ich», sagte er, zuvorkommend lächelnd. Ich erzählte ihm, was mir passiert war. «Wir werden sehen», sagte er, «vielleicht gebe ich Ihnen ein Dienstreisevisum.» Das wunderte mich sehr, aber ich sagte: «Was Sie wollen, ich werde in Uruguay nicht einmal aussteigen, sondern nach Buenos Aires weiterreisen. Wäre ein, natürlich bezahltes, Durchreisevisum nicht einfacher?» Er sah mich an, als sei das etwas sehr Schwieriges. Er prüfte meinen Paß, in dem es hieß: «Beruf Sängerin». Sein Gesicht hellte sich auf. «Ich bin auch Opernsänger», sagte er. «In wenigen Tagen werde ich den Pinkerton in der ‹Butterfly› singen.» Ich war äußerst nervös, aber das Lächeln schwand nicht von meinen Lippen. «Warum müssen Sie dieses Schiff nehmen?» fragte er. «Bleiben Sie doch noch ein paar Tage, Sie werden es nicht bereuen!» Ich sagte, daß ich Verpflichtungen hätte und darüber hinaus sehr erschöpft sei, diese Tage auf dem Meer seien mein Urlaub. Der Konsul ging hinein, kam heraus, ich wartete. Er drängte wieder: «Fahren Sie nicht, wozu solche Eile?» Das Schlimmste war, daß ich, wenn er mir das Visum nicht gab, tatsächlich nicht würde fahren können. Ich war ihm ausgeliefert. Plötzlich sagte er: «Ich habe eine Verabredung, es wird eine Stunde dauern; wenn ich zurückkomme, stelle ich Ihnen sofort das Visum aus, aber Sie müssen mir die Überstunden bezahlen, heute ist Sonnabend.» – «Selbstverständlich», antwortete ich. «Also gut, ich muß jetzt meinen Chef anrufen und sehen, ob ich Ihnen das Visum geben kann, Sie werden das Telefonat bezahlen.» (Es war in eine andere Stadt.) «Gern», antwortete ich. Er telefonierte, ohne sich darum zu kümmern, ob ich Französisch verstand oder nicht. Er fing an, von einem Fest zu erzählen, das am Wochenende stattfinden sollte, Namen fielen, es wurde gelacht, Witze wurden erzählt; er hatte es nicht eilig, dieses Telefonat würde ich bezahlen müssen. Zum Schluß sprach er von meinem Visum, und wie überrascht war ich, als er zu seinem Chef sagte: «In diesem Schiff, und zwar nach Montevideo, reist ein Kommunist, Pablo Neruda. Wir können verhindern, daß er an Bord geht, was meinen Sie?» Mein Gott, was für eine Leidensgeschichte! Ich wußte nicht, was der andere Beamte antwortete. Dieser hier beendete das Gespräch, und trällernd wie eine Nachtigall ging er hinaus, sich umzuziehen. Ich sollte auf ihn warten.

Sobald sich der Wagen entfernt hatte, lief ich hinaus an die Ecke, um mit Pablo zu sprechen, und ich erzählte ihm alles, was ich über ihn gehört hatte.

«Bezahl, ohne zu murren, alles, was er verlangt, denn was er haben will, ist Geld!»

Ich hatte zweihundert Dollar in der Handtasche, damals viel Geld. Ich bat Pablo, zu seinem Essen zu gehen und diesen ungeheuren Alpdruck zu vergessen.

«Unser Engel wird uns retten», sagte ich.

Er ging davon, über meinen Engel lachend.

Ich kehrte zum Konsulat zurück, die Wartezeit war sehr lang. Er kam zufrieden wieder und sagte mir Artigkeiten. Ich – immer lächelnd, liebenswürdig; bald merkte er, daß er bei mir nicht weit gehen durfte. Da machte er sich daran, mir das Visum auszufertigen. Er reichte mir die Rechnung. Das Visum kostete hundert Dollar, zusätzlich die Überstunden und das Telefongespräch, zusammen etwa hundertfünfzig Dollar. Aber das war nicht alles, ich mußte es ihm in der Landeswährung bezahlen, er, der sehr seriös war, durfte keine Dollars annehmen; ich mußte ein Taxi nehmen und ihm Francs holen. Er gab mir alle Quittungen und sagte: «Hier haben Sie den Beleg über alle Ihre Zahlungen.» Er faltete sie zusammen und steckte sie in einen Umschlag. Ich ging. Es war schon sehr spät, als ich mit meinem Visum zur Agentur zurückkam. Gerade hatte ich noch Zeit, mein Gepäck zu holen und dort an der Abfertigung zu warten. Bald tauchte Pablo auf, allein.

«Alle wollten mit mir kommen», sagte er, «aber Picasso flunkerte, ich ginge in sein Atelier, um etwas Geheimnisvolles zu machen, von dem nur wir beide wüßten, und ich würde zurückkommen.»

Der andere Pablo muß sein Vergnügen gehabt haben. Alle Augenblicke bat er, erzähl mir mehr, erzähl mir mehr! Und Pablo beschrieb ihm mein Haar, meine Augen, wie unser Leben war. Mir erzählte er, daß Picasso um so ernster wurde, je mehr er hörte, und schließlich sagte: «Was gäbe ich dafür, um das alles zu empfinden!»

Schon passierten wir die Polizei, alles in Ordnung, bald würde die Barkasse kommen, um uns zum Schiff zu bringen. Gerade, als die erste Barkasse nahte, hörte man den Lautsprecher: «Herr Pablo Neruda wird gebeten, sich bei der Internationalen Polizei zu melden.» Wir blickten uns an. Das Alpdruck-Maß des Tages war noch nicht erschöpft. Stumm blieb ich stehen.

Ich sah, wie er sich lächelnd entfernte. Fast gleichzeitig erhob sich unter den Passagieren eine Stimme, laut genug, um gehört zu werden: «Das ist ein Kommunist, ein Agitator, ich weiß es, weil ich Chilenin bin!» Genau dort erhob sich eine andere, noch lautere weibliche Stimme: «Sie sollten sich schämen, Señora, Chilenin zu sein und den größten Schriftsteller spanischer Sprache derart anzugreifen. Ich bin Uruguayerin, und wir lieben diesen Agitator, wie Sie ihn nennen.» Ich, mit meinem Hund, schwieg still. Fahr hin, du Illusion, unbeachtet durchzukommen! Die Diskussion nahm ihren Fortgang, viele wiesen diese arme Frau zurecht, sie muß sich miserabel gefühlt haben. Ich sah sie nicht wieder, sie reiste in der ersten Klasse.

Die Minuten dehnten sich zur Ewigkeit. Würde diese Reise, von der wir so viel geträumt hatten, scheitern? Als fast alle Leute an Bord waren, kam ein junger Mann, um mir zu sagen, Pablo bäte mich, an Bord zu gehen, er käme bald aufs Schiff. Ich sah ihn mißtrauisch an. «Nein», sagte ich, «ich gehe nicht an Bord, wenn ich Pablo nicht sehe.» In diesem Augenblick kündigten sie die letzte Barkasse an. «Sind Sie Passagierin, gehen Sie an Bord?» fragten sie mich. «Ja, ich bin Passagierin», antwortete ich, «aber ich warte auf jemand.» – «Es ist die letzte Barkasse!» riefen sie. Ich war ganz schön nervös. Ich wußte nicht, was ich machen sollte. Ich trat an die Barkasse heran, um mehr aus der Nähe mit ihnen zu sprechen. In diesem Moment öffnete sich mir der Himmel. Vor mir auf dem Meer war, ich weiß nicht, woher, eine Barkasse aufgetaucht mit einem Mann, der wie eine Fahne in der erhobenen Hand ein weißes Taschentuch hielt: Es war Pablo, mein Pablo. Die Polizei brachte ihn in ihrer eigenen Barkasse zum Schiff.

Ich stieg sofort ein, beinahe im selben Augenblick, als es losging. Die beiden Barkassen fuhren dicht nebeneinander, wir gaben uns Tausende von Signalen und lachten unbeherrscht. Welch bitteren Tag hatte uns das Schicksal beschert!

Pablo kletterte als erster hinauf, oben wartete er auf mich, wir umarmten uns wieder, uns scherten weder die Polizisten noch die Leute, die uns zusahen, nur wir existierten.

Wir suchten eine abgelegene Ecke, um miteinander zu sprechen, ich war ungeduldig, wollte wissen, was geschehen war. Ich merkte, daß Pablo traurig war, etwas hatte ihn tief getroffen. Während er auf das Meer und auf den sich rasch entfernenden Hafen blickte, sagte er sehr zögernd, als löste sich ihm der vertrauliche Bericht nur mit Mühe von den Lippen: «Heute ist etwas geschehen, was mich sehr schmerzt. Sie haben mich aus Frankreich ausgewiesen. Deswegen luden sie mich vor.»

«Erzähle», sagte ich, «erzähl mir alles!»

«Sie hatten es vorbereitet, waren sehr liebenswürdig, betonten, daß sie nur Befehle ausführten. Sie sagten, wenn ich eine Erklärung abzugeben wünschte, würde sie sofort niedergeschrieben.»

Bei seiner Ausweisung erklärte er, er habe sein ganzes Leben Frankreich geliebt und ihm gedient, indem er seine Kultur bekanntmachte, und er werde das auch künftig tun, wo immer es wäre.

«Sie baten mich um Autogramme. Was für eine Ironie!»

Ich nahm seine Hände. Wir blickten uns in die Augen.

«Lieber Pablo, das wird nicht lange dauern, du hast so viele Freunde in Frankreich, du wirst sehen, daß sie diese

Maßnahme rückgängig machen werden. Gleich von hier aus schreiben wir an alle Freunde und berichten ihnen, was geschehen ist.»

Kurz darauf setzte sich das Schiff in Bewegung. Pablo, wohlgeborgen auf dem Deck, nahm tieftraurig von Frankreich Abschied. Er sagte: «Ich liebe dieses Land sehr; es ist wie eine unerwiderte Liebe. Dieses Land hat alles, was ich am meisten schätze: In seinen Zoofachgeschäften gibt es so viele Muscheln, sie sind wie ein endloses Meer; die Antiquare sind die besten der Welt; es gibt Vögel aus allen Gegenden der Erde zu kaufen. Es ist das Muster eines zivilisierten Landes. Mich haben sie aus Frankreich ausgewiesen, als wäre ich sein Feind. Ich, der ich, seine Autoren lesend, Französisch lernte, als ich noch ein Kind war.»

In seinen Worten lag kein Haß auf jemand, nur Schmerz.

Das Schiff lief aus. Ich erinnerte daran, daß wir in unsere Kabinen gehen müßten.

«Nein», sagte er, «jetzt könnte ich nicht diese Mitreisenden sehen, mit denen ich morgen statt mit meiner Patoja zusammen sein werde.»

Natürlich reisten wir zweiter Klasse, und nach irdischen Gesetzen waren wir nicht verheiratet. Unsere Ehe hatte der Mond gesegnet, hier auf dem Schiff war sie ungültig. Das fanden wir sehr ungerecht. Wie werden meine Gefährten sein? dachte jeder von uns.

«Meine Kabine hat drei Betten», sagte Pablo, «sie ist schlechter als deine.»

Unser Leben wurde schwierig. Wir sahen uns an und dachten beide: Aber da der ganze Tag so schlimm gewesen ist, muß er gut verabschiedet werden! Gleich jetzt wollen wir ihn feiern. Wir bestellten eine Flasche Sekt und feierten unsere schlimmen Augenblicke, indem wir das Glas hoben und auf den diebischen Ausbeuter-Konsul anstießen, auf die, die uns aus Frankreich hinausgeworfen hatten, ohne es zu wollen. Da sagte ich: «Weißt du, daß er mir eine Quittung über alles, was ich bezahlt habe, gegeben hat?»

Und Pablo bat, sie ihm zu zeigen. Ich suchte in meiner Handtasche den Umschlag mit den Quittungen, die ich selber gesehen und die er mich hatte lesen lassen. Sie waren nicht da. Im letzten Moment mußte er sie aus dem Umschlag genommen haben. Wir lachten laut, er war ein ganz raffinierter Gauner.

Mit der Flasche Sekt begaben wir uns, schon ziemlich angeheitert, zu unseren Kabinen. Wie ungerecht war das Leben! Zuerst gingen wir zu meiner, ich klopfte und öffnete die Tür. Eine Dame reifen Alters, schön, mit sehr angenehmem Gesicht, lächelt mich an und stellt sich vor: «Ich bin Antonia.» – «Und ich Matilde», sage ich. In diesem Augenblick entdeckt sie Pablo und eilt auf ihn zu, ihm einen Kuß zu geben. «Neruda hier!» ruft sie mit spanischem Akzent. Sie ist eine der Spanierinnen, die mit der «Winnipeg» nach Chile gekommen sind, lebt in Viña del Mar, ist mit einem Señor Imbert verheiratet.

Lebt wohl, Illusionen, unerkannt durchzuschlüpfen! «Treten Sie näher, bitte!» sagte sie zu ihm, «diese Kabine ist sehr klein, aber irgendwie werden wir uns einrichten.» Pablo sah mich belustigt an. Mit unserer Vertraulichkeit, die wir so verteidigt hatten, war es vorbei, besser, sich anzupassen. Mit einem gefälligen Lächeln sagte er zu ihr: «Ich muß in meine Kabine, später komme ich wieder.» Und er ging, um zu sehen, was das Schicksal ihm beschert hatte.

Ich nahm eilig ein paar Sachen aus dem Koffer und war schnell fertig, wartete auf Pablo, der gleich darauf erschien.

Wir wollten unser neues Haus kennenlernen, unser Deck war ziemlich komfortabel, und es hatte einen kleinen Winkel mit Büchern, wo man schreiben konnte.

«Dies wird unser Winkel sein», sagte er. «Wir werden morgens nach dem Aufstehen hierherkommen, wir erklären ihn zu unserem Treffpunkt.»

Die Tage vergingen in Gesellschaft unserer lieben Antonia, die gütig und zartfühlend war. Nie fragte sie uns etwas, ich glaube, sie hat uns angesehen und alles verstanden. An den Abenden sagte sie sehr taktvoll: «Ich bin an Deck und werde bis zur Essensstunde stricken.» Nie konnten wir ihr für diese Geste, mit der sie unsere Liebe schützte, danken, weil wir uns alle drei unwissend stellten.

Diese unsere erste Überquerung des Ozeans war heiter, alles verlief gut. Aber unglücklicherweise ging sie zu Ende. Wie kurz war sie gewesen!

Die letzte Nacht kam heran, wir blieben an Deck, blickten, wie immer, bis spät auf die Wellen. Wir mußten uns trennen, er sollte in Montevideo aussteigen. Er hatte ein Telegramm aufs Schiff bekommen: Chilenische Parlamentarier würden ihn erwarten. Ich hatte das Visum für Buenos Aires, die argentinische Polizei, die in Montevideo zustieg, hatte es mir anstandslos gegeben. Alles in Ordnung.

Wir waren in schmerzerfülltes Schweigen versunken. Das Deck lag verlassen. Dort am Bug, wo ich schon die Gerüche des Landes spürte, das sich an diesem für mich so dunklen Morgen wie ein Tor öffnen würde, bekam ich Angst; trotz Pablos Zärtlichkeit, trotz seiner Liebkosungen war es ein Augenblick sanfter Traurigkeit.

Mir behagte der Gedanke überhaupt nicht, nach so vielen Jahren fast heimlich nach Chile zu kommen, nur meine Freundin Blanca Hauser und Armando Carvajal wußten davon. Sie würden mich am Flughafen in Chile erwarten. Sie hatten mir eine Wohnung gemietet, wo, wußte ich nicht.

Als das Schiff in Montevideo anlegte, war Pablo schon nicht mehr bei mir. Die Parlamentarier stiegen zu; es waren viele Leute. Ich sah, wie sie ihn unter Lachen, Begrüßungsrufen und Umarmungen mitnahmen. Traurig blieb ich zurück, schreckliche Zweifel hatten sich meiner bemächtigt, würde ich in Chile leben können? War es nicht ein Fehler gewesen, auf diese Weise zu kommen?

Sehr zeitig zog ich mich in meine Kabine zurück, nahm ein Buch, in der Absicht zu lesen, aber meine gute Antonia war sehr gesprächig, sie war sich über meine Gemütsverfassung im klaren und erzählte mir von Spanien, von ihrem Leben in Viña, von dem, was Chile für sie bedeutete. Ich hörte halb hin, zum Glück schlief sie ein, und ich konnte mit meinen Gedanken fliegen auf der Suche nach Pablo. Was mochte er zu dieser Stunde machen? Ob er wie ich schlaflos dalag? Ich dachte daran, wie bewegt er beim Abschied gewesen war. Er hatte nur gesagt: «Bis ganz bald, meine Liebe, ich gehe nicht fort, ich bleibe.» Und er war hier, in meinem Innern.

Sehr früh erreichten wir Buenos Aires. Dort verließen wir das Schiff.

Wieder waren mein Hund und ich allein. Buenos Aires ist die unmenschlichste Stadt für jemand, der einen Hund bei sich hat. Es gibt Dinge, die ich nicht verstehen kann. Ich war in Ländern gewesen, in denen man mit einem Hund überall hineinkommt. In Buenos Aires wollen sie nichts von einer Frau mit Hund wissen. Der Chauffeur, der mich vom Schiff abholte und mich zum Hotel Florida brachte, wo ich lange gewohnt und nun wieder reserviert hatte, sagte zu mir: «Mit einem Hund, Señora, wird Sie kein Fahrer im Wagen mitnehmen, und kein Hotel wird Ihnen ein Zimmer geben.» Von dieser Warnung erschreckt, stieg ich am Hotel Florida aus. Seit dem letzten Mal waren so viele Jahre vergangen, daß mich keiner der Angestellten an der Rezeption mehr kannte. Als sie meinen kleinen hübschen Hund sahen, sagten sie, daß sie mir kein Zimmer geben könnten. Ich bat sie, mit dem Chef sprechen zu dürfen. «Ich rühre mich hier nicht weg», sagte ich, «denn dieses Hotel war für mich lange Zeit wie ein Zuhause. Fünf Jahre bin ich nicht hiergewesen, aber es ist immer noch mein Zuhause.»

Sie führten mich in ein Büro, wo ein Herr saß, der mir einen Platz anbot; er erläuterte mir, daß laut Gesetz niemand mit einem Hund in einem Hotel wohnen dürfe. «Und warum dieser Haß auf Hunde?» – «Sie haben Flöhe», sagte er. Darüber mußte ich lachen. «Wenn Sie auf meinem Hund einen einzigen Floh finden, gebe ich Ihnen alles, was ich habe.» Wir redeten weiter und kamen schließlich überein: Ich würde nur zwei Nächte bleiben. Meinen Hund würde ich vor sieben Uhr morgens oder spät nachts auf die Straße führen; außerdem sagte er mir voraus, daß mich mit dem Hund niemand im Taxi mitnehmen würde. Endlich gab er mir ein Zimmer. Bis zuletzt warnte er: «Bedenken Sie, Señora, die Strafe ist sehr hoch, und ich will keine Scherereien mit der Gesundheitsbehörde haben.»

Eine andere Welt hatte ich betreten, meine Welt.

Ich ging auf die Straßen von Buenos Aires hinaus, groß war meine Überraschung: an der Ecke des Hotels ein Altar zum Gedenken an Eva Perón. Sie war vor vier Tagen gestorben. Da stand ein sehr großes Porträt von ihr; weiter vorn ein mit Blumen bedeckter Tisch und vier Personen, die Wache hielten. Diese Altäre sah ich überall, das war etwas Einzigartiges. Überrascht unterhielt ich mich mit den Leuten und stellte fest, daß alle wirklich Schmerz über ihr Dahinscheiden empfanden. «Die Herrin ist von uns gegangen», sagten sie, viele weinend. Über ganz Buenos Aires schwebte eine Wolke der Trauer.

Mir erging es sehr schlecht. Mein Gepäck mußte ich mit der Bahn aufgeben, der Lufttransport war sehr teuer. Und alle Formalitäten mußte ich mit meinem Hund zu Fuß erledigen, kein Taxi nahm mich mit. Im Hotel konnte ich ihn auch nicht lassen, weil er winselte, und das war erst recht skandalös. In welch andere Welten hatte mich das Schicksal verschlagen!

Nie war ich so viel gelaufen. Ich machte alles, so schnell ich konnte: gab meine Koffer mit der Bahn auf, kaufte einen großen Käfig aus Weidengeflecht für meinen Hund. Schließlich nahm ich das Flugzeug nach Chile.

Die Liebe, eine sehr beharrliche Lebenshoffnung, ließ mich alle Schwierigkeiten ertragen. Am Flughafen erwarteten mich meine guten Freunde Blanca Hauser und Armando Carvajal. Sie lachten sehr, als ich ihnen sagte, daß ich auf meinen Hund warten müßte. Am Zoll wollten sie, daß ich um vier Uhr nachmittags wiederkäme, und jetzt war es eins. Armando sagte, wir wollten im Flughafen warten und Mittag essen. Als wir schon entschlossen waren zu bleiben, riefen sie mich über Lautsprecher auf, um mir eine Bestie in Gestalt eines Hundes zu übergeben, den keiner bändigen konnte. Er hatte die Tür seines Käfigs aufgebrochen, und sie konnten ihn nicht fangen. Ich betrat eine Art Lagerraum und brauchte ihn nicht zu rufen. Der Arme war von dem Lärm im Flugzeug ganz verrückt geworden. Er kuschelte sich zitternd in meine Arme und beruhigte sich sofort. Ich setzte mich mit ihm auf den Fußboden, sprach mit ihm und streichelte ihn. Tagelang sprach und lachte Blanca über das Schauspiel, das ich beim Zoll geboten hatte. Die schon erklärt hatten, der Hund sei tollwütig und müsse getötet werden, sollen mich gerührt betrachtet haben. Sie wollten nichts von Papieren sehen. «Gehen Sie und nehmen Sie Ihren Hund mit!» sagten sie.

13

Ankunft in Chile

Im Winter des Jahres 1952 kam ich in Chile an, im häßlichsten Haus der Welt. Meine liebste Freundin Blanca Hauser hatte es mir ausgesucht. Ich hatte sie gebeten, mir ein Haus mit Innenhof zu mieten, da ich einen Hund mithätte und Platz brauchte; dieser Satz veranlaßte sie, ein Haus mit zwei Höfen für mich ausfindig zu machen, das viele Zimmer hatte, die aber selbstverständlich leer standen und die ich möblieren sollte. Sie hatte mir ein Schlafzimmer hergerichtet, damit ich wenigstens etwas hätte, und da stand ich, schaute mit Schrecken auf ein kleines Bett, einen Nachttisch, ein Tischchen und zwei Stühle, das war mein ganzes Mobiliar. Ich kam aus Capri, aus Ischia, wo es Raum, Schönheit, Licht gegeben hatte, warum war ich hier?

Und dieses Warum trat durch die Tür und rief: «Meine Patoja, wo ist meine Patoja?»

Wir umarmten uns, und ich sagte in einem Anfall ungeheurer Aufrichtigkeit, wie erleichtert: «Was habe ich in diesem Scheißland verloren?»

Als Pablo das hörte, riß er die Augen auf und rannte wie verrückt durchs Zimmer, nie hatte ich ihn riesiger und wütender gesehen. Er nahm ein sehr hübsches Hütchen, das er in Rom gekauft hatte, schleuderte es auf den Boden, trampelte immer wieder darauf herum und tobte: «Dieses Scheißland ist deins! Hier mußt du bleiben, du sollst dich daran gewöhnen, es zu lieben, mit all seinen Problemen und seinen Armseligkeiten. Das Leben besteht aus all dem, man kann nicht leben, indem man vor den häßlichen Dingen oder vor den Schwierigkeiten wegläuft!»

All das stimmte. Zum Glück traten mir die Tränen in die Augen, und eben das konnte Pablo nicht ertragen. Sofort beruhigte er sich und sagte: «Verzeih, ich bin ein Unmensch. Ich muß dich verstehen, du hast völlig recht, du hast zu viele Jahre auswärts verbracht, und man neigt dazu, sein Land zu idealisieren. Aber dieses ist so, und hier leben wir, weil uns das Leben für immer vereint hat.»

Ich glaube, wir schämten uns beide. Er, weil er so sehr in Wut geraten war, ich, weil ich, ohne nachzudenken, solchen Unsinn gesagt hatte. In einigen Gegenden war Stromsperre, und in dieser Nacht traf es mein Wohnviertel; ein paar Kerzen machten das Haus noch dunkler, das in der Dardignac-Straße stand.

Es schnürte mir das Herz zusammen, und das Traurigste war, daß Pablo weg mußte, er gehörte in ein anderes Haus. Ich hatte nicht recht ermessen, worum mich Pablo gebeten hatte, und nun schien es mir immer unzumutbarer. In jener Nacht blieb ich dort allein mit meinem Hund. Ich fror, ein armseliger Ofen, der überhaupt nicht heizte, und zwei brennende Kerzen vervollständigten das trostloseste Bild, das man sich vorstellen kann. Ich hatte zu viele Jahre in Mexiko gelebt, ohne kahle Bäume zu sehen, ich hatte die Kälte schon vergessen. Wie häßlich ist es zu frieren, und wie häßlich schien mir die Stadt Santiago im Winter! Die Schönheit der Kordilleren genügt nicht. In jenem Winter des Jahres 52 erklärte ich die Stadt zu der häßlichsten, die ich kannte.

Am nächsten Tag kam Pablo sehr früh. Das war für mich, als träte die Sonne zur Tür herein. Beunruhigt fragte ich ihn: «Und was hast du zu Hause gesagt, um so früh auszugehen?»

«Ich sagte, ich wollte die Tür abschließen», antwortete er mit dem Blick eines mutwilligen Buben. Er brachte die Zeitung. «Suchen wir uns ein schönes Haus, diese Blanca muß verrückt gewesen sein, etwas so Häßliches zu mieten.»

Wenigstens hatte ich etwas zu tun, und meine Gedanken waren schon weniger verzweifelt.

Am folgenden Tag war ich mit meinem Bevollmächtigten in Chile verabredet. Er war ein enger Freund von mir, der immer ein paar Pesos für mich zurückgelegt hatte; er machte ein paar Geschäfte für mich, die etwas Geld abwarfen, wenn ich nicht arbeitete. Er hatte etwas für mich gespart.

«Ich biete dir ein kleines Geschäft an», sagte er. «Zwei Querstraßen von hier wird ein Grundstück verkauft, das ich sehr billig finde; wenn wir es kaufen, bin ich sicher, daß wir es mit Gewinn verkaufen können, Grundstückspreise steigen immer.»

Ich verabredete mit ihm, es mir anzusehen, er gab mir die Adresse.

Am Abend kam Pablo. «Hast du ein Haus gefunden?»

Ich antwortete, keines hätte mir gefallen, sie waren zu groß, zu teuer oder zu häßlich. Wir gingen aus, um durch das Wohnviertel zu laufen, plötzlich erinnerte ich mich an die Adresse des Grundstücks für meine Geldanlage. Wir befanden uns bereits ganz in der Nähe, und da wir nichts zu tun hatten, beschlossen wir, es uns anzusehen.

Wir gelangten an ein elendes Holzhäuschen und gingen hinein. Drinnen war ein Mann, der uns mißtrauisch empfing. Wir sagten, wir wollten das Gelände besichtigen, das zu verkaufen war. «Das Ganze hier», sagte er. «Bis oben. Ich weiß nicht, wie weit, keiner kann hinaufsteigen, es ist mit Brombeeren überwuchert.» Tatsächlich war dort viel Dornengestrüpp, trotzdem stiegen wir hinauf. Ein Geräusch von Wasser verzauberte uns, es war ein wahrer Wasserfall, der sich von der Höhe des Geländes durch einen Kanal ergoß. Pablo war vor Freude außer sich. «Das ist das Schönste, was ich je gesehen habe!» sagte er. «Wir müssen es sofort kaufen. Wir brauchen Geld.»

Ich besaß das, was mein Bevollmächtigter für mich hinterlegt hatte, und damit gingen wir zu einer Frau Manarelli, die in der Catedral-Straße wohnte. Pablo wartete an der Ecke auf mich, es war zu befürchten, daß sie ihn kannte. Sie war eine junge Frau. Als ich ihr sagte, ich hätte Geld bei mir, um ihr einen Abschlag zu zahlen, freute sie sich ungemein, sie schien in Schwierigkeiten zu sein. Und mit einer Quittung in der Hand rannte ich, Freudensprünge machend, davon. Santiago wirkte schon nicht mehr so häßlich. Auf diesem Gelände würden wir unser Haus bauen.

Nach vielem Suchen fand ich endlich eine kleine Wohnung in einem Gebäude gegenüber dem Lazarett. Ich stattete sie mit hellen Möbeln aus, sie war winzig; wenn ich die Fenster öffnete, fiel mein Blick nur auf andere Fenster; ideal war sie nicht, aber herrlich warm. Eine Erleichterung! Ich begann mich zu akklimatisieren, und Santiago war nicht mehr so häßlich. Die duftenden Akazien und die blühenden Bäume gaben dieser Stadt allmählich Leben und Schönheit. Jeden Tag gingen wir woandershin, ich entdeckte dieses Land, das schon fast aus meinem Gedächtnis geschwunden gewesen war und das sich in diesen fünf Jahren sehr verändert hatte.

Ich glaube, wir waren glücklich. Allmählich gewöhnte ich mich an dieses Leben aus Leiden und Freuden. Als es schien, daß nichts mehr Unruhe in dieses Dasein bringen könnte, da wir unser Möglichstes taten, es normal und froh zu machen, meldete sich als große Neuigkeit, als eine Freude, die mich mit Hoffnungen erfüllte, ein Kind von Pablo, das geboren werden wollte. Was ich fühlte, war eine Mischung von Glück und Angst. Und wenn das gleiche passierte wie die vorigen Male? Ich hatte Angst, diese Nachricht rührte Leiden auf. Sehnsüchtig wartete ich auf die Nacht. Pablo kam, und ich erzählte ihm von meinem Besuch bei der Ärztin, Gewißheit würden wir sehr bald haben. Wieder hofften wir, ein Kind zu bekommen. Wenn ich heute an jene Zeit denke, glaube ich, daß wir nicht einen Moment an die ernsten Schwierigkeiten dachten, die wir mit einem Kind haben würden. Wir lebten weit außerhalb der Wirklichkeit, wir hatten uns eine eigene Welt geschaffen.

Als wir erfuhren, daß das mit dem Kind stimmte, erzählte ich der Ärztin, daß ich zweimal eine Fehlgeburt gehabt hatte, und sie sagte mir, in solchen Fällen einzig erfolgversprechend sei, im Bett zu bleiben; wenn ich bereit sei zu liegen, würde ich mein Kind bekommen. Wir beschlossen, daß ich Bettruhe halten würde. Für uns begann ein neues Leben.

Pablo verwöhnte mich im höchsten Grade, er schleppte mir Bücher an, ich las, was er mir an Literatur brachte, wir besprachen die Bücher, die bevorzugten waren Dostojewski, Proust. Er kaufte mir ein sehr lustiges Kakadu-Pärchen, und ich beobachtete sie gern. Sie turtelten den ganzen Tag, aber manchmal stritten sie auch, und dann wechselte das Männchen in den unteren Teil des Käfigs über, wie ein übellauniger Gatte. Was ging da vor sich? Was redeten sie miteinander? Warum stritten sie? Ich erfuhr es nie.

In all den Stunden der Muße machte ich Notizen über das Leben auf Capri, in Nyon, in Rom. Jetzt hat mir das viel geholfen.

Mein Sohn begann, Lebenszeichen zu geben, er bewegte sich. Was für eine große Freude! Wir mußten einen Namen für ihn haben. Welchen Namen sollte er erhalten? Wir beschlossen, an keinen zu denken, bis er geboren wäre.

«Vorläufig», sagte Pablo, «werden wir ihn Procopio nennen.»

Dieser Name klang lustig. Wir sprachen von dem Kind. Pablo wünschte sich ein Mädchen.

Fünf lange Monate vergingen, und am Anfang des sechsten sagte die Ärztin, ich dürfte herumlaufen, ich sollte ausgehen, ich sei bereits außer Gefahr. Doch es war nicht an dem. Vierzehn Tage, nachdem ich aufgestanden war, verlor ich dieses Kind, dessentwegen ich mich so sehr bemüht und soviel gelitten hatte. Pablo war auf einer Rundreise im Norden. Ich ging in die Zentralklinik. Es war ein Mädchen. Pablo kam in die Klinik, den Arm voller Blumen. Er lächelte tapfer.

«Es ist nichts passiert», sagte er. «Alles ist wie vorher. Du und ich und unsere Liebe. Warum haben wir auf etwas bestanden, was nicht sein kann?»

Ich war krank, traurig, nervös. Die Monate im Bett waren mir sehr schlecht bekommen, ich mußte meine Beine, meine vom langen Liegen geschwächten Muskeln wieder kräftigen.

Pablo wollte keinen Versuch mehr machen.

«Wenn du deine Gesundheit verlierst oder stirbst», sagte

er, «ich könnte das Kind nicht lieben. Für mich ist das wichtigste meine Patoja.»

Lange sprachen wir darüber miteinander. Der Arzt schlug viele Lösungen und Sicherheiten vor, aber Pablo wollte es nicht wieder wagen, und eines Tages entschieden wir, nie mehr darüber zu reden.

Wir beschlossen, unser Haus zu bauen. Jeden Tag gingen wir auf unser Grundstück, ganz zerkratzt von den Brombeeren kamen wir herunter. Die Formalitäten für die Urkunde waren erledigt, und wir brannten darauf, alles zu säubern.

Eines Tages sagte Pablo: «Heute bringe ich einen befreundeten Architekten mit, ich möchte, daß du ihn kennenlernst.»

Es war Germán Rodríguez Arias. Ich wollte Pablos Freunde nicht kennenlernen, ich hatte ihn gebeten, nie zu versuchen, sie mir vorzustellen, aber dieser Freund sollte das Haus entwerfen, und ich mußte ihn kennenlernen. Er lachte sehr, als er das Gelände sah. «Ihr werdet treppensteigend wohnen», prophezeite er uns. Tatsächlich war unser Grundstück nicht horizontal, sondern vertikal. Das faszinierte uns, unsere Liebe hatte uns verjüngt, wir handelten wie zwei junge Leute. Heute, da ich diese Erinnerungen schreibe, ist das Wohnen in diesem vertikalen Haus sehr mühevoll, aber in einem andern könnte ich nicht leben.

Nach wenigen Tagen brachte uns der Architekt ein Projekt. Als guter Fachmann hatte er es zur Sonne ausgerichtet, mit Blick auf Santiago. Pablo sah sich das Projekt an und sagte: «Was für ein Unsinn! Warum soll ich nach Santiago schauen? Ich will einen Blick auf die Kordilleren!» Und er drehte das Haus um, es würde genau umgekehrt stehen. Der Architekt sagte, dann würde die Sonne fehlen, und da dies der höchstgelegene Teil sei, würde es noch mehr Treppen geben. «Um so besser», erwiderte Pablo. «Gib ihm viele, wirklich viele Treppen!» Das alles wurde von unserem stürmischen Gelächter begleitet, da wir die Schwierigkeiten nicht ermessen konnten; nur die ästhetische Seite spielte eine Rolle. Wir kamen überein, daß es ein Wohnzimmer und ein Schlafzimmer haben sollte, das wäre fürs erste alles.

Ich dachte, mein Geld würde für diesen Bau reichen. Die Arbeiten begannen. Jede Woche kamen wir, um zu sehen, welche Fortschritte gemacht worden waren, und zu unserer Verzweiflung sahen wir, daß unser ganzes Geld für die Arbeiten in der Tiefe draufging. «Die Erde ist aufgefüllt», sagte der Architekt. «Man muß festen Baugrund finden.» Wir sahen riesige Baugruben, Haufen von Erde und keine Spur von Mauern. Als sie auf festen Grund stießen, begannen sie mit den ungeheuren Fundamenten und gingen dann endlich daran, die Mauern unseres Hauses hochzuziehen. Mein Geld war beträchtlich zusammengeschmolzen. Da fing ich an, alles, was ich hatte, zu verkaufen. Die Angst davor, die Arbeiter zu bezahlen, begann jeden Montag wieder, aber es war etwas in unserm Willen und auch in unserm Schicksal, was uns erlaubte, voranzukommen.

Jede Woche änderte Pablo die Pläne des Architekten, wandelte die Einzelheiten ab und ließ schließlich dem Wohnzimmer eine einzige Wand, alles andere waren Fenster. Er stritt mit Germán bis zum Überdruß. «Ich will», sagte er, «daß die Scheiben bis zum Fußboden gehen.» Der andere antwortete: «Das ist nicht möglich, es müssen etwa vierzig Zentimeter Mauerwerk bleiben, damit die Fenster eingesetzt werden können.» Und die Diskussionen nahmen kein Ende. Als die zwei Zimmer fertig waren und ich Germán beglückwünschte, weil ich alles so schön fand, sagte er: «Dies ist nicht mein Haus, dies ist ein von Pablo entworfenes Haus.» Jedes Möbelstück wurde von ihm entworfen, er suchte die Hölzer aus, prüfte die Maserung. Welch ein Vergnügen für uns!

Und hier begann mein Leben in Santiago. Wir waren so eng miteinander verbunden, so eins! Ich arbeitete den ganzen Tag in meinem Garten, da war kein Baum, keine Pflanze, die ich nicht ausgesucht und mit meinen Händen gepflanzt hatte. Wir waren ein glückliches Paar, wir sahen uns jederzeit, Pablo war wie der gute Geist des Hauses, er kam immer lachend, scherzend; manchmal hatte er es sehr eilig, er tauchte auf, gab mir einen Kuß und ging.

Dieses Verlangen, uns zu sehen, zusammenzusein, nahm

täglich zu. Im Sommer wollten wir Atlántida besuchen. In Uruguay hatten wir wunderbare Freunde, die uns ihr Haus am Strand überließen. Wie groß war unsere Vorfreude bei den Reisevorbereitungen gewesen! Wir kamen in ein gemütliches Haus, alles war von auserlesenem Geschmack. Es lag in einem Pinienwald, den ganzen Tag nahmen wir seinen Duft wahr. Wir richteten uns ein. Wie immer sollte Pablo der Barkeeper sein, er machte die Aperitifs und deckte den Tisch, und das bedeutete nicht nur, Teller hinzustellen und Bestecks aufzulegen: Er mußte ihn jeden Tag anders schmükken. Mir oblag die Küche, ich kochte meine Gerichte, die Pablo überschwenglich lobte. Nachmittags gingen wir mit einer Liste einkaufen. Wie einfach war unser gemeinsames Leben, und wieviel Umstände, es zu genießen!

Nach Capri war es das erste Mal, daß wir zusammensein konnten, ohne uns zu trennen, wir waren wie krank vor Sehnsucht gewesen. Wir schwammen in dem lauen, wundervollen Wasser. Pablo hatte nicht vergessen, was ich ihm in Sant'Àngelo beigebracht hatte, aber ich mußte neben ihm schwimmen, nie konnte er die Furcht, allein zu schwimmen, überwinden. Er sagte: «Wenn du nicht mit mir ins Meer kommst, vergesse ich alles und gehe unter.» Und das Schlimmste war, daß die Zeit verstrich. Unsere Vergnügungen waren harmlos. Wir sammelten alle wilden Blumen Atlántidas und klebten sie in ein Heft. Das hinterließen wir als Geschenk den Hausbesitzern, die es, wie ich erfuhr, viele Jahre aufhoben.

In Atlántida schrieb Pablo viele Gedichte. In ihren Originalfassungen spricht er von Datitla, es ist ein erfundenes Wort. «Atlántida» konnte er nicht nehmen, weil niemand wissen durfte, daß wir dort gewesen waren. Diese Eskapaden, die wir uns hin und wieder leisteten, um ein paar Tage zusammenleben zu können, bestärkten uns jedesmal in der Überzeugung, daß wir uns nie trennen dürften.

Und so nahm unser Leben seinen Fortgang. Die Jahre verstrichen, ohne daß wir es merkten. Ich schrieb ihm die ersten Kopien seiner Manuskripte. Allmählich verwandelte ich mich in die heimliche Sekretärin, auch liefen Gerüchte um:

Pablo hätte sich eine italienische Freundin mitgebracht, die keiner kennt und die er niemandem vorstellt. Das alles wurde von Tag zu Tag geheimnisvoller.

Bis schließlich das Unvermeidliche geschah, und alles wegen ein paar Flaschen Wein.

Pablo hatte einen alten Gärtner. Eines Tages verschwanden viele Flaschen Wein, und nur der Gärtner war darüber informiert gewesen, wo sie aufbewahrt wurden. Da er den Verlust nicht rechtfertigen konnte, entließ ihn Pablo. Dieser Gärtner war ein guter Freund des Chauffeurs, der selbstverständlich als einziger im Haus von meiner Existenz wußte. Bevor der Gärtner das Haus verließ, erzählte er Delia, Pablos Frau, von mir.

Diese Tage waren für mich sehr bitter. Sie wünschte eine Entscheidung; wenn Pablo nicht auf diese Liebe verzichtete, würde sie Chile den Rücken kehren. Argumente nützten nichts. Ich nahm ihr nichts weg, denn beide hatten, als ich in sein Leben trat, bloß noch freundschaftlich zusammengelebt. Ich wollte sie nicht von ihrem Rang als Ehefrau vertreiben, er interessierte mich nicht.

Schmerzerfüllt und leidend ging sie aus dem Haus, reiste mit dem Schiff erst nach Buenos Aires und dann nach Frankreich.

14

Mein Leben als einsame Frau beginnt

Hier auf diesem Steinsitz am Meer habe ich Angst. Erinnerungen halten mich wie eine Zange fest. Mein Leben wird zwischen den Nächten erstickt. Kein Frieden, kein Lachen, nur Erinnerungen.

Nach und nach nimmt man es wie ein Klopfen wahr: Es sind die Schatten der Nacht, die sich langsam zurückziehen. Und ich sitze hier, weiß nicht, wo ich fortfahren soll.

Oben wartet ein sehr großes Bett auf mich, ein leeres Bett, nicht zum Schlafen, zum Lachen, zum Träumen. Unendliche Traurigkeit erfüllt mich, ich kauere mich zusammen, wie um mich vor etwas zu schützen, nur an meine Erinnerungen geklammert. Die Kälte ist mir bis ins Innerste gedrungen.

Ich bin so erstarrt, daß ich mich fast nicht bewegen kann. Allmählich löse ich mich aus meiner Hülle, ich bin wie versteinert. Tausende von Jahren scheinen auf meinen Knien, meinem Körper, meiner Seele zu lasten.

Ich bin mir meiner Lage klar bewußt. Ein Prozeß der Zersetzung und des Zerfalls steht mir bevor. Langsam gehe ich davon. Plötzlich höre ich ein Geräusch, wie ein Flüstern erlöschender Stimmen. Ich bleibe stehen, horche: Es ist nur eine vom Wind gestreichelte Kiefer.

Ich gehe hinauf in mein Schlafzimmer, rieche den Duft des Geißblatts. Ich setze mich in seinen Lieblingssessel, die Nase an die Fensterscheibe gedrückt, als wollte ich die Nacht erforschen. Dieses so vertraute Zimmer erscheint mir jetzt fremd.

Ich warte auf den Schlaf, ohne schlafen zu wollen. Schließlich würgt mich der unwiderstehliche Wunsch zu weinen. Ich versuche nicht, ihn zu unterdrücken; erst weine ich still vor mich hin, dann laut schluchzend. Stundenlang höre ich mich weinen, als kämen bislang zurückgehaltene Wellen aus einem unbekannten Teil von mir, aus meinem tiefsten Innern. Allmählich spüre ich mich selbst nicht mehr, ich könnte schwören, daß ich einen Augenblick seinen Kuß wahrnahm, seine Hand auf meinem fiebrigen Kopf. Langsam gehe ich zum Bett, suche seinen Geruch im Kissen, empfinde eine wohltuende Kühle. Und wie immer, wie in allen Nächten, von seiner unendlichen Zärtlichkeit umgeben, schlafe ich eine ganze Nacht und einen ganzen Tag.

Ich war gerettet.

Unmöglich, auszudrücken, was ich fühlte, als ich in diesem Bett erwachte. Alles tat mir weh, meine Hände waren taub und zitterten. Pablo hatte mir den Ruf einer starken, tüchtigen Frau verliehen. Seiner Trägheit nachgebend, wenn es um häusliche Probleme ging, pflegte er zu sagen: «Fragen

Sie Patoja, sie versteht es, alles zu erledigen.» Und jetzt bin ich beschämend verängstigt, außer diesem großen Leid, dieser Verwaisung belasten mich Probleme über Probleme. Alles tut mir weh.

Wie dieser Welt ins Auge sehen, die mir kaputt zu sein scheint? Das beste dieses Landes ist innerhalb von Stunden zerstört worden. Wie helfen? Wie alarmieren, wie das, was hier geschieht, hinausschreien? Für wen und wo? Wer kann uns helfen? Wir sind allein, verstreut. Die Angst ist Herr dieses Landes, wie lange?

Die Ereignisse hatten sich derartig überstürzt, daß sie mich in einen Zustand zu drängen drohten, in dem ich mich nicht mehr in der Gewalt hatte, was ich bereits am Zittern meiner Hände spürte. Ich mußte meinem Dasein eine Form, eine Ordnung geben, um dieses Hindernisrennen durchzustehen, das, so ahnte ich, mein Leben sein würde. Die verrücktesten Gedanken tauchten auf und verschwanden wieder und machten mir den Kopf heiß.

Ich brauchte einen undurchlässigen Panzer. Wo ihn finden?

Lange schon blicke ich aufs Meer: Wie immer schlägt es heiter gegen die Felsen, es scheint mich einzuladen. Ich gehe ans Ufer, die Brise, die mein Gesicht peitscht, tut mir gut. Ich betrachte den Himmel, die Wolken ziehen, vom Wind getrieben, der sie unglaublich rasch zerteilt. Ich beobachte, wie sie sich entfernen, alle formen für mich Pablos Profil, das immer lacht. Der Scherz dieser Wolken tut mir sehr wohl.

Die Sonne geht unter. Der Meereshauch bringt den Geruch nach Algen und Jod vom Ozean mit; all das, wie ein Windstoß aus Düften, weckt in mir die Erinnerung daran, wie Pablo sein Meer verteidigte; ihm zufolge gab es auf der Welt keinen Strand wie den in Isla Negra. Einmal, wir waren in Europa, sagte Pablo: «Ich möchte heimkehren, ich ertrage die Sehnsucht nach dem Meer nicht länger.» Meine Antwort war lautes Gelächter, denn er hatte mir das gesagt, während wir am Meeresufer, in Viareggio, spazierengingen. (Wir hielten uns dort als Gäste auf; in jenem Jahr verliehen sie ihm den Viareggio-Preis.) Er sah mich an und sagte: «Das ist doch nicht das Meer. Siehst du nicht, daß es sich nicht bewegt, nicht braust und außerdem nicht riecht? Dies ist kein Meer.» Leidenschaftlich versicherte er, daß die zivilisierten Meere der Côte d'Azur keine Meere seien.

Eine Menge verschiedener Episoden mischt sich in meine Erinnerung, aber ich werde nicht, in Erinnerungen eingehüllt, leben können. Ich muß die natürliche Ordnung der Dinge wiederherstellen, nur wie?

Ich kehre ins Haus zurück. Es ist still. Mir ist, als würde dieses Haus nie mehr singen. Ich betrete das Schreibzimmer, die Arbeit ist so lebhaft gegenwärtig: die Mappen auf dem Tisch, beantwortete Briefe, andere, die noch zu beantworten sind ... Einige Papiere sehe ich mir an, das zerstreut mich, und gleichzeitig wird mir mit Schrecken klar, wieviel Arbeit ich haben werde. Ich muß mir das ganze Schreibzimmer vornehmen, um eine genaue Vorstellung davon zu bekommen, was aufzubewahren ist. Vor allem brennen mir die «Memoiren» auf den Nägeln. Wie sie aus Chile hinausschaffen? Wer wird dieses Buch gestalten? Es müßte ein Schriftsteller sein. Nur unser edelmütiger Bruder, der große Miguel Otero Silva, wäre fähig, eine solche Arbeit in Angriff zu nehmen. Am selben Tag rief ich ihn in Caracas an. Auf meine Einladung antwortete er, daß er im Augenblick nicht nach Chile kommen kann. Ein Eimer kaltes Wasser war seine Antwort für mich!

«Wann kannst du kommen?» fragte ich.

«Ich weiß nicht, ich kann dir kein Datum sagen», erwiderte er.

Meine Überraschung war groß, mein liebster Freund, in den ich immer unbegrenztes Vertrauen setzte, ließ mich im Stich. Wir schwiegen, ich wußte nicht, was ich sagen soll, ich glaube, ich weinte.

Nach einem Weilchen fragte er: «Bist du da?»

«Ja», sagte ich mit dünner Stimme.

«Und warum kommst nicht du und wir besprechen hier alle deine Probleme?»

«Das ist eine Lösung, aber es gibt ernste Schwierigkeiten», antwortete ich.

«Ich werde versuchen, dir einige überwinden zu helfen», sagte er. «Morgen sprechen wir noch einmal miteinander.»

Am Nachmittag desselben Tages kommt ein Abgesandter der venezolanischen Botschaft nach Isla Negra, um meine Reise zu regeln und um insbesondere alles, was ich will, mit Diplomatengepäck zu schicken. Von ihm erfahre ich, daß Miguel Senator ist; am Vortag hat er im Kongreß in Caracas über Pablos Tod gesprochen. «Er starb am Übel Chile», sagte er, zornig die blutige Diktatur während der ersten Regierungswoche dieser Mörderjunta geißelnd. Außerdem hielt er am selben Tag einen Vortrag in der Universität. Davon hatte ich nichts gewußt, und ich verstehe jetzt, daß meine Aufforderung, nach Chile zu kommen und mit mir zu arbeiten, völlig naiv gewesen ist.

Fieberhaft machte ich mich an die Arbeit. Die «Memoiren» waren diktiert, aber nicht korrigiert. Nur einer konnte mir helfen: Homero Arce, Pablos Sekretär und enger Freund. Er kannte dieses Buch sehr gut, denn Pablo hatte es ihm fast vollständig diktiert. Am selben Tag rief ich ihn an und bat ihn, nach Isla zu kommen. Er versprach es mir für den nächsten Tag. Ich spürte, daß ich, mit ihm zur Seite, nicht mehr allein wäre, meine Arbeit würde weniger wirr und leichter sein.

Er kam, und nachdem ich ihn begrüßt hatte, machte ich, ohne lange zu warten, einen großen Arbeitstisch zurecht und holte das ganze Material der «Memoiren» herunter. Er war nachdenklich, traurig, der Tod seines großen Freundes hatte auch ihn sehr getroffen. Sehr ernst setzte er sich und meinte dann, bevor er mit der Arbeit beginnen würde, müßte er mir etwas sagen. «Was jetzt geschieht, ist schrecklich. Diese Memoiren enthalten ein letztes Kapitel, das man nicht veröffentlichen kann, man muß es weglassen.»

Ich traute meinen Ohren nicht. Es entstand ein Schweigen, das mir endlos schien. Ich brachte kein Wort hervor. Die Angst, die schreckliche Angst verwandelt das Herz der Menschen, und es ist fast natürlich. Das ging mir erst später auf. In diesem Augenblick sagte ich mit gepreßter Stimme: «Wir können nicht weiterarbeiten; wenn Sie so denken, entziehe ich Ihnen mein ganzes Vertrauen.»

Da verlor ich eine gewaltige Stütze, an die ich so viele Jahre geglaubt hatte. Ich sammelte das Material ein und ging in mein Schlafzimmer hinauf. Ich zitterte am ganzen Leibe, und dabei war es erst meine erste Enttäuschung. An diesem Abend fühlte ich mich nicht imstande, ihm gegenüberzusitzen. Ich bat meine Schwester, die gekommen war, um mir beizustehen, sich um ihn zu kümmern.

Am nächsten Tag brachte ich ihn nach San Antonio. Als wir in den Ort einfuhren, sagte er: «Setzen Sie mich hier ab, Ihr Auto ist sehr bekannt.»

Bevor ich mich verabschiedete, fragte ich ihn, ob er wünsche, daß in den «Memoiren» sein Name als Mitarbeiter erscheine. Er bat mich, ich sollte ihn nicht nennen. Ich setzte ihn also ab und blickte ihm nach, wie er sich mit seinem Koffer in der Hand entfernte. Welche Einsamkeit!

Ich war verschreckter als zuvor, Homeros Furcht betraf auch mich irgendwie. Von ungeheurer Angst gepackt, kam ich zu Hause an. Ich ging in mein Schlafzimmer hinauf und warf mich aufs Bett; in diesem Augenblick hatte ich das Gefühl, ich könnte nie wieder aufstehen. Den Glauben an den Freund aller Tage, aller Stunden hatte ich verloren.

Es klopft an meiner Tür. Eine Stimme sagt, da sei eine Dame, die nicht weggehen wolle, bevor ich sie empfangen hätte, es sei sehr wichtig für sie. Anscheinend sei sie eine Bäuerin. Ich antworte, sie sollen sie hereinlassen, ich werde mit ihr sprechen. Ich stehe einer Frau gegenüber, die bescheiden und schüchtern wirkt. Ich begrüße sie und frage nach ihren Wünschen. Sie bittet mich, ihr das Haus zu zeigen. In ihren Augen ist eine Angst, ein so heftiges Verlangen, daß ich mich verwundert erkundige: «Haben Sie Pablo gelesen? Warum wollen Sie dieses Haus unbedingt kennenlernen?»

Sie blickt mich an und bittet: «Señora, lassen Sie mich nur dieses durchsichtige Zimmer ansehen, das Don Pablo unter der Meeresoberfläche hat, wo er seine Gedichte schreibt und dabei beobachtet, wie die Fische vorüberziehen.»

Ich schaue sie neidisch an. Sie ist fähig, an diese Vorstellung zu glauben, sicher ist sie eine sehr glückliche Frau. Lange denke ich nach. Warum sie in die Wirklichkeit versetzen? Dann sage ich: «Señora, wir benutzten dieses Zimmer, als Pablo lebte, jetzt, wo er tot ist, existiert es nicht mehr.»

Unendlich traurig entgegnet sie: «Wie schade! Wenn ich ein bißchen früher gekommen wäre, hätte ich es kennengelernt. Sie müssen eine sehr glückliche Frau sein, weil Sie mit ihm in diesem Zimmer gelebt haben.» Und sie geht, so schüchtern und still, wie sie gekommen ist.

Ich denke über meinen großen Irrtum nach. Nie könnte ich zusammenbrechen, hatte ich doch mit Pablo in diesem durchsichtigen Raum gelebt. Ich spüre, daß ganz allmählich ein starkes Selbstvertrauen in meine Seele einzieht. Ich darf nicht weinen. Im Sonett XCIV sagte Pablo zu mir:

Sterb ich, so überlebe mich mit all deiner reinen Kraft,
daß du den Zorn der Blässe erweckst, der Todeskälte,
von Süd hin zu Süd, erheb deine unauslöschlichen Augen,
von Sonne zu Sonne tönen soll dein Gitarrenmund.

Will nicht, daß dein Lachen noch deine Schritte zögern,
will nicht, daß meiner Freude Vermächtnis stirbt . . .

Heute kommt ein Rechtsanwalt zu mir; wir wollen die Erbschaftsangelegenheit regeln. Pablo hinterließ kein Testament, ein weiterer Beweis dafür, daß er den Tod in weiter Ferne sah. In unseren Gesprächen berührten wir das Thema nie, wir waren zu sehr damit beschäftigt, zu leben.

Pablo stand immer in dem Ruf, sehr reich zu sein, er gab nämlich alles, was er in die Hand bekam, sofort aus, stets hatte er viele kleine Schulden, bei Buchhändlern, in Antiquariaten.

Nie werde ich das Gesicht des befreundeten Rechtsanwalts Juan Agustín Figueroa vergessen, als er das Vermögen inventarisierte.

«Was für Aktien hast du?» fragte er mich.

Ich sah ihn überrascht an. «Aktien? Wir haben im Leben keine gehabt. Unser Konto auf der Bank in Santiago war am Monatsende immer überzogen.»

«Sag mir, Matilde», fragte mein Freund neugierig, «und das Geld von dem berühmten Nobelpreis?»

Ich sah ihn lächelnd an.

«Ganz einfach», sagte ich. «Der Preis wurde ihm im November angekündigt und im Dezember ausgehändigt. Als Pablo ihn erhielt, hatte er schon alles ausgegeben. Er machte zwar ein paar Schenkungen, aber hauptsächlich kaufte er sich die teuersten Muscheln, die du dir denken kannst, einige davon sind wirkliche Kostbarkeiten. Wer soll das alles schätzen, frage ich mich, denn ich weiß ja nicht, was ich jetzt damit machen soll. Seine Bibliothek, die gerade auf dem Seeweg herüberkommt, ist äußerst wertvoll; er kaufte sich alle Bücher, die zu besitzen er sein ganzes Leben geträumt hatte. Wenn ich dir sage, was einige davon kosteten, wirst du es mir nicht glauben. Er leistete eine Anzahlung für ein Landhaus in Condé-sur-Iton, das ist der Name einer Ortschaft, wo zwei märchenhafte Schlösser stehen, darauf beruht die irrige Annahme, die in Chile verbreitet wurde, Pablo habe sich ein Schloß gekauft.»

«Erzähl mir, wie das war», sagte er.

«Damals wurde in Chile natürlich der Nobelpreis gefeiert. Jedermann war begeistert, es war der zweite Nobelpreis für dies kleine Land am Ende der Welt, von dem viele Europäer nicht einmal wissen, wo es liegt, die meisten glauben, es sei ein tropisches Land. Es war fast zuviel.

Der Patriotismus der Einwohner von Parral kam zum Vorschein, und sie unterbreiteten dem Kongreß den Antrag, dem Kauf von Pablos Geburtshaus in Parral zuzustimmen, einem Haus, das gar nicht mehr existierte, es war bei einem Erdbeben zusammengefallen, nur einige kleine hintere Räume waren übriggeblieben. An dieser Stelle hatte der Bürgermeister Astorga auf einem großen Stein eine Tafel angebracht, etwas sehr Geschmackvolles. Wir hatten an der Enthüllung dieser Tafel teilgenommen.

An dem Tage, als im Kongreß über den Antrag für den Kauf verhandelt wurde, ergriff Senator Bulnes in der Kammer das Wort und bezichtigte Pablo, ein Schloß in Frankreich gekauft zu haben: Wie könne man das Geld der armen Chilenen für den Kauf eines Hauses in Parral vergeuden, nur um das Andenken an diesen größenwahnsinnigen Dichter zu verewigen. Ergebnis: Das Haus wurde nicht gekauft. Als wir das erfuhren, lachten wir tagelang; die Nachricht hatte uns in Paris erreicht, wo alles eine andere Dimension besaß, sie wirkte karikaturistisch überzogen und lächerlich.»

Mir tun diese Erinnerungen gut. Wir gehen durchs Haus. Alles, was hier ist, hat einen relativen Wert, manches ist sehr alt, und seinen Wert erhält es durch den, der es besitzt und es liebt. Nichts schwieriger als ein Inventar dieses Hauses! Immerhin wurde es später aufgestellt.

Ich wußte, daß mein Freund Juan Agustín von dem Vermögen, das Pablo hinterließ, enttäuscht war.

«Und dieser Ruf, ein reicher Mann zu sein, wie kam der zustande?» fragte er mich.

Mich belustigte es, ihn so bestürzt zu sehen. Wir hatten diesen Ruf nie korrigiert, zumal er uns half; jeder gab uns Kredit, wenn wir es wollten; Pablo sagte immer zu mir: «Daß sie ja nicht erfahren, was für arme Schlucker wir sind, sonst gibt uns keiner Kredit!»

Ich spreche gern von Pablo. Über alles freute ich mich, und mich begeisterte alles, was er tat. Wenn ich über so banale Dinge wie ein Inventar spreche und über das Vermögen, das er hinterlassen hat, bin ich ruhig. Außerdem ist da Licht, ist da das Meer, der Himmel. Das alles verschwindet in der Nacht. Wie schrecklich sind die Nächte!

Mein Freund sagte, er müßte nach Santiago fahren, um den Erbeantritt genehmigen zu lassen. Außerdem mußten wir ein Inventar aufstellen, und er erwartete, daß ich dabei helfe, weil es seiner Meinung nach sehr schwierig werden würde.

15
Erste Enttäuschungen. Die Angst

Nach Santiago fahren. Der Gedanke bringt mich so durcheinander, daß ich fast verrückt werde. Wie werde ich fahren? Wohin werde ich gehen? Die Erinnerung an das Kämmerchen meiner Freundin und Nachbarin läßt mich schaudern. Die ganze Nacht damals, als ich die Schüsse nah an meinem Fenster hörte, der Lärm der Sirenen, die in der tiefen Stille der Stadt während der Ausgangssperre betäubend wirkten und drohend, feindselig, todesträchtig widerhallten. Die bloße Erinnerung daran spannt meine Nerven wie Saiten, die am Zerreißen sind.

Ich denke weiter nach. Mein Chauffeur ist immer noch verschwunden, jemand muß mich nach Santiago mitnehmen. Ich bin unfähig, mir selbst zu helfen, allein der Gedanke, diese Wege zu gehen, entsetzt mich, mein Kopf wird ganz wirr, wenn ich an die Scheußlichkeiten denke, die ich in Santiago gesehen habe, beim leisesten Geräusch springe ich auf. Ich muß weitermachen, muß meine augenblickliche Unfähigkeit überwinden. Ich spüre in mir eine tiefe und ungestüme Bejahung des Lebens und meiner Pflichten, aber meine elenden Kräfte sind erschöpft. Wer wird mir helfen?

Nachdem ich viele Namen durcheinandergewürfelt habe, fällt mir zwingend der unserer großen Freundin ein, einer Dichterin aus Osorno, die jetzt in Santiago lebt. Sie mochte uns sehr. Wenn sie zu uns kam, war es wie ein Fest. Sie war so voller Zartheit, so liebevoll. Ich weiß noch, einmal trat sie mit einem Korb ein, darin riesige Kartoffeln mit Schößlingen von Lorbeer und vom Boldobaum, und sie überzeugte Pablo, daß es die wunderbarsten Kartoffeln waren, die der Mensch essen könnte. Darauf rief Pablo: «Daß mir keiner diese Kartoffeln ißt, die gehören mir!»

Ich telefonierte mit ihr, und als ich sie bat, mich nach Santiago zu bringen, antwortete sie mir sehr liebevoll, das könnte sie nicht, ich sollte einen Bus nehmen, sie würde an der Haltestelle auf mich warten. So verblieben wir, und arglos glaubte ich, sie würde mir helfen. Ich mußte die «Memoiren» fotokopieren lassen, aber wie? Wo? In diesen Tagen war alles schwierig. Sie nahm mich mit nach Hause, wir aßen zu Mittag, ich fühlte mich so verloren, war so verängstigt. Während des Essens sagte meine gute Freundin zu mir: «Nach dem Essen muß ich zu einer Mieterversammlung in diesem Haus. Wohin soll ich dich bringen? Wo wirst du bleiben?»

Ich muß lange gebraucht haben, bis ich antwortete: «Bring mich ins Hotel Crillón.»

Und dort, am Hoteleingang, ließ sie mich mit meinem Handköfferchen und meinem großen Packen von Problemen zurück. Sie war sehr beschäftigt, mußte das Leben, die Liebe, die Natur besingen. Nie hat sie mich wieder angerufen. Das war unwichtig, es zeigte mir, daß meine Probleme nur mich angingen und daß ich sie ganz allein lösen mußte.

Ich betrat dieses Hotel, wo ich oft mit Pablo gewesen war. Alle Leute von der Rezeption kamen, um mich zu begrüßen. Ich fühlte mich beschützt; das Leben, das mir einen Schlag nach dem andern versetzte, schenkte mir mit der Herzlichkeit dieser Menschen einen wohltuenden Balsam.

Ich lief meine ersten Schritte durch dieses Leben als alleinstehende Frau, ein Leben, an das ich nie gedacht hatte. Hier stehe ich, dem Wahnsinn dieser Tage ausgesetzt, ich fühle mich wie eine Gefangene zwischen zwei Mauern: meinem tiefen Leid und dem Grauen so vieler Tode, so viel Brutalität. Ich bin wie zerrissen von all den Nachrichten. Ich habe Angst, große Angst.

Ein Zimmer zu finden war nicht leicht, ich suchte eifrig eins, das von innen mit Drücker zu schließen war, aber so eins gab es nicht, sie waren nur mit Schlüssel abzuschließen. Ich wählte ein kleines, das als eine Art Korridor begann; gleich kam ich auf den Gedanken, die Tür mit Möbeln zu verbarrikadieren und mich auf diese Weise etwas zu schützen. Kaum war ich drin, kam ein Angestellter von der Rezeption und sagte mir, das Hotel würde von Polizisten in Zivil überwacht, und er informierte mich, wie sie gekleidet waren. Da begriff ich, daß ich das kostbare Material, das ich bei mir hatte, nur unter größten Sicherheitsvorkehrungen hinausbringen konnte.

Ich rief die mexikanische Botschaft an, und kurz darauf erschien ein Sekretär, dem ich erzählte, daß ich eine Fotokopie des Buches brauchte. Die Botschaft würde das übernehmen. Was für ein Stein fiel mir vom Herzen! Am nächsten Tag würde er sie mir bringen.

In dem kleinen Zimmer wurde mir die Luft knapp. Ich sah aus dem Fenster, es lag auf einen kleinen schwarzen Hof hinaus, wie mein Schicksal.

Ganz durcheinander ging ich aus, ich wollte zum Friedhof. Einen jungen Mann an der Rezeption fragte ich, ob es sicherer sei, ein Taxi des Hotels zu nehmen.

«Auf keinen Fall!» antwortete er. «Nehmen Sie eins auf der Straße, und recht weit von hier!»

Die Polizisten starrte ich an, auch sie musterten mich, es war sehr leicht, sie zu identifizieren. Sie machten den Eindruck, als fühlten sie sich ungemütlich, sie hatten eine Zeitung in der Hand und blickten bisweilen hinein, ohne zu lesen.

Ich trat auf die Straße und lief ein gutes Stück. Dann nahm ich ein Taxi und fuhr Richtung Friedhof. Als wir den Mapocho überquerten, sah ich eine Menge wartender Menschen. Ich ließ den Wagen halten, wollte wissen, worauf sie warteten. Es waren viele, in ihren Gesichtern spiegelte sich Angst. Ich stieg aus und sprach die erste Frau an, die ich sah. Vom vielen Weinen verheerte Augen blickten mich an. «Mein Mann, Señora, er ist schon tot, und sie wollen ihn mir nicht herausgeben. Sie haben ihn vor zwei Tagen umgebracht. Ich habe es gesehen, Señora, ich habe es gesehen. Nie hat er etwas Schlechtes getan, er war so gut. Aber ich rühre mich nicht von hier weg, bis sie ihn mir geben.» – «Auch ich rühre mich hier nicht weg», sagte eine andere, und noch eine andere ebenfalls. Eine Alte blickte uns an, kam näher und sagte zu uns: «Es ist mein Enkel, sie haben ihn mir an der Hausecke getötet und ihn hierhergebracht. Ich will ihn begraben.» Ich sah alle an, es waren Hunderte, die da standen und darauf warteten, ihre Toten zu identifizieren. Armes Volk! Und zu denken, daß das, was ich sah, ein winziger Teil dessen war, was es litt, und sein einziges Verbrechen bestand darin, ein bißchen Gleichberechtigung zu wollen.

Ich erinnerte mich an Pablo. Er war so glücklich gewesen, daß dieses Volk endlich den Weg der Gerechtigkeit und Würde beschritt. «Die Veränderungen, die sich in Chile vollziehen», sagte er zu mir, «sind jetzt noch nicht zu erkennen. Dieses Jahr wird schwer sein, aber das nächste sehr gut.»

Auch die Feinde wußten das, und sie mußten es töten, egal, wie, mit Feuer und Schwert, mitleidslos, und Pablo töteten sie auch an jenem Tag: Er sah, daß alle diese hohen Erwartungen, für die er sein Leben lang gekämpft hatte, zunichte wurden. Alles wurde von Chiles «heldenhaften Fliegern aus der Luft bombardiert», wie es im Schlußkapitel seiner «Memoiren» heißt, und dieses Bombardement drang ihm ins Herz und tötete ihn.

Beklommen betrachtete ich alle diese Leute, ich fühlte mich jedem einzelnen verwandt. Wie benommen ging ich weiter zum Friedhof, in meinem Kopf hämmerten die Klagen dieser armen Menschen, junge, alte, Kinder, alle in das gleiche Leid versunken. Wer würde sie hören?

Ich erreichte den Friedhof und kaufte ein paar rote Nelken, die ich an mich preßte. Ich kam zu diesem Grabmal, das mir nicht gefiel, seine Tür ließ mich schaudern, und drinnen lag Pablo. Warum habe ich ihn hierhergebracht? Diese Frage hatte ich mir von Anfang an gestellt und stellte sie mir auch später; trotzdem fühlte ich mich wie getröstet. Ich setzte mich ganz dicht neben ihn und erzählte ihm alles, was ich erlebt hatte. Warum nicht? Aus tiefstem Herzensgrund bat ich ihn, mir zu helfen. Heute werde ich ganz allein sein, sagte ich zu ihm, meine Stimme verlor sich in dem unheimlichen Echo dieser Krypta mit so viel mir unbekanntem Tod.

Ich trat auf die Hauptallee hinaus, und viele Trauerzüge – alle aus armen Leuten bestehend – erregten meine Aufmerksamkeit. Es heißt, der Tod macht uns alle gleich, aber er macht uns nur in der Sache gleich. Einen Trauerzug aus

Armen erkennt man, sie verbergen ihren Schmerz nicht. Hier weinen die Frauen. Ich war bestürzt, sah immer mehr Trauerzüge. Aber warum starben so viele zur gleichen Zeit, zur gleichen Stunde?

Ich wandte mich an einen Totengräber, sie unterhalten sich gern, sind liebenswürdig, möchten helfen; ob die Nähe des Todes dem Gemüt guttut und der Seele Frieden gibt?

«Sagen Sie mir», bat ich, «warum so viele Trauerzüge gleichzeitig?»

Er blickte mich an, als fragte er sich, wer ich sei und ob er sprechen könne oder nicht. Auch hier begann der Knebel der Angst zu funktionieren. Er heftete ein Paar durchdringender Augen auf mich.

«Ich bin die Witwe von Pablo Neruda», sagte ich, und, oh, welch ein Wunder, sein Gesicht verwandelte sich, seine Augen wurden zärtlich, sein breiter Mund lächelte mitfühlend, und sehr leise, fast flüsternd, sagte er: «Sie haben im Gerichtsmedizinischen Institut angefangen, die Leichen herauszugeben. Man sagt, es waren so viele, daß sie keinen Platz mehr hatten. In der Nacht, nach Beginn der Ausgangssperre, kamen sie lastwagenweise, sie hatten sie aus dem Mapocho gefischt und in den Straßen aufgesammelt. Die Angehörigen stehen ganze Häuserblocks entlang Schlange, um Tote zu holen. Es werden arbeitsreiche Tage. Sie haben es sehr eilig, diesen Teil des Friedhofs fertigzubekommen, denn die Grabnischen werden wahrscheinlich knapp werden.»

Ich war sehr erschrocken. Mir war, als fiele die Klaue, die auf alle diese Toten gefallen war, nun auf mich.

Wohin jetzt? Ich lief weiter und langte wieder am Gerichtsmedizinischen Institut an. Aus der Gruppe löste sich jene Frau, die ihren Sohn verloren hatte, ich schaute sie mir eingehender an, sie war groß, stattlich, hatte die kräftigen Hände einer Arbeiterin.

«Was ist mit Ihnen, Señora?» fragte sie mich. «Haben Sie hier drin auch einen Toten?»

Ich muß sie ganz verzweifelt angesehen haben. Sie war sehr erstaunt, als ich sagte: «Alle Toten hier drin sind meine Brüder.»

Ein Paar fester Arme mit großen, harten Händen hoben sich, und mich umfing ihre schwesterliche Wärme. Ich fühlte mich beschützt, geliebt, wir weinten gemeinsam. In dieser Umarmung spürte ich, daß ich nie allein sein würde; irgendwie war sie, mit vielen andern, die Schwester, die mir ihre Wärme gab.

Ich ging fort, eine traurige, trostlose Freude empfindend. Ich war nicht allein. Ich kehrte zum Hotel zurück. Als ich ankam, standen zwei Polizisten am Eingang. Sie hefteten den Blick auf mich, ich blieb vor ihnen stehen und sah sie an, ihre Augen schienen mir hart, kalt und grausam. Ich konnte nicht hineingehen. Ohne zu überlegen, wandte ich mich ab. Ich lief ziellos umher. Plötzlich befand ich mich vor der niedergebrannten Moneda, auch dort stand Polizei am Eingang und bewachte die von Rauch und Flammen geschwärzten Mauern. Es roch noch nach dem Brand. Gedankenlos lief ich weiter. Wo den Führer finden, der mir helfen würde, mich an dieses schwere Dasein zu gewöhnen? Die Kehle schnürte sich mir zu. Ich kehrte in mein Hotelzimmer zurück, da war es besser, da konnte ich weinen. Durch die Fensterscheiben sah ich, daß es langsam Nacht wurde. Ich unterhielt mich mit dem Zimmermädchen, sie erzählte, daß jede Nacht Leute aus ihren Zimmern herausgeholt wurden, daß sie die Rezeption zwangen, die Türen zu öffnen. Würden sie heute nacht mich holen? Ich schaute auf die Tür, die jeden Augenblick aufgehen konnte, und dachte, das einzige, was ich nicht wollte, war, von ihnen überrascht zu werden. Ich mußte ihnen zuvorkommen. Zuerst stellte ich einen Sessel an die Tür, dann einen Tisch und zuletzt einen Schreibtisch: Sie konnten nicht mehr so leicht eindringen, ich würde auf sie aufmerksam werden und wenigstens Zeit haben, sie im Morgenrock zu erwarten. Ich versuchte zu lesen und konnte mich nicht konzentrieren, mich verwirrte der Gedanke, daß sich die Tür jederzeit öffnen konnte. An diese Nacht erinnere ich mich wie an einen schweren Alptraum: die unterdrückte Angst, die Beklemmung, wenn man die während der Ausgangssperre tiefe Stille hörte, die hin und wieder von einer drohenden Polizeisirene unterbrochen wurde, so daß ich mich fragte: Wen mögen sie suchen? Wen nehmen sie mit? Wie viele haben sie heute umgebracht? Wieviel Mütter, Geschwister, Verlobte weinen um ihre Lieben? Brennende Fragen.

Mir war, als hätte ich nicht geschlafen, ich hatte allen Geräuschen der Nacht gelauscht. Plötzlich vernehme ich Schritte, ich bin entsetzt. Sie kommen an mein Zimmer, denke ich. Meine Nerven sind aufs äußerste gespannt, die Schritte nähern sich, ich höre sie immer lauter, springe aus dem Bett, trete an die Möbel heran, die die Tür versperren, presse mich mit Macht dagegen – die Schritte entfernen sich über den langen Hotelflur. Wie oft geschah das? Wieviel Sirenen habe ich gehört? Wieviel Schüsse? Was für eine lange Nacht! Mir wurde klar, daß es eine unglaubliche menschliche Widerstandskraft gibt.

Wohltuende Helligkeit drang durch mein kleines Fenster, was mir unsägliches Behagen bereitete. Ich empfing sie wie eine gute Nachricht und schlief ein. Als ich aufwachte, war ich müde, alles tat mir weh. Mein Kopf, voll von den verschrobensten Gedanken, glühte wie ein Vulkan.

Und wenn ich krank werde? dachte ich ängstlich, wer wird es übernehmen, dieses wertvolle Material herauszuholen? Ich durfte nicht krank werden. Dieser Angst, die sich meines Herzens mehr und mehr bemächtigte und es erdrosseln, es zum Schweigen bringen wollte, mußte ich entgegentreten und sie besiegen. Ich blickte zu der mit sämtlichen Möbeln des Zimmers verbarrikadierten Tür und schämte mich. Ich mußte kämpfen, wie es Pablo getan hätte, wenn er leben würde. Er hatte immer unbegrenztes Vertrauen in mich gesetzt. Ich durfte ihn nicht enttäuschen. Ich erhob mich und räumte die Tür frei. Der kleine Schreibtisch erschien mir so schwer, daß ich ihn beinahe nicht bewegen konnte. Fehlende Kraft! dachte ich.

Ich klingelte und bestellte mit einer Stimme, die ganz fest wirken sollte, das Frühstück.

«Wie haben Sie geschlafen, Señora?» fragte das Zimmermädchen freundlich.

Sicher war mein Gesicht wenig beruhigend, und zu ihrer

Überraschung antwortete ich: «Sehr gut, danke. Ich habe viel zu tun, bringen Sie mir schnell das Frühstück!»

Ohne es zu merken, hatte ich begonnen, die größte Komödie meines Lebens zu spielen. Ich nahm mir fest vor, mich jedermann aufrecht, ungebrochen, heiter zu zeigen, mit Arbeit beschäftigt. Gegenwärtig wußte ich nicht genau, worauf das hinauslief, nach meinem Gefühl war es wie eine Wette oder eine Herausforderung an das Leben.

Ich bin eine Frau gewesen, die Glück hatte. Das Leben hatte mir Pablo und damit alles gegeben. Im Leben ist eine große Liebe wie eine starke Schutzwehr, an der die Schwierigkeiten zerschellen. Die Liebe ist ein heiteres Gebirge, das sich nicht versetzen läßt. Jetzt, in diesem Augenblick, spürte ich, daß ich ohne diese große Stütze war. Ich mußte sie auch künftig an meiner Seite wissen. Mein kleines Hotelzimmer tapezierte ich mit unseren Fotografien; wenn ich eintrat, schloß ich die Tür und war nicht mehr allein. Um mir Mut zu machen, dachte ich: Mir können sie keinen Schaden zufügen, weil sie mir das, was ich erlebt habe, nicht nehmen können, sie können mir meine Erinnerungen nicht nehmen, die jetzt mein Leben und den Sinn fürs Weiterleben ausmachen. Ich mußte eine Frau werden, die frei von Angst ist. Würde ich dazu fähig sein? Ich blickte in den Spiegel. Ich war sehr häßlich. Was wird Pablo sagen, wenn er mich sieht? Mein Haar, das immer trotzig hochstand und das er seine «Mähne» nannte, hing wie tot herunter. Ich duschte lange, um warm zu werden, es gelang mir nicht, immer fror ich. Ich kleidete mich hell und machte mich sorgfältig zurecht. An der Rezeption grüßten mich die Angestellten herzlich. «Wie geht es Ihnen, Señora?»

«Sehr gut, danke», sagte ich mit sicherer Stimme und spürte, daß diese Komödie anfing, mir sehr gutzutun.

Meine Schritte waren auch sicherer. Am Vortag hatten sie mich gefragt, ob mir jemand folge. Ich hatte mir fest vorgenommen, nie zurückzublicken, um mir das etwa zu bestätigen, und wenn es an dem war, wollte ich es nicht wissen. Ich würde diesen Gedanken, der sich in Verfolgungswahn verwandeln konnte, von mir weisen. An dem Tag versuchte ich, mich mit Freunden zu treffen. Die Lage jedes einzelnen von ihnen war beängstigend. Die einen suchten Asyl in Botschaften, andere versteckten sich in verschiedenen Häusern, da sie darauf gefaßt waren, jeden Augenblick eingesperrt zu werden. Alle wegen desselben Vergehens: Ihr Land zu lieben und das Gebrechen der Armut ausrotten zu wollen; den Menschen, die so hart arbeiteten und so schlecht lebten, ein wenig Wohlstand geben zu wollen; Würde für ein Volk zu wollen, das sie so sehr verdiente.

Das alles entmutigte mich.

Als ich ins Hotel komme, sagen sie mir, daß jemand auf mich wartet, es ist der Sekretär der mexikanischen Botschaft, der mir die Fotokopie der «Memoiren» bringt. Die Botschaft wird das Original behalten. Welche Erleichterung! Am nächsten Tag werde ich nach Isla fahren, um meine Reise nach Venezuela vorzubereiten.

Wieder brach die Nacht herein; und ich muß gestehen, daß mein Mut schwindet, je länger die Schatten werden. Die Komödie der Standhaftigkeit fällt in sich zusammen, und wieder verrammele ich die Tür mit allen Möbeln, die ich finde.

16

Fahrt nach Valparaíso

Am nächsten Tag klingelt ganz früh das Telefon. Es ist Valparaíso. «Du mußt kommen», sagen meine Freunde, «sie haben dein Haus von der Terrassentür aus geöffnet und holen alles heraus, was sie wollen. Komm wenigstens, es zuzuschließen, du als einzige kannst das.» Die Einzelheiten sind alarmierend; es wird wieder und wieder durchsucht, das heißt geplündert. Unsere Organe, die dafür bezahlt werden, Ordnung, Sicherheit und Ruhe zu schützen, plündern erbarmungslos mein Haus, dabei in ihre Uniformen gekleidet, die zu achten und zu lieben wir gewohnt waren. Alle Nachbarn beobachten das, aber das macht denen nichts aus. In diesen

Nachrichten liegt etwas sehr Ernstes, sehr Schlimmes. Wer wird uns verteidigen, wenn die damit Beauftragten auf diese Weise plündern und zerstören?

Meine Hände schwitzen, ich weiß, daß ich krank bin, immerzu diese Spannung. Ich muß mich allein kurieren; wenn ich doch wenigstens jemand erzählen könnte, was mir geschieht! Der einzige, mit dem ich darüber spreche, ist Pablo, er ist der einzige, der weiß, was mir widerfährt; stundenlang unterhalte ich mich mit ihm. Jeden Augenblick denke ich: Wäre er bei mir, was würde er machen? Da keiner was ahnt, würden sie mich für verrückt halten, und vielleicht bin ich es ein wenig.

Ich stehe auf, rücke die Möbel von der Tür weg, das hat sich schon in einen Ritus verwandelt. Ich räume das Zimmer auf, schäme mich bei dem Gedanken, jemand könnte erfahren, daß ich nachts die Tür verrammele. Ich bestelle das Frühstück. An den Wänden meines Zimmers zeigt sich das Leben, Pablo sieht mich an, sein Bild hängt gegenüber meinem Bett, und er lacht. Ich betrachte es gern, mir gefällt, daß er lacht. Auf einem andern ist er mit unseren verwöhnten Hunden abgebildet, und ich habe noch eins, auf dem er mich zärtlich umarmt. Wieder schäme ich mich, weil ich feige bin.

Ich werde den Wagen nach Valparaíso nehmen und selber fahren, ich muß gegen diese Schwäche ankämpfen, die mich umfängt und die mich für immer gefangenhalten kann.

An der Rezeption gebe ich Bescheid, daß ich nach Valparaíso fahre, hinterlasse die Telefonnummer meiner Freunde und sage, daß ich mein Auto selbst steuern werde. Sie erschrecken und bitten mich, nicht allein zu fahren; schließlich bitten sie mich, vorsichtig zu sein.

Das Fahren erfordert viel Mühe. Beim Verlassen Santiagos werde ich durchsucht und verhört. Sie wissen, daß ich Pablo Nerudas Frau bin. Mein Wagen ist leer, ich habe nur eine kleine Reisetasche mit, die sie umstülpen, um Stück für Stück in Augenschein zu nehmen. Ich frage sie, was sie suchen, wenn sie es mir sagen, kann ich ihnen helfen. Sie sehen mich scharf an, und als machten sie ein Zugeständnis, erlauben sie mir, weiterzufahren.

Nach ein paar Kilometern werde ich wieder angehalten. Sie fordern meine Dokumente, es ist ein junger Kerl mit rohen Manieren. Er befiehlt mir, auszusteigen und den Kofferraum zu öffnen, und ich erwidere, er soll das selbst machen, er ist leer und nicht verschlossen. Wieder befiehlt er mir, auszusteigen und selber zu öffnen. Er ist primitiv und fühlt sich glücklich, Macht auszuüben. Er fragt mich, wohin ich will, und als ich antworte, nach Valparaíso, um nach meinem durchsuchten und geplünderten Haus zu sehen, befiehlt er mir, weiterzufahren.

Jetzt bin ich sehr nervös, ich denke, ich hätte nicht selber fahren sollen. Ich zittere, mein Kopf glüht, als wollte er platzen. Vor Casablanca halten sie mich wieder an. Ich muß sie wie eine Bestie angesehen haben, und noch ehe sie den Mund aufmachen, sage ich: «Wie oft werden Sie mich noch anhalten? In was für einem Land leben wir? Können Sie mir darauf antworten?» Zum ersten Mal blicke ich sie an. Zu meiner Überraschung begegne ich einem freundlichen Gesicht, das sanft zu mir spricht: «Ihre Papiere, bitte.» Ich reiche sie ihm, meine Angst verfliegt. Als er die Papiere sieht und aus ihnen erfährt, daß ich Pablo Nerudas Witwe bin, verändert sich sein Gesichtsausdruck, in seinem Blick liegt Sympathie, und er sagt: «Verzeihen Sie, Señora! Aber bitte, seien Sie vorsichtig, Sie fahren sehr nervös.» Wie erleichtert bin ich! Nicht jeder in Uniform ist ein Gegner. Das Gesicht, der Blick dieses Polizisten brachten das Wunder fertig, mich zu beruhigen.

Ich halte den Wagen an und steige aus, um mir ein bißchen die Füße zu vertreten. Ich gehe in ein kleines Dickicht, da sind Blumen in allen Farben. Ich pflücke welche. Das alles gibt mir allmählich den inneren Frieden zurück, den ich so oft verloren habe. Da stehen die Blumen, die wir Azulinas nannten. Keiner wußte, wie sie wirklich heißen. Aber erst gestern stromerte ich doch mit Pablo hier herum! Es versetzt mir einen Stich, als ich an sein begeistertes Gesicht denke, wenn er mir vorschlug: «Fahren wir nach Valparaíso, die

Schiffe ansehen!» Gewöhnlich strahlte die Sonne, und alles lud dazu ein, hinauszuziehen. Wir pflückten wilde Blumen. Es waren fröhliche, friedliche, beinahe unschuldige Morgenstunden. Wir sammelten große und kleine Wurzeln. Diese Reisen nach Valparaiso waren voller Überraschungen. Wir liebten es, kleine Pfade zu gehen, die vom Hauptweg abzweigten. Manchmal führten sie nirgendwohin, aber wie genossen wir diese Stille der freien Flur, die nur vom Flügelschlag oder vom Gesang der Vögel unterbrochen war! Andere Male trafen wir auf Siedlungen, die aus ein paar Häusern bestanden, wo die Zeit stehengeblieben zu sein schien. Einmal kletterten wir einen ziemlich schwierigen Bergpfad hinauf, man mußte immer weitergehen, umkehren konnte man nicht. Hoch oben fanden wir ein altes stilles Dörfchen mitten im Gebirge. In einem Haus, das wir für einen Laden hielten, fragten wir, ob wir etwas zu essen bekämen, und sie sagten: «Wir haben Brot und Paprika mit Knoblauch.» Wir lachten herzlich, denn was erwarteten wir um vier Uhr nachmittags in einer kleinen Ortschaft? «Großartig», antworteten wir. «Dann also Brot und Paprika mit Knoblauch, und natürlich einen Becher Wein.» Wie die köstlichste Speise genossen wir alles. Wir hatten die wesentlichen Zutaten, damit es gut schmeckte: großen Hunger und Fröhlichkeit. Auf diese Weise nahmen unsere Fahrten nach Valparaiso immer irgendeine stets überraschende Wendung. So war unser Leben.

Ich bin an unserm Berg in Valparaíso angelangt, und von weitem erkenne ich das Haus. Es erhebt sich leicht und anmutig. Pablo ließ es mit hellen, fröhlichen Farben streichen. Als ich es sehe, habe ich die so gefährliche Fahrt schon vergessen. Das Stadtbild von Valparaíso erstrahlt.

Bevor ich meine Wohnung betrete, suche ich meine Freunde auf, die im Erdgeschoß wohnen. Es scheint eine andere Welt zu sein.

Mein Freund ist allein, sein Sohn sitzt im Gefängnis, wo, weiß er nicht; seine älteste Tochter wird verfolgt, und die jüngere, vierzehn Jahre alt, ist in der Schule verhaftet worden. Warum? Sie hatten bei ihr ein Foto gefunden, auf dem sie bei einer Schulparade die chilenische Fahne trägt. Ich kenne sie von klein auf und bin entsetzt. Sie ist doch noch ein Kind! Wieder packt mich die Angst.

Ich gehe nach oben. Kein Zweifel, diese Horden von Banditen hatten Pablo ausersehen, um alles zu zerstören, von dem sie wußten, daß er sehr daran hing. Was sie nicht mitnehmen konnten, zerschlugen sie. Als erstes bemerke ich die Tür zum Wohnzimmer. Sie ist zersplittert. Drinnen herrscht ein unbeschreibliches Durcheinander. Ich gehe ins Schlafzimmer. Pablo hatte eine wunderschöne Tür gekauft, wie ein farbiges Kirchenfenster; sie ist zerschlagen. Sie war zu schön gewesen, konnte sich nicht vor der Zerstörung durch diese Barbaren retten. Wozu zerschlugen sie die Türen, wenn sie nicht verschlossen waren?

Ich stehe da, wie erstarrt, und betrachte das Schreckliche. Ich kann mich nicht aus meiner Bestürzung lösen. Wie ein sonderbares Schicksal hat es mich getroffen: die Häuser, die ich am meisten geliebt habe, zerstört zu sehen. Wie häßlich ist der Tod der Häuser!

Das erste Haus, das zerstört wurde, war das in Chillán, Zeuge meiner ersten Träume, meines ersten Erwachens. Das Erdbeben von 1930 zerstörte es. Wenn ich in den Ferien in den Süden reiste, versäumte ich es nie, vorbeizuschauen, wo mein Haus gewesen war; Eigentümer war ein Rechtsanwalt, und ich glaube, es belustigte ihn, wie andächtig ich die Bäume, die Blumen, die Rosen betrachtete. Das erste Mal wollte er eine Rose abschneiden, um sie mir zu schenken, ich hinderte ihn daran, es schmerzt mich zu sehen, wie eine so schöne Blume abgeschnitten wird. «Lassen Sie sie leben», sagte ich bewegt. Nach dem Erdbeben erfuhr ich, daß fast ganz Chillán zerstört war, und dachte: Mein Haus kann nicht einstürzen. Mauern, die so dick sind, wie können die einstürzen? Es war ungeheuer schmerzlich, das geliebte Haus am Boden liegen zu sehen, ich erkannte es an den Kastanien und den Nußbäumen hinten im Hof; sie standen da und hatten überlebt. Mir war, als sei mir ein lieber Mensch gestorben. Unter diesen Trümmerbergen waren meine Wurzeln und alle Zeugen meiner Kindheit begraben, die so voller Glück gewesen war.

Mein Haus in Santiago, das wir auf einem Brombeerhügel hatten entstehen lassen, sah ich überschwemmt, verbrannt, zerstört.

In das Haus in Valparaíso hatten wir all unsere Sorgfalt gelegt, es sollte anders als die übrigen sein.

Ich erinnere mich genau an den Tag, an dem wir in diesem Haus ankamen. Es war im Rohbau. Der Bauherr hatte drei Häuser auf demselben Berg errichtet und dabei die schönste Aussicht gesucht; und er hatte sie endlich gefunden. Leider konnte er sie nicht genießen; er starb, und das Haus blieb im Rohbau. Wir waren fasziniert; als wir seinen Turm erstiegen hatten, war es, als schwebten wir in der Luft. Wir sahen ganz Valparaíso, ohne daß etwas unseren Blick störte. Die Familie Collado, die dieses Haus verkaufte und eine romantische Erinnerung an ihren Vater hegte, traf mit Pablo eine sehr großzügige Vereinbarung. Die Raten, die er zahlte, waren wie eine Miete. Freunde kauften die beiden unteren Stockwerke und Pablo die beiden oberen, sehr kleinen, das letzte war ein Vogelbauer, es wurde unser Schlafzimmer. Von dort sah Pablo die Schiffe ein- und auslaufen. Er war sehr glücklich in dem Haus.

Diese und andere Erinnerungen an jene Tage gaben mir den Mut, etwas zu tun, was in diesem Augenblick Wahnsinn war. Ich fuhr zur Polizeiwache und zeigte den Diebstahl an. Ich bat, mit einem Offizier sprechen zu dürfen, er empfing mich kalt und distanziert. Ich erzählte ihm, daß es die Polizisten in Uniform gewesen waren, die hier gestohlen und zerstört hatten. Er war selber Polizist. Er hörte mich geduldig an und sagte dann autoritär: «Hier ist kein Befehl erteilt worden, bei Ihnen eine Haussuchung zu machen.» Er erhob sich. Die Audienz war beendet. Angewidert ging ich. Ich vermied es rechtzeitig, ihm die Hand zu geben.

Das Normale wäre gewesen, nach dieser schmerzlichen Erfahrung in das Haus zurückzukehren, aber in diesem Augenblick hatte ich den verrückten und unverschämten Einfall, zur Stadtverwaltung zu gehen. Ich bat, den Bürgermeister, Admiral Walbaum, sprechen zu können, mit dem wir in Frankreich das Schulschiff «Esmeralda» empfangen hatten, als Pablo Botschafter war. Nach langer Wartezeit ließ er mir ausrichten, ich sollte um halb vier wiederkommen. Pünktlich stellte ich mich ein, er empfing mich höflich. Nachdem ich ihm erzählt hatte, was mit dem Haus in Valparaíso geschehen war, sagte ich: «Aber das ist nicht alles, unsere Sachen aus Frankreich, viele wertvolle Gemälde, die Pablo mitgenommen hatte, um die Botschaft auszuschmücken, und vor allem seine Bibliothek, kommen auf dem Seeweg aus Frankreich. Pablo gab einen großen Teil seines Nobelpreises aus, um Bücher und sehr wertvolle Muscheln zu kaufen. Das alles wird in Valparaíso eintreffen. Können Sie mir helfen, damit das alles gerettet wird und nicht das gleiche Schicksal erleidet wie mein Haus in Santiago und das in Valparaíso?» Er blickte mich sehr ernst an und sagte bestimmt: «Ja, Señora. Ich werde Ihnen helfen. Ich werde Sie wissen lassen, an wen Sie sich wenden müssen, wenn Ihre Sachen ankommen.»

Ich gab ihm meine Telefonnummer von Isla Negra und sagte: «Ich erwarte Ihren Anruf.» Und sehr dankbar ging ich fort. Wenn ich die Bücher aus Paris retten könnte, würde ich mich zufriedengeben. Getröstet verließ ich die Stadtverwaltung, noch glaubte ich ein wenig dem Wort eines Admirals.

Noch am selben Tag fuhr ich nach Santiago zurück. Ich wollte dort sein, bevor es dunkel wurde, ich wollte die Vision dieses zerstörten Hauses vergessen. Ich weiß nicht, ob es kalt war, aber meine Füße waren eisig, fast fühlte ich sie nicht. Das Fahren strengte mich an. Ich kam langsam voran, und plötzlich, nahe Curacaví, trat ein Schatten auf die Straße, der schüchtern einen Arm hob. Ich hielt an und fragte ihn, wohin er wollte. Er antwortete, nach Santiago. Ich forderte ihn auf, einzusteigen. Es war eine Frau mittleren Alters, ziemlich groß, aber gebeugt, scheu, ihr Haar fiel glatt, wie vernachlässigt herab. Eine Frau aus dem Volk. Kurz nachdem ich sie hatte einsteigen lassen, kam die unvermeidliche Kontrolle. Wie immer verlangten sie die Papiere, auch von der Señora neben mir. Sie sah mich ängstlich an und sagte:

«Ich habe keine.» Das Gesicht unseres tapferen Polizisten verhärtete sich: «Wie können Sie es wagen, ohne Ausweispapiere unterwegs zu sein?» Rasch, mit meinem besten Lächeln, sagte ich: «Sie ist meine Hausangestellte, ich kenne sie gut. Wir sind sehr eilig losgefahren, aber das nächste Mal wird sie ihren Ausweis nicht vergessen, ich verspreche es Ihnen.» Wir hatten uns so klein wie nur möglich gemacht und erhofften von diesem Gott die Erlaubnis, weiterzufahren. Er blickte uns wieder inquisitorisch an und sagte dann: «Fahren Sie.»

Ich fuhr weiter und gab nun meinem ganzen Unmut, meinem ganzen Unglück Ausdruck. Meine Mitreisende weinte. «Was für eine Angst ich ausgestanden habe!» sagte sie. «Ich dachte, Sie sind eine ‹Mumie›* und würden mich dem Polizisten ausliefern.» Ich sah sie an, und in diesem Augenblick nahm ich ihre von tage- und nächtelangem Weinen geröteten Augen wahr. Sie war hübsch. In ihrem Antlitz einer Frau aus dem Volk lag jene charakteristische Würde. Ein breiter Mund, der bestimmt fröhlich lachen konnte, jetzt lag ein bitterer Zug um ihn. Ich fragte sie, wozu sie nach Santiago führe. «Ich will mit der Justiz sprechen», sagte sie, «um sie zu bitten, mir meinen Sohn herauszugeben. Sie haben ihn vor einer Woche in Curacaví verhaftet, sie behaupteten, daß sie ihn nach Santiago gebracht haben.» Sie erzählte weiter, was ihr geschehen war, ihr ärmliches Haus war durchsucht worden, sie hatten das wenige Wertvolle, was sie besaß, mitgenommen, auch ein nach ihrer Aussage sehr gutes Radio und andere Habseligkeiten, die für sie so viel bedeutet hatten. Sie erzählte ihre Geschichte sehr dramatisch, und sie wirkte in dieser bäuerlichen Sprache so wahrhaftig, so verzweifelt; man spürte, daß eine Frage ihren armen Kopf quälte, sie stellte sie mir in allen Tonarten: «Warum?»

Diese einfache Frau hatte keine Adresse, hatte niemand, zu dem sie gehen konnte, kannte Santiago fast gar nicht. Sie wollte am Justizpalast abgesetzt werden. «Dort wird mich einer anhören», sagte sie, «ich gehe nicht von der Stelle, bis sie mir meinen Sohn herausgeben.» Arme betrogene Mutter,

* Bezeichnung für reaktionäre Chilenen.

sie weiß nichts von dem, was geschieht! Nutzlos war jeder Versuch, sie davon zu überzeugen, daß sie nichts erreichen würde. «Ich kann nicht ohne meinen Sohn heimkehren», sagte sie. Und nutzlos waren auch alle meine Bitten, nach Curacaví zurückzukehren. Ich bot ihr an, sie an einer Bushaltestelle abzusetzen, es war unmöglich, sie wollte am Justizpalast bleiben, und dort, in der Morandé-Straße, setzte ich sie vor dem Eingang ab. Ich gab ihr meine Adresse im Hotel Crillón. «Suchen Sie mich unter allen Umständen auf!» sagte ich, um ihr Schicksal besorgt. Sie stieg beherzt, entschlossen aus. In ihren Augen lag ein hoffnungsvolles Leuchten. Sie war am Justizpalast, und, so dachte sie, dort würden sie ihr helfen, da ihr Sohn unschuldig war. Sie grüßte fast fröhlich mit der Hand, das lebendige Bild der Unschuld. Ich sah sie nicht wieder. Sehr oft habe ich an sie gedacht. Was ist aus ihr geworden? Vielleicht traute sie sich nicht, mich im Hotel aufzusuchen, oder haben sie sie als verdächtig verhaftet? Für mich war sie verloren in der Zeit. Etliche Male dachte ich: Was wird aus ihr werden? Was ist aus ihrem Jungen geworden?

Am nächsten Tag fuhr ich nach Isla Negra, um auf den Telefonanruf des liebenswürdigen, herzlichen Admirals Walbaum zu warten. Ich warte noch immer.

Als meine Container in Valparaíso ankamen, geschah etwas Ungewöhnliches, völlig Ungesetzliches. Sie holten meine Frachtstücke vom Zoll und brachten sie in einen Militärbereich, weil wir, wie sie behaupteten, Waffen dabei hatten. Sie waren sich dessen so sicher, daß sie an dem Tag, an dem sie das Frachtgut öffneten – ich war natürlich nicht zugegen –, Journalisten einluden, damit sie den Tatbestand bestätigten. Das alles erfuhr ich durch die Presse, die die Nachricht amüsiert veröffentlichte. Tage und Wochen vergingen, und alles blieb im Militärbereich. Eines Tages teilten sie mir endlich mit, daß ich mein Gepäck beim Zoll abholen könnte.

Damit hörte alles Gesetzliche auf, das Sicherste, was wir in diesem Land gehabt hatten: der Schutz durch das Gesetz. Jetzt herrschte das Gesetz der Wildnis; sie waren die Stärkeren, und ich, die arme alleinstehende Frau, mußte all dem die Stirn bieten. Ich mußte schweigen und das annehmen, was sie mir aushändigen wollten. Die Aufzählung dessen, was sie mir stahlen, wäre lang. Am schmerzlichsten traf mich der Raub der Bücher, viele Sammlungen waren nur noch unvollständig. Die wertvollsten Bücher gingen verloren.

Auch die Weine und Liköre stahlen sie. Alle Botschafter nehmen mit, was sie Lagerreste nennen. Pablo nahm etwas mehr als die Lagerreste mit. Auf einer Weinausstellung hatte er einen Posten sehr alten Château Couronne gekauft. Davon erhielt ich nur eine Flasche. Ob unsere tapferen Soldaten wußten, was sie tranken?

Was sie mir aushändigten, entsprach überhaupt nicht dem Frachtbrief, den ich kaum kontrollierte. Wozu? In Chile war es sinnlos geworden, zu reklamieren, und die einzige Art, das wenige zu bekommen, was übrigblieb, war, zu unterschreiben.

Alles geregelt.

17

Venezuela. Die «Memoiren»

Das Hotel Crillón ist weiterhin mein Heim.

Es wäre sehr langwierig, alle die Übergriffe aufzuzählen, denen ich in dieser Zeit ausgesetzt war.

Vor meiner Abreise nach Venezuela muß ich unendlich viele Einzelheiten regeln. Ich denke an mein Haus. Die «Chascona» zerstört, aufgebrochen; es tut mir weh, sie so zu lassen. Ich nehme mir vor, hinzugehen, vielleicht kann ich sie verschließen. Das ist sehr bitter für mich, aber ich glaube, es ist notwendig.

Ich komme morgens an. Der Schlamm ist zu Spalten, zu Rissen aufgesprungen, man kann kaum darauf laufen. Überall liegen Scherben, als sei ein Sprengwagen mit Glas durch mein Haus gefahren. Meine Bäume strecken anklagend ihre verbrannten Stümpfe aus, die rauchgeschwärzten Mauern vervollständigen den erschreckenden Anblick des geliebten, nun verwundeten Hauses.

Ich setze mich oben auf einen Stein, um das traurige Bild zu betrachten, um nachzudenken, zu leiden, mich zu fragen, warum das alles? Warum habe ich kein Haus, in dem ich wohnen kann? Die in Schwärmen herumflatternden Vögel bringen ein bißchen Fröhlichkeit in die trostlose Szenerie.

Ich denke: Wenigstens werde ich die Tür zur Straße abschließen. Wenn ich von Venezuela zurückkomme, werde ich mit dem Wiederaufbau anfangen. Dies ist das einzige Haus, in dem ich wohnen möchte. Ein schöner Traum umfängt mich, ich sehe mein Haus sauber, blumengeschmückt, fröhlich. Ich muß gelächelt haben da oben, an diesem Frühlingsmorgen, an dem alles zum Leben verlockt.

Meine Überlegungen werden schon nach kurzer Zeit durch heftige Schläge an der zerstörten Tür zur Straße unterbrochen. Wozu klopfen sie, wenn die Tür offensteht? Langsam gehe ich hinunter, um zu sehen, wer an diese Tür, die keine Tür ist, klopft. Ein Militärjeep steht am Eingang. Mir ist, als müßte ich vor Entrüstung sterben, mein Herz klopft wild, ich starre sie an, ohne ein Wort herauszubringen. «Sie haben drei Tage, um diese Mauerbilder ihrem Haus gegenüber abzuwaschen», drohen sie. Ich blicke sie weiter an, ohne etwas zu antworten. Angesichts meines Schweigens sagen auch sie nichts mehr und fahren weg.

Lange bleibe ich dort sitzen. Nie würde ich diese Mauerbilder auslöschen.

Ich steige hinunter und entferne mich langsam, unfähig, meine Gedanken zu ordnen; glücklicherweise stoße ich auf das Hotel Crillón, mein Zuhause. Es ist, als wäre ich plötzlich aufgewacht. Wie habe ich die Straßen überquert?

Wie einsam bin ich! Immer war ich es, die die wenigen Freunde, mit denen ich mich treffen konnte, anrief, mit Ausnahme von Teresa Hamel, die sich um mich kümmert wie die liebste Schwester. Anfangs wurde ich meine Einsamkeit nicht gewahr, sie war das, was ich brauchte, um etwas Ordnung in dieses neue Leben als alleinstehende Frau zu bringen, die wegen einer unbekannten Schuld verfolgt wurde.

Mit mir befreundet zu sein ist ein Verbrechen, bedeutet, sozusagen, gezeichnet zu sein. Ich bin eine große rote Laterne, die man von weitem erkennt. Dieses Land ist voller Angst, ich sehe es und leide mit ihm.

Ich fürchte, den Verstand zu verlieren. Ich muß bald ausreisen, muß weg.

Vor der Abreise brachte mir der mexikanische Botschafter meinen Diplomatenpaß, auf den ich ein Recht hatte, weil Pablo Botschafter der Regierung Salvador Allendes in Frankreich gewesen war. Ich wollte ihn nicht annehmen, ich dachte, daß ich, wenn ich ihn benutzte, irgendwie als Vertreter der Tyrannei gelten würde, die mein Land regierte.

Jetzt, ohne irgend jemandes Hilfe, mußte ich meinen gewöhnlichen Paß holen. Nie hatte ich mir vorgestellt, daß das so schwierig sein würde. Noch macht es mich schaudern, wenn ich an das nicht enden wollende Schlangestehen denke, das ich in Kauf nehmen mußte. Nach einigen Stunden Warten war ich am Umfallen. Wie allein war ich! Wie fehlte mir ein Freund oder eine Freundin, die mich stützten! In diesen Schlangen blieb mir keine Qual erspart. Ich bewahre noch den Ausweis und den Paß aus dieser Zeit auf, mein Gesicht ist auf der Fotografie schmal, in den Augen liegt so viel Leid, daß es mir weh tut, es zu betrachten. Ich kämpfe, um die schlimmen Erinnerungen dieser Jahre auszulöschen, aber sie sind wie eintätowiert in mein Gedächtnis und drängen sich ohne Unterlaß hervor, vielleicht, damit ich sie nicht vergesse. Man darf nicht vergessen.

Als ich meinen Paß in der Hand hatte, kaufte ich meine Flugkarte und teilte in Venezuela den Tag meiner Ankunft mit.

Es würde tröstlich sein, mit meinen Freunden zu sprechen, sie erwarteten mich mit so großer Liebe; dort habe ich viele Freunde, sie waren wie Pablos Brüder und folglich auch meine.

In Isla Negra blieben meine treuen Freunde Rafita, Yolanda, seine Frau, und seine beiden Kinder wohnen. Er hatte die ganze Bibliothek, das «Pferdezimmer» und die Höhle aufgebaut. Die Wohnung in Valparaíso wurde auf Bitten meiner Freunde Velasco, die im Erdgeschoß wohnten, mit Brettern vernagelt.

Nach dem Schrecken, den mir die Militärs in dem bedrohlichen Jeep eingejagt hatten, wagte ich nicht, zum Haus in Santiago zu gehen. In dem Wohnblock war eine Person damit beauftragt, anzuzeigen, sobald ich ins Haus käme. Ich überlegte lange, wer es sein könnte, dann aber wollte ich aus Gründen geistiger Hygiene nicht mehr daran denken.

In meinem Zimmer im Hotel Crillón bereitete ich inzwischen meine Reise vor.

Meine Freundin Teruca Hamel brachte mich zum Flughafen, dort unterhielten wir uns über das Schicksal, das viele Passagiere ereilte, die, kurz nachdem sie das Flugzeug bestiegen hatten, wieder herausgeholt wurden. Unendlich gütig sagte meine Freundin zu mir: «Ich stehe oben auf der Terrasse, ich will dich ins Flugzeug steigen sehen und werde nicht weggehen, ehe es abhebt.» Das beruhigte mich.

Die Ereignisse waren so rasch aufeinander gefolgt, daß ich fortwährend von «uns» sprach, als lebte Pablo noch. Ich fühlte, daß er irgendwie an meiner Seite stand. Aber in Wirklichkeit reiste ich in diesem Flugzeug allein, und das war bitter, sehr bitter.

Umsonst versuchte ich, an meine venezolanischen Freunde zu denken, an ihre frohen Gesichter, die mich erwarteten. Das Gefühl der Unsicherheit, des Entsetzens hielt mich wie in einer Zange fest. Es war schwer, an etwas anderes zu denken.

Und dann ist es soweit, auszusteigen. Wissen meine Freunde, wieviel Gutes sie mir antun? Ich sehe viele bekannte Gesichter. Ich atme tief, bin in einem sicheren Hafen gelandet. Ich falle in die Arme meiner lieben Freunde María Teresa und Miguel Otero Silva und so vieler anderer. Ich habe diese große venezolanische Familie gefunden, die mich mein Leben lang begleiten wird.

Sie waren begierig, zu erfahren, was in Chile los ist, wie Pablo gestorben war. Mit erstickter Stimme berichtete ich ihnen unzusammenhängend, von einem Thema zum andern springend, über die ganze Barbarei, die unser einst so friedliches Land verheert hatte. Ich glaube, es war sehr schwierig, sie so ausreichend zu informieren, daß sie die wahre Lage dieses armen Landes verstanden.

Miguel hatte im Senat gesagt: «Pablo Neruda starb am Übel Chile», und das war nur zu wahr. Das Übel Chile, das wehrlose Menschen, die Gesetze, die uns verteidigt hatten, tötete; das mit einem Federstrich alle von den Arbeitern errungenen Rechte liquidierte; dieses Übel hatte auch Pablo getötet.

Ich war begierig, Miguel zu fragen, was er von dem Material der «Memoiren» hielt. Sobald die Freunde gegangen und wir allein waren, sagte er: «Morgen früh um acht machen wir uns an die ‹Memoiren›.»

Und so geschah es. Am nächsten Tag begannen wir beizeiten, dieses Material zu sichten, das nur diktiert worden und daher völlig ungeordnet war. Es wurde nichts hinzugefügt oder weggenommen. Ich arbeitete mit Pablos wahrem Freund, der sein Werk achtete und bestens kannte. Später würde man behaupten, das letzte Kapitel hätten wir geschrieben. Ich habe Experten seines Werkes gefragt, ob es möglich ist, etwas Ähnliches zu schaffen, und sie versicherten mir, das würde einer ernsthaften Prüfung nicht standhalten: Pablos Prosa ist schwer nachzuahmen. Nur Böswillige können annehmen, ich würde es zulassen, seinem Werk Gedanken hinzuzufügen, die nicht aus seiner Feder stammten.

Diese Arbeit, für die ich einen Monat veranschlagt hatte, dehnte sich über fast zwei Monate aus. Mit Miguel arbeitete ich den ganzen Vormittag ab acht Uhr. Am Nachmittag arbeitete ich allein weiter, manchmal bis zum Abend. Ich hatte keine Zeit, über irgend etwas nachzudenken.

Aber das Neujahrsfest kam, vor dem ich mich so sehr gefürchtet hatte. Ich arbeitete den ganzen Tag. Meine Freunde würden zu einem Bruder gehen. Hier würde niemand bleiben. Ich bat sie, mich allein zu lassen. Sie sträubten sich sehr, aber ich überzeugte sie, daß es das beste war. Diesmal würde ich sehr unglücklich sein. Jedermann war fröhlich, ich aber könnte es nicht sein, es sei denn, ich täte mir Gewalt an. «Laßt mich allein», flehte ich, «das ist das beste!» Endlich verstanden sie. Bevor Miguel ging, sagte er: «Morgen um acht arbeiten wir.»

Das Haus in Caracas ist sehr groß, und als ich allein geblieben war, fand ich es noch größer. Ich streifte durch den Garten. Um Mitternacht lautes Getöse, die Feuerwerkskörper explodierten. Das Jahr, in dem ich so viel verloren und so viel gelitten hatte, ging zu Ende. Ein neues brach an. In diesem Augenblick wußte ich zum Glück nicht, daß das beginnende Jahr für mich so grausam wie das vergangene werden würde.

Einen beträchtlichen Teil der Nacht verbrachte ich wie geistesabwesend. Auf einer Terrasse sitzend, hörte ich den Lärm des Festes. In meinem Gedächtnis stiegen die Erinnerungen an andere Jahre auf. Schließlich dachte ich auf eine verrückte Art, ich sei nicht allein, ich konnte in dieser meiner ersten Nacht des neuen Jahres nicht allein sein; ich erinnerte mich an Zeiten, in denen wir unseren Freunden soviel Fröhlichkeit schenkten und so glücklich waren. Die Tränen waren getrocknet, die Ruhe der Ergebenheit zog in mich ein, und das beste war, daß jemand bei mir war.

Am nächsten Tag war ich schon um acht im Arbeitszimmer. Zu meiner Überraschung erschien fast gleichzeitig Miguel. «Es ist das erste Mal im Leben, daß ich an einem Ersten Januar arbeite», sagte er. Wir lachten. Wir standen unter Pablos Einfluß.

Diese Arbeit barg unendlich viele Einzelheiten, Erinnerungen. Plötzlich sprach Pablo über einen ceylonesischen Maler. «Wer ist das?» fragte Miguel. «Wir müssen Angaben für die Erläuterung suchen.» Und da, in ein paar riesigen Lexika, die Miguel glücklicherweise hatte, fanden wir alles.

So vergingen zwei Monate ununterbrochener Arbeit.

Eines Tages schlossen wir das Buch endlich ab. Welche Freude! Miguel brauchte nur noch alles zu korrigieren. «Dazu benötige ich viel Ruhe», sagte er. «Ich ziehe mich an einen anderen Ort zurück, in zwei Tagen, denke ich, bin ich fertig.» Dieses Buch behandelte er wie ein eigenes: Stets verkrümelte er sich irgendwohin. Ich glaube, er liebte dieses Buch sehr, er hatte damit seine Mühe, seine Arbeit, und vor allem, wir waren zufrieden.

Unmittelbar darauf reisten wir nach Barcelona.

In diesen Monaten hatte ich behütet, ohne Schrecken gelebt. Mein Mund hatte wieder lächeln gelernt. Würde ich diese zurückgewonnene Heiterkeit in Chile bewahren können? Ich mochte nicht daran denken. In Chile wartete Pablo auf mich. Nie würde ich von Chile weggehen. Dieser Gedanke saß sehr tief in meinem Kopf, mein Entschluß stand fest. Ich sah voraus, daß es nicht leicht sein würde.

In Barcelona blieb ich nur ein paar Tage, genau die Zeit, um das Material mit Carmen Balcells durchzusehen, meiner Agentin und sehr lieben Freundin und nun großen Stütze. Das einzige, was ich wollte, war, daß es bald erscheinen möge.

Jetzt hatte sich mein Leben gewandelt. Auf den Flugplätzen erwarteten mich Journalisten, die mir Fragen stellten, so viele Fragen, und ich war kaum daran gewöhnt; ich antwortete nur die Wahrheit über alles, immer die Wahrheit, die beängstigend und grausam war.

Ich trennte mich von Miguel, der nach Paris weiterflog. Es war mir zur Gewohnheit geworden, mit diesem so sehr geliebten Freund täglich zusammenzuarbeiten, gewöhnt hatte ich mich auch an die Liebe und Fürsorge María Teresas, seiner Frau. Ein schreckliches Gefühl der Einsamkeit überkam mich bei diesem Abschied. Am nächsten Tag sollte ich direkt nach Buenos Aires reisen, um die «Memoiren» dem Verlag Losada zu überlassen. Zum ersten Mal würde ein Buch von Pablo in zwei Verlagen gleichzeitig erscheinen.

In Buenos Aires war der Wunsch, zu erfahren, was mit Pablo am 11. September geschehen war, sehr groß. Ich, die ich, während ich erzählte, alles tat, um durchzuhalten, erinnerte mich wieder an jene bedrückenden Tage, erlebte noch einmal seine Krankheit, seinen Tod, sein Begräbnis. Überall halfen mir meine Freunde. Wieviel Liebe empfing ich in jenen Tagen von ihnen allen! Mich trieb große Eile. Ich sehnte mich, nach Chile zu kommen. Pablo erwartete mich.

Nie werde ich meine Ankunft auf dem Flughafen vergessen, mir schien, ich käme in ein anderes Land, ich war unsicher, mißtrauisch; die Blicke der Beamten waren nicht freundlich. Ich spürte so etwas wie eine Drohung über meinem Kopf, alle wußten, daß ich eine Feindin der Regierung war. Würde jetzt die schwarze Hand auf mich fallen, die so viele Chilenen verschwinden ließ?

Wie lang kamen mir die Kontrollen der Polizei und des Zolls vor! Endlich, als meine Nerven schon am Zerreißen waren, durfte ich gehen. Ein Rechtsanwalt, den ich kaum kannte, erwartete mich. Ich war ihm unendlich dankbar, aber mir fehlte in diesem Augenblick ein Freund, der mich umarmte, der mir ein wenig menschliche Wärme gab! Ich mußte mich daran gewöhnen; auf Zärtlichkeit zu verzichten war nicht leicht.

Ich kehrte in mein Hotelzimmer im Crillón zurück, es war unbesetzt, als wartete es auf mich. Ich holte meine unzähligen Fotografien von Pablo heraus und tapezierte die Wände damit. Ich wollte nicht allein sein.

Am nächsten Tag fuhr ich in aller Frühe zum Friedhof. Sein Grab war voller Blumen, es waren schlichte Blumen, viele aus dem Garten. Und Briefe lagen da. Seine kleine Nische schrie Proteste aller Art hinaus, auch viele Worte der Liebe gab es. Das Volk war hier, es war bei seinem Dichter. Erleichtert ging ich weg.

Im Hotel Crillón wimmelte es von Polizisten in Zivil. Es war so schwierig, dort zu wohnen, aber wo sollte ich bleiben?

Wieder denke ich daran, das Haus in Santiago in Ordnung zu bringen. Von Isla bringe ich meinen guten Freund Rafita mit, er soll beurteilen, welche Möglichkeiten es gibt, da zu wohnen. Eines frühen Morgens finde ich mich vor der «Chascona» ein. Das Haus steht immer noch offen. Wir treten ein. Der Schlamm ist nicht ganz getrocknet, an einigen Stellen scheint er aufgebläht. Türen, Fenster müssen herausgenommen werden, nichts läßt sich schließen. Wir notieren, rechnen. Nur das Unerläßliche soll gemacht werden. Wir steigen in den oberen Teil hinauf, das Gras hat sich mit den Brombeerbüschen verfilzt, irgendwo im Garten turteln Tauber, ich höre ihr Gurren wie die Stimme der

Hoffnung. Ich brauche diesen Winkel, um wieder Wurzeln zu schlagen, um nachzudenken und allmählich zu versuchen, die verstreuten Stücken meines Lebens zusammenzufügen; zu sehen, was ich unabänderlich verloren habe und was ich retten kann. Ich lasse meine Blicke schweifen. Überall Verwahrlosung. Ich werde ungeheure Mühe haben, das alles zu erneuern.

Unten höre ich Stimmen, jemand ruft. Ich bitte Rafita, nachzusehen, wer es ist, und zu sagen, daß ich nicht da bin.

Diesmal sind es Uniformierte. Als sie erfahren, daß ich nicht da bin, fordern sie seine Papiere und fragen ihn, wo ich wohne, was ich mit diesem Haus vorhabe, warum ich das Mauerbild an der Straße nicht ausgelöscht habe, um wieviel Uhr ich herkomme. Danach verschwinden sie mit der Bemerkung, daß sie zurückkehren werden.

Das alles ist so ungewöhnlich, geschieht so unvorhergesehen, daß es mir nicht gelingt, es als Tatsache zu nehmen. Woher wissen sie, daß ich ins Haus gekommen bin? Ich bin beunruhigt. «Wir wollen gehen!» sage ich zu Rafita. «Sie fahren sofort nach Isla, das hier kann Probleme nach sich ziehen.»

Und so ist mein Plan, das Haus herzurichten, wieder zunichte. Ich werde weiter im Crillón wohnen, in dieser kahlen, leeren Welt ohne Wolken, ohne Blumen, ohne Vögel.

Damit endete der hoffnungsvolle Morgen, jener Morgen, an dem der Himmel klar war, an dem die Sonne über meinem verfilzten Garten strahlte und meine versengten Bäume weniger trübselig machte. Ich warf einen letzten Blick darauf. Der Tauber, der wie in seinem Reich dasaß, gurrte weiter.

Mit einem Gefühl der Unsicherheit ging ich direkt ins Hotel. Ich würde in diesem Hotel bleiben, wo ich weiter wie zwischen heute und morgen schweben würde.

Das Haus in Santiago ist wie mein Landeplatz. Wann werde ich es instand setzen können? Wann werden sie aufhören, mich zu verfolgen? Ich habe ein furchtbares Gefühl der Leere. Nachts träume ich oft, daß ich falle, falle und daß mich unten nichts erwartet. Wird sich das bewahrheiten? Ich werde in diesem Hotelzimmer bleiben, wo ich mir zwischen seinen Wänden wie gefangen vorkomme. Nie hätte ich gedacht, daß ich so sehr ein Heim ersehnen würde. Ich brauchte die Harmonie meiner Mühen mit der Erde; ich brauchte sie, um zu leben, um nachzudenken, um zu atmen.

Die Ereignisse in meinem Leben rauben mir nach und nach die Lebenskraft, obwohl ich dagegen ankämpfe.

Das Stadtleben scheint sich zurückgezogen zu haben. Der Herbst ist angebrochen, man spürt schon die Kälte des Winters.

Abends gehe ich hinaus, laufe umher. Die Straßen liegen verlassen; um neun Uhr ist dort niemand mehr, das alles macht mir Angst. Und mit diesem Gefühl kehre ich ins Hotel zurück. Ich sehe die Polizisten, die in immer größerer Zahl am Eingang stehen. Wie schrecklich! Nie weiß ich, ob ich schlafe oder nicht.

18

Reise nach Buenos Aires

Ein paar Tage vor der Karwoche erhielt ich einen Bescheid des Verlags Losada. Sie teilten mir mit, daß die «Memoiren» in Kürze erscheinen würden. Die Nachricht war für mich, als öffnete sich mir der Himmel. Dieses Buch, das ich so sehr als meines empfand, würde ich bald in Händen halten!

Voller Begeisterung rüstete ich mich für die Reise. Ich buchte bei der Lufthansa. Meine Ankunft in Buenos Aires war nicht so glücklich; meine Koffer waren nicht eingeladen worden, und daher mußte ich erst einmal warten. Alle Tage ging ich zum Büro, um zu reklamieren. Die Fluggesellschaft kümmerte sich nicht darum, die wußte genau, was mit meinem Gepäck in Santiago passierte. Endlich, am dritten Tag, kam es an. Man mußte sich an die überraschenden Zwischenfälle gewöhnen; dies war erst der Anfang.

Die «Memoiren» waren schon im Druck, sie würden aber nicht vor Ende der Karwoche fertig sein. Ich fuhr nach Bahía, um ein paar Tage mit meinen Freunden Jorge Amado und seiner Frau Zelia zu verbringen. Welche Freude, sie zu sehen! Uns verbinden so viele Erinnerungen, unsere gemeinsamen Reisen durch Ceylon, durch China, auf dem Jangtse ... Wieviel Erinnerungen! Wie gut sie mir taten! Zelia, die sehr fröhlich ist, entsann sich lustiger Episoden, wie der, als wir in Indien die Koffer beim Zoll ließen, sie nach Rangun schickten und sie natürlich abhanden kamen.

Als wir in Kalkutta eintrafen, waren wir ganz krank von der Hitze; wir standen am Zoll, und als wir unsere großen Koffer mit der Kleidung und den vielen in Neu-Delhi gekauften Sachen erblickten, hatten wir vier nur den einen Wunsch, sie nicht mehr zu sehen, wir verabscheuten die Kleider, das einzige, was wir wollten, war, gar nichts anzuhaben. Wir fragten, ob wir sie nach Rangun schicken könnten, und zu unserm großen Glück wurden die Formalitäten erledigt. Wir waren fröhlich, erleichtert. Jeder hatte nun nur noch einen Handkoffer.

Bald kamen die Schriftsteller ins Hotel, die Jorge Amado und Pablo Neruda begrüßen und uns ein Empfangsessen geben wollten. Als wir an dieser Stelle unserer Erinnerungen anlangten, brachen wir in unbändiges Gelächter aus. Nie würden wir es vergessen: Die Frauen in Indien sind die elegantesten der Welt. Zu diesem Essen kamen sie wunderschön, angetan mit alten Saris, die einen gold-, die andern silbergestickt, erstrahlten sie in ihrem alten, unvergleichlichen Schmuck. Wir waren in Rock und Bluse von zweifelhafter Sauberkeit, und unsere Ehemänner, die berühmten Schriftsteller, in den zerknittertsten Hosen der Welt. Jorge trug eine *chamarra*, einen Kittel aus grobem Zeug, Pablo nur ein Hemd in der Art einer *guayabera**; wir lachten uns halbtot. Bald wußten alle, daß wir unser Gepäck im Flughafen abgegeben hatten, und hielten uns deshalb für ziemlich einfältig.

Alle diese Erinnerungen sind so frisch. Jetzt bin ich allein, sie tun alles nur Mögliche, um mich zu trösten, ich fange wieder an zu lachen. Wie gut sie es mit mir meinen, aber ich

* Hemd mit Biesen und Taschen.

muß in mein Land zurück, um mich der Wirklichkeit meines Lebens zu stellen, das dort ist, wo es für mich kein Lachen und keinen Frohsinn gibt. Schmerzlich ist unser Abschied.

Ich kehre nach Buenos Aires zurück, um die «Memoiren» in Empfang zu nehmen. Welch große Freude! Dieses Buch, das bestimmt nicht eingeführt werden darf, werde ich nach Chile bringen. Ich weiß nicht, welches Schicksal ihm beschieden sein wird, aber ich trage es bei mir. Ich mache ein Paket mit sechsunddreißig Exemplaren zurecht und verschnüre es fest mit Hanfschnur. Auch andere Bücher habe ich bei mir, es sind die «Memoiren» in Umschlägen von «Viva Teresa» von Jorge Amado; die werden auf alle Fälle nach Chile gelangen.

Mit einem Koffer und einem hanfverschnürten Paket komme ich beim Zoll in Santiago an. Ausgeschlossen, es zu kontrollieren, ohne Stunden dazu zu brauchen. Der Beamte fragt: «Was haben Sie in diesem Paket?»

Sehr laut antworte ich: «Es sind Bücher meines Mannes, Pablo Neruda, in Buenos Aires herausgegeben; ich bin seine Witwe.»

Mehrere Frauen, die wie ich darauf warten, kontrolliert zu werden, beeilen sich, mich zu grüßen, mir zu sagen, wie sie Pablo bewundern; im Handumdrehen bin ich von Menschen umringt. Das paßt dem Beamten überhaupt nicht; er schließt rasch meinen Koffer und sagt: «Gehen Sie weiter!»

Diese Frauen werden nie erfahren, was für einen großen Gefallen sie mir getan haben.

Die während vieler Jahre einzigen Exemplare, die den Zoll passieren konnten, sind in Chile. Das Buch war ja verboten.

Ich traf im Hotel Crillón ein, zum Glück war dasselbe so kleine, so häßliche, so traurige Zimmer frei, das, da ich es immer verlangte, schon ein bißchen wie mein Zuhause war.

Der Abend ging zu Ende. Ich sah die Wände meines Zimmers an, die Fotos von Pablo fehlten. Rasch brachte ich sie an, es waren viele. Ich war nicht mehr allein.

Ich hatte nicht vor, auszugehen. Es war nicht mehr lange bis zur Sperrstunde. Ich wollte lesen. Ich wollte mich in aller

Ruhe in die «Memoiren» vertiefen; in Buenos Aires hatte ich nur darin geblättert; ich war stolz, sie so schnell herausgebracht zu haben. Mit sechsunddreißig Büchern, die ich an meine Freunde verteilen würde, war ich hergekommen.

Ein diskretes Klopfen an der Tür reißt mich aus meinen angenehmen Gedanken. Es ist die Post, die für mich eingetroffen ist. Ich mache mich gleich darüber her. Der erste Brief, den ich mir vornehme, enthält eine mir unbekannte Handschrift; ich öffne ihn, und je weiter ich lese, um so mehr schnürt sich mir die Kehle zusammen. Hier beginnt ein sehr schwer zu beschreibendes Kapitel meines Lebens. Mein Blick umwölkt sich, während ich lese. Der Brief lautet:

«Santiago, 19. April 1974

Señora Matilde!
Wir wären Ihnen sehr dankbar, wenn Sie die sterbliche Hülle Ihres Gatten so bald wie möglich aus der Krypta unserer Eltern herausnehmen würden, in der sie sich sechs lange Monate befand; wir brauchten den Platz, weil wir einige Veränderungen planen.

Es grüßen Sie

Marta Dittborn de Fierro
Elena Dittborn de Prado»

Mir dreht sich alles. Innerhalb einer Minute war die Freude darüber, das Buch, das ich so liebe, in Händen zu halten, verflogen. Viele Male lese ich diesen Brief. Pablo wird aus der Grabstätte vertrieben, nachdem Adriana Dittborn liebevoll betont hatte, daß es für sie eine Ehre wäre, wenn Pablo dort beigesetzt würde. Diese gute Freundin hatte nicht gesagt, daß die Grabstelle der Familie gehörte. Sie waren im Recht, wenn sie mich baten, Pablo herauszunehmen, da sie nicht gefragt worden waren oder weil sie ihn dort nicht haben wollten. Aber warum in dieser Form?

In meinem kleinen Zimmer lief ich ruhelos hin und her, unfähig, an etwas anderes zu denken. Sehr spät bemühte ich mich, einzuschlafen, aber es war mir unmöglich, ich hatte eine fixe Idee: Ich mußte Pablo aus diesem Grab herausholen. Gleich morgen. Und ich lief weiter auf und ab. Das erste

Licht der Morgendämmerung traf mich auf dem Bett sitzend; ich war müde, war Kilometer im Zimmer gegangen.

Sobald ich das Tageslicht sah, brach ich zum Friedhof auf. Er war geschlossen, und ich dachte: Wieso darf man einen Friedhof schließen? Der Morgen war frisch, und ich setzte mich auf die Stufen; die Totengräber, die als erste kommen, erschienen, und ich fragte sie, um wieviel Uhr das Büro öffnen würde. Sie schauten mich überrascht an. «Heute ist Erster Mai!» sagten sie. «Sie öffnen erst morgen wieder.»

Da war nichts zu machen. Noch andere Arbeiter kamen, sie blickten mich verwundert an: diese Señora, die auf den kalten Stufen des Friedhofs sitzt ... Ich erzählte ihnen, daß ich meinen Mann aus einer Grabstelle herausnehmen mußte. Was für Schritte waren zu tun? Mitleidig sagten sie, ich sollte am nächsten Tag ins Büro kommen, heute sei nichts zu machen. Ich blieb sitzen, nicht weil ich glaubte, etwas tun zu können, sondern weil mir die Kraft fehlte aufzustehen.

Schon in aller Frühe sah ich, wie Tote hergebracht wurden, fast alle in schlichten Särgen und mit sehr kleinem Gefolge. Es wurden immer mehr. Wieviel Tote gab es in diesen Tagen, in denen die besten Chilenen fielen! Ich sah weinende Frauen, Männer mit harten Gesichtern, Kinder mit verschreckten Augen, an die Röcke ihrer Mütter geklammert. Und ich saß da und fühlte mich so schwach wie das verschreckte Kind dort. Wo ist ein Rock, an dem ich mich festhalten kann?

Ich denke daran, wie wir Pablo begruben. Ich höre die Hammerschläge, die das Grab öffneten, weil sie es vergessen hatten; meine Hände strichen über die Ziegel, um die schreckliche dicke Mauer zuzudecken, die meinen Pablo bergen würde.

Ein Trauerzug kommt, und ich gehe mit ihm hinein; ich wende mich an eine schwarzgekleidete Frau und frage sie: «Wer ist der Tote?»

«Mein Mann», antwortet sie mit fester Stimme. «Sie haben ihn mir umgebracht, und auch meinen Sohn, den ich gestern begraben habe.»

Ihre geröteten Augen verraten ihren Jammer, aber jetzt, glaube ich, haßt sie nur, mit ihren eingefallenen Wangen und ihren trockenen Augen.

Ich gehe zu Pablo, hole die Schlüssel heraus und öffne die Tür. Da ist seine Steintafel.

«Ich habe dir keine Blumen mitgebracht», sage ich zu ihm. «Es war sehr früh, als ich herkam, und dann konnte ich nicht mehr; zum Glück hat mich ein Trauerzug mitgenommen, und hier bin ich, sehr müde.»

Ich setze mich neben sein Grab und fühle mich sonderbar wohl. Allmählich werde ich schläfrig, und mir fallen die Augen zu. Plötzlich spüre ich, daß mich jemand sanft am Arm schüttelt, es ist die Aufseherin, die zu mir sagt: «Señora, es ist eiskalt. Ich bekam einen ordentlichen Schreck, als ich Sie da bewußtlos sitzen sah.»

«Ich habe nur eine Weile geschlafen, es geht mir schon wieder gut. Ich muß ihn nämlich hier herausnehmen, und heute ist es nicht möglich, weil Feiertag ist.»

Sie versteht nichts, sie denkt, ich habe den Verstand verloren. Sie sieht mich fragend an. Ich stehe auf und sage: «Bitte, schließen Sie die Tür! Ich gehe. Morgen komme ich wieder.»

Auch am folgenden Tag konnte ich nichts machen. Ich brauchte einen Brief der Familie Dittborn, um Pablo aus seinem Grab zu holen, aber wo wohnten sie? Nie hatte ich sie gesehen, und meine Freundin Adriana war nicht in Chile. Ich sprach mit meinem Rechtsanwalt Juan Agustín Figueroa, damit er sie ausfindig machte und sie um das Schreiben bäte. Er verbrachte drei Tage vergeblich damit, sie zu erreichen, und ich konnte nicht schlafen. In der Nacht wachte ich vor Angst auf, anscheinend hatte ich einen Fehler gemacht. Warum hatte ich ihn in dieser Grabstätte beerdigt? Sie war so häßlich. Dazu dieses Eisengitter, das wie ein Gefängnis aussah. Und alles dort gehörte anderen.

Heute, am sechsten Mai, habe ich endlich das Schreiben. Ich gehe zum Friedhof, um ein Nischengrab zu kaufen. Morgen wird die Umbettung sein.

Ich gebe meiner Freundin Teresa Hamel Bescheid, der

einzigen, die mich angerufen und sich erkundigt hat, wie es mir geht. Sie verspricht, mich zu begleiten, und telefoniert mit Francisco Coloane und Estercita Matte. Auch unser Freund Solimano ist da und macht einige Fotos, die ich immer noch nicht ohne Schaudern ansehen kann.

Heute, am 7. Mai 1974, höre ich hier auf dem Hauptfriedhof in der Krypta der Familie Dittborn die gleichen Schläge, sie klingen trocken und dumpf. Pablos Sarg wird herausgeholt. Zuerst sehe ich ein Stück Holz, dann die alte zerschlissene Fahne, die jemand mitgebracht hatte, der mir versicherte, daß sie einer Gemeinde gehörte und bei den Demonstrationen getragen worden war. Das alles ist wie sein Leben, voll guter und schlechter Begebenheiten.

Ich denke an seinen Tod in jener Klinik, die mir unmenschlich schien, als man ihn in dem eisigen Flur stehenließ, in jener Nacht, in der ich so tot war wie er. Dann an die Überführung in das von Militär umzingelte zerstörte Haus, das mir Angst machte. Und an sein Begräbnis, als das ganze Volk sang, rief, sogar dem Tod trotzte. Und nun die Vertreibung aus dem vornehmen Teil des Hauptfriedhofs. Mir ist, als hätte ich ihn und auch mich von etwas befreit, was auf uns gelastet hatte. Sie haben recht, was haben wir hier zu suchen?

Schon ist der ganze Sarg draußen. Sie stellen ihn auf einen Wagen, und dieses armselige Gefolge aus fünf Personen setzt sich in Bewegung. Hier gehen wir; die Grabnische, die sie mir gegeben haben, liegt weit hinten am Ende des Friedhofs, im Abschnitt México, Nische 44.

Kurz bevor wir bei unserer Grabnische ankommen, sagt ein Totengräber zu mir: «Das ist das Grab von Víctor Jara.»

Ich betrachte es, auf ihm stehen zwei pfirsichfarbene Töpfe voll roter Nelken. Ich erinnere mich an sein immer fröhliches Gesicht, erinnere mich an seine Stimme, die wir so gern hörten. Dort, hinter den roten Nelken, liegt sein zerstückelter Körper, von Männern, von menschlichen Wesen gefoltert, die fühlen, denken, genießen und, wer weiß, sogar lieben können und die trotzdem für das menschliche Fassungsvermögen unvorstellbare Ungeheuer sind. Wo sind sie hergekommen? Wo waren sie, da niemand sie kannte, niemand etwas von ihrer Existenz wußte? In diesen Tagen geschehen so viele Verbrechen, daß wir die Fähigkeit verlieren, bestürzt zu sein.

Wir kommen bei den Grabnischen an. Pablo hatte sein ganzes Leben davon geträumt, auch noch nach dem Tod das Meer zu betrachten. Jetzt sieht er ein ungeheures Meer schwarzer Kreuze vor sich. Es sind die Gräber der Armen unter der Erde. Ich denke, das ist nicht schlecht. Ich suche einen Topf und stelle Blumen hinein. Es ist fast unglaublich. Wir hatten seinen Namen mit einem Stück Kohle daraufgeschrieben. Am nächsten Tag wollten sie ihm eine Tafel und einen Blumenkasten zurechtmachen. Der Anblick der Grabnische rührt einen wegen ihrer Ärmlichkeit.

Zu Beginn seines zehnten Todesjahres ist es immer noch so.

Langsam gehen wir. Ich kehre ins Hotel zurück, zu nervös, um das ganze Ausmaß dessen zu erkennen, was ich durchgemacht habe. Ich fiebere und bin völlig erschöpft.

Ich hatte gedacht, ich könnte ausruhen. Ich finde keinen Schlaf, liege wie festgenagelt im Bett, kraftlos, wunschlos, in meinem Herzeleid und meiner Angst zusammengekauert. Die Traurigkeit ist sehr tief in mich eingedrungen. Mein Leben wird von einem richtungslosen Wind gerüttelt, der droht, mich verrückt zu machen.

Ich denke an Isla, möchte weg. Dort glänzen die Sterne am Himmel wunderschön, die ruhelosen Wellen wiegen sich, immer neu, tief und sicher. Aber ich bin zu nichts fähig; die Augen im Dunkeln geöffnet, wälze ich meine Gedanken. Meine Phantasie ist verwundet. Ich sehe nur Tote, Blut, Schmerz, Trauer, Tränen, und alles wird größer und größer, wie gaukelnde Halluzinationen. Und so ist es auch am folgenden Tag, und ich kann nicht aufstehen. Ich sehe diesen Wagen mit Pablo vor mir. Ich möchte vergessen und schlafen und kann es nicht, denke an die traurige Grabnische. Ich muß weg von hier. Ich denke: am Nachmittag. Aber auch am Nachmittag kann ich nicht aufstehen und nicht essen. In meinem Innern ist etwas Bitteres, es scheint, als wäre mein Mund für immer ausgetrocknet.

Und die Erinnerungen galoppieren weiter vorbei. Plötzlich fange ich an zu weinen, ich weine und weine. Gesegnet seien die Tränen! Ich schlafe ein. Wäre es nicht besser, zu schlafen, zu schlafen, zu schlafen?

Heute ist der neunte Mai. Die Sonne scheint. Ich bin sehr schwach, als wäre ich von einer schweren Krankheit genesen. Ich muß auf den Friedhof gehen. Ich betrachte mich im Spiegel, und der zeigt meine ganze Angst. Was tun, damit Pablo nicht merkt, daß ich schwach geworden bin? Er glaubte so sehr an mich. «Meine Patoja ist stark, sie schafft alles. Fragt Patoja!» sagte er oft. Und hier sehe ich mich kraftlos, geschlagen, schwankend. Alles verwirrt sich um mich, diese mich bedrängenden Wände meines Zimmers, die mir weh tun.

Ich kaufe Blumen und gehe auf den Friedhof, um eine Gedenktafel aufzustellen. Als ich ankomme, suche ich den Topf, den ich dagelassen hatte, überrascht sehe ich vor mir Pablos Grabnische, die voller Blumen ist. Die Solidarität des Volkes mit seinem Dichter zeigt sich. In der Morgensonne liegt dieser ganze Komplex von Nischen still da. Wohltuender Friede durchströmt mich. Wieder holen wir Zement, wieder höre ich Schläge. Und dann ist Pablos Grab mit seiner Gedenktafel fertig, auf der nur steht: «Pablo Neruda, 23. September 1973».

In diesen Tagen gibt es eine schweigende Solidarität, die die Menschen in den Gefängnissen, in den Krankenhäusern, auf dem Friedhof vereint. Auf der Straße, auf den Märkten, überall spüre ich plötzlich, daß sie meinen Arm nehmen und ihn ganz sanft drücken, ich blicke auf, und jemand mit scheuen Augen streichelt mich und verschwindet wieder. Wer ist es? Das weiß man nie. Andere treten an mich heran und sagen ganz leise: «Sie sind nicht allein!» Woher wissen sie von meiner Beklommenheit, von meiner Angst, da ich sie mir doch nicht anmerken lasse und sie mich überall standhaft sehen?

Die Weisheit des Volkes ist unendlich. Ich bekomme Lust, alle zu umarmen, in mir ist eine mütterliche Liebe erwacht, ein Gefühl der Solidarität, als wären mir plötzlich Millionen unglücklicher Kinder geboren, die in diesem Land leiden, in dem die Freiheit verwundet ist.

19

Das Haus in Isla Negra

Das Haus in Isla Negra ist schon Legende. Überall auf der Welt ist jemand, der danach fragt, sie haben es sich in der einen oder anderen Form vorgestellt. Zweifellos herrscht dort eine einzigartige Atmosphäre, die nicht so sehr aus der Wirklichkeit zu erklären ist als vielmehr aus dem Zusammenspiel von Bildern, die auf der Grundlage all dessen entstanden sind, was diesem Dichter vertraut war, der schon von klein auf seine Phantasie nährte, als er in dem Güterzug seines Vaters reiste.

Oft von unaufhörlich strömendem Regen begleitet, bewunderte er den damals märchenhaften Süden, die hundertjährigen Wälder neben riesigen schneebedeckten Vulkanen. Er entdeckte das Leben durch die geheime Offenbarung der Natur; erfuhr die bittere Wirklichkeit und hatte schöne Träume; er versuchte, die Welt der Menschen ringsum zu verstehen, und gleichzeitig erfand er seine eigene Welt, sein eigenes Paradies.

Das alles machte aus diesem Kind einen Dichter mit kräftigen amerikanischen Wurzeln. Nichts konnte ihn ändern.

Wenn Pablo von diesem Haus sprach, fing er so an: «Das Haus . . . Ich weiß nicht, wann es in mir geboren wurde . . . Es war nachmittags, wir kamen zu Pferd in jene Einsamkeit. Don Eladio ritt voraus, das Bett des Córdoba durchwatend, der angestiegen war . . . Zum ersten Mal fühlte ich wie einen Stich diesen Geruch nach Winter am Meer, eine Mischung von Boldobaum und salzigem Sand, Algen und Disteln.

Hier, sagte Eladio Sobrino (Seefahrer), und da blieben

wir. Später wuchs das Haus, wie die Menschen, wie die Bäume.»

Als erstes entwarf Pablo das riesige Wohnzimmer, ganz aus Stein; er liebte Holz und Stein für seine Bauten.

Ich kam nach Isla, als das Wohnzimmer schon fertig war.

Solange wir in diesem Haus wohnten, erinnere ich mich, wurde immer daran gebaut. Wir gingen auf die Abrißplätze von Valparaíso und kauften Holz, Bohlen aus Oregónkiefer, Türen, Fenster – Pablo liebte die aus farbigem Glas besonders, aber die waren äußerst schwer zu bekommen. Für ihn war dieses Material eine Antiquität, es sprach seine Phantasie an.

Wenn er die Türen und Fenster hatte, entstanden seine Zimmer, immer mit einem einzigen Meister, einem Gehilfen und mir, ich war die Bauarbeiterin und holte, was gebraucht wurde. Pablo half mir.

Das Material zu beschaffen war für uns keine Arbeit, sondern ein Vergnügen. Wir fuhren zu den großen Eisenwarenhandlungen in Valparaíso: Es war ein Fest, die Schrauben, die Scharniere, die Bleche, die großen und kleinen Nägel zu sehen, die mächtigen Zapfen, die unser Dach halten würden. Die Verkäufer kannten uns, und sobald wir eintraten, strömten sie zusammen, um unsere von Rafita aufgestellten Listen zu studieren. Er schrieb sie auf Brettchen, und aus Zeitmangel oder weil wir dem keine Bedeutung beimaßen, übertrugen wir sie nicht auf Papier; das war für uns natürlich, nicht aber für die Verkäufer, die über alles sehr lachten. Ich bin überzeugt, daß sie uns exzentrisch fanden.

Ich weiß nicht, ob Pablo ein guter oder schlechter Baumeister war, aber in einem bin ich mir sicher, seine Häuser glichen keinen andern.

Mit dem Gedanken an eine Bestandsaufnahme gehe ich in den Garten hinaus und betrachte das Tor aus sich kreuzenden Coligüespflanzen, das Pablo entworfen hat. Oben an diesem Tor befindet sich eine Glocke, von der ein Seil zum Läuten herunterhängt. Als sich das Tor öffnet und ich eintrete, spüre ich einen Windstoß von der See, der zwischen den Kiefern zu pochen scheint und mir das Rauschen der Wellen herüberträgt.

Dort beginnt der Garten, der wie vernachlässigt und wild ist; so gefiel er uns, und in derselben Form erhalte ich ihn. Ich schreite auf einem Weg aus unregelmäßigen, ziemlich holprigen Steinen weiter. Mitten im Garten eine kleine Lokomobile. Jedermann fragt sich, wie sie hierhergekommen sein mag. Sie sieht aus, als sei sie vom Himmel herabgefallen. Wir sahen diese Lokomobile in einer Sägemühle arbeiten, zu der wir oft gingen, um Bretter für unsern Bau zu holen; sie lag etwa zehn Kilometer vom Haus entfernt. Eines schönen Tages stellte der Sägewerker seine Arbeit ein, und wir beobachteten, wie dieses schöne Spielzeug durch die Einwirkungen des Wetters zerstört wurde. Wirklich beunruhigt über sein Schicksal, suchten wir den Besitzer auf, und zu meiner Überraschung schlug ihm Pablo vor, die Lokomobile zu kaufen. Der Mann blickte ihn lächelnd an und sagte: «Aber, Don Pablo, wie wollen Sie die nach Hause schaffen? Ich verkaufe sie Ihnen, aber damit endet meine Verantwortung.» Sie handelten einen Preis aus, der beinahe einem Geschenk gleichkam, weil der Mann fürchtete, die Lokomobile werde sein Gelände nie verlassen.

Von dem Moment an war das «Lokomobileproblem», wie Pablo es nannte, Pflichtthema. Mit allen Freunden sprach er davon, ohne je etwas vereinbaren zu können. Viele Monate vergingen, bis eines Tages im Sommer ein paar Jungen aus Tabo in Begleitung von Sommerfrischlern Pablo besuchten. Wie üblich, breitete er sein Problem aus: den Transport der Lokomobile. Die Jungen sahen sich an, lachten laut und stellten, wie zum Spaß, unter Gelächter und Witzen einen Plan auf. Die Aufgabe fesselte sie, sie erörterten die Anzahl der Ochsen, die gebraucht wurden, die Zahl der Jeeps; die Diskussionen, bis es zu einem Beschluß kam, zogen sich hin. Ab und zu unterbrach Pablo sie und sagte: «Es müssen viele Ochsen sein, denn wenn nun einer schlappmacht?» Sie mußten das Gewicht berechnen, Steigungen und abschüssige Wegstrecken zählen, die auf diesem Abschnitt der Landstraße häufig und sehr ausgeprägt sind, und, das Schlimmste, es mußte eine winzige Brücke passiert werden, die die Schlucht des Córdoba überquert. Die jetzige breite, feste Brücke gab es damals nicht. Endlich wurde nach einem Abend der Diskussionen, des Lachens und Feierns eine Vereinbarung getroffen, und sie setzten den Tag fest, an dem sie die Lokomobile bringen würden. Sie brauchten eine ganze Anzahl Ochsen und mindestens drei Jeeps. Wie im Scherz ging Pablo mit ihnen hinaus in den Garten und machte mit einem Stock ein Zeichen auf dem Boden. «Hierher will ich sie haben, wenn sie kommt!» sagte er. An dem für den Transport festgelegten Tag waren wir nicht im Haus, wir hatten eine Verabredung in Valparaíso. Nicht ohne eine gewisse Unruhe gaben wir ihnen den Schlüssel für die Tür. Die Jungen schienen total verrückt zu sein, aber sie waren die einzigen, die gewagt hatten, über die Vollbringung dieser Heldentat wenigstens nachzudenken, die tatsächlich eine Verrücktheit war.

Als wir heimkamen, war unsere Überraschung groß. Wir schauten in den Garten, und genau dort, wo das von Pablo gemachte Zeichen war, erhob sich in ihrer ganzen Majestät die Lokomobile. Hier sah sie größer, bedeutender aus. Wir traten, fast schüchtern, näher, streichelten sie, sie schien uns ein schöner Traum. Wie war sie bis hierher gelangt? Sehr bald erfuhren wir es.

Am Abend kamen die Jungen, halbtot vor Lachen. Sie fielen sich gegenseitig ins Wort, um uns alles, was geschehen war, zu erzählen. Es war eine lange, mühsame Plackerei, vor allem an den Abhängen. Sie berichteten, daß sie bei den Anstiegen sehr schwer wurde, und, wenn sie abwärts fuhr, eine wahnsinnige Geschwindigkeit erreichte, so daß sie in manchen Augenblicken dachten, sie würde sich selbständig machen, Ochsen und Fahrzeuge mit sich reißen. Auf halbem Wege mußten sie einen weiteren Jeep zur Verstärkung bei den Abfahrten holen. Schlimm wurde es, als sie auf die kleine Brücke kamen, die schwankte und zitterte derart, daß sie einen Moment dachten, sie würde mit der Lokomobile und ihnen allen hinunterstürzen. Die Katastrophe schien unausweichlich; die hinten fuhren, machten ihre Wagen fertig, um Verletzte nach San Antonio zu schaffen; aber da die Jugend wagemutig ist, setzten sie die Fahrt fort und kamen hinüber. Die Brücke brach nicht zusammen, und die Jungen leben noch.

So kam diese Lokomobile zu uns, von jugendlicher Begeisterung bewegt, von der Verantwortungslosigkeit der Jugend, die in diesem Fall ein Sieg wurde. Viele Jahre sind vergangen, und leider weiß ich ihre Namen nicht mehr, aber nie werde ich sie vergessen. Heute werden sie reife, nachdenkliche Erwachsene sein. Ich frage mich, wie sie jetzt sein mögen, ob die Jahre sie verändert haben? Würden sie heute ihr Leben wagen, um einem Dichter dieses große Spielzeug zu bringen?

Ich laufe über den Steinweg ins Haus. Beim Betreten des Wohnzimmers springt mir bedrohlich eine große Tafel mit Pablos Handschrift ins Auge: «Ich kehrte von meinen Reisen zurück, ich fuhr zur See, die Freude bauend.»

Jetzt gehe ich durch einen ganz schmalen, wenig beleuchteten Gang in ein kleines rundes Zimmer: Es ist der untere Teil des Turms. Zu sehen sind nur zwei sehr hohe, majestätische venezianische Figuren. Dies ist der Vorraum zu dem großen, sehr hohen Wohnzimmer. Alle Wände bestehen aus großen Steinen, die feindselig sein könnten. Hier herrscht tiefe Stille, als wäre ein von oben herabhängendes Pendel plötzlich angehalten worden. Vor mir ein großes Fenster, das mich ans Meer heranführt. Eine unerwartete Vielfalt von Farben fesselt und ergötzt den Blick. Es sind die wilden Blumen, die Sonne flutet über sie hin und verjüngt sie jedes Jahr. Manche sind groß und schlank, andere so winzig, daß nur die Blüte, am Boden haftend, allein und trotzig in ihrer Schönheit, hervortritt. Ich kann nicht aufhören, diese Landschaft zu betrachten. Weiter weg und doch nahe das Meer, der Strand, der Himmel, alles miteinander verschmolzen wie in einer vollkommenen Umarmung.

Ich reiße mich von dieser Landschaft los und betrachte einen großen, sehr merkwürdigen Kamin aus großen runden Flußsteinen, die Pablo in der Schlucht des Córdoba gesammelt hat. Das alles wurde gebaut, um die Schönheit dieser Steine hervorzuheben, die eine ganz kleine Feuerstelle für das Holz freilassen. Aber was dieses Wohnzimmer am meisten auszeichnet, sind seine Galionsfiguren. Da sind liebenswürdig lächelnde Frauen, andere mit ernstem, sehr erfahrenem Gesicht; unschuldige, zarte, ätherische Mädchen, die aussehen, als wollten sie fliegen; Büsten von Männern mit nachdenklicher, feierlicher Miene; ein riesiger Indianer, der von oben heldenmütig herabblickt; da ist die kleine Figur, ein Seemann, den er von einem Antiquitätenhändler in Paris kaufte, eine vorzügliche, schöne, buntbemalte Schnitzerei, er kneift ein Auge fest zusammen und blickt durch ein Fernglas.

1971 waren wir Botschafter in Paris. Pablo richtete einen Raum in der Botschaft mit Gegenständen nach seinem Geschmack her, es war unsere Residenz. Dieser Raum war Bibliothek, Privatbüro und Wohnzimmer. Dorthin kam der Seemann mit seinem Fernglas, er schien alles zu beobachten und zu lenken. Jetzt ist er endlich in diesem Wohnzimmer und schaut aufs Meer; nach wer weiß wieviel Jahren, in denen er durch Häuser, Weinstuben, Antiquitätenläden zog, hat er seine Bestimmung gefunden. Ich betrachte ihn und glaube, daß er zufrieden ist. Die Sammlung von Galionsfiguren stammt aus vielen Ländern. Pablo hat sie Stück für Stück mit Liebe und unter großen Opfern erworben.

Von einem Dachboden herabhängend, schweben über meinem Kopf zwei riesige Engel. Sie kamen an einem Sommermorgen aus Valparaíso, wurden abgestaubt und aus der Vergessenheit erlöst. Sie kamen, um die Vereinigung aus Galionsfiguren zu beleuchten. Diese Engel suchten Pablo. Eines Morgens erhielten wir einen Anruf. Ihr Besitzer, ein Mann aus Valparaíso, bot sie zum Kauf an. In einem langen Brief berichtete er, daß jemand sie bei einem berühmten Schnitzer in Italien in Auftrag gegeben hatte, der sie von der Sixtinischen Kapelle kopierte. Mit zahlreichen Einzelheiten beschrieb der Besitzer, wie sie nach Chile transportiert worden waren und daß sein Vater, der vor kurzem starb, sie heiß geliebt hatte. Es war ein schöner Morgen, der uns hinauslockte. Wir lasen den Brief, blickten uns komplizenhaft an und fuhren nach Valparaíso, um diese Engel kennenzulernen. Wir sahen sie in einer Ecke auf dem Fußboden, in stille Melancholie versunken. Sie schienen traurig und gedemütigt zu sein. Der gefällige und liebenswürdige junge Verkäufer ließ nicht den geringsten Zweifel daran, daß er darauf brannte, sie loszuwerden. Pablo betrachtete sie, und mit der unbeteiligten Miene, die er aufsetzte, wenn ihn etwas stark interessierte, sagte er gelassen: «Sie gehören mir, ich nehme sie. Ich glaube, dieser Schnitzer hat sie für mich gemacht, sie haben auf mich gewartet.» Der junge Mann verstand nichts, er lächelte befriedigt: Die Engel würden ihm aus den Augen kommen. Auch Pablo lächelte. Er hatte seine Engel gefunden.

Wie verloren zwischen so vielen Figuren, steht eine kleine, kostbare Schnitzerei, ein Heiliger, den wir aus Ungarn mitbrachten. In den Antiquitätenläden verkaufen sie Gegenstände, die wegen ihres Wertes als nationales Erbe gelten und nicht ausgeführt werden dürfen. Mit seiner unerschöpflichen Geduld beim Erwerb eines gewünschten Gegenstandes unternahm Pablo Schritte, um die Kauferlaubnis zu erlangen. Und dann fingen die Schwierigkeiten an, der Packer verwendete eine riesige Kiste für die so kleine Figur. Unsere Reise hatten wir gerade erst begonnen, und in allen Ländern kamen wir mit dieser riesigen Kiste an. «Was hast du da drin, Pablo?» fragten ihn die Freunde. Nie erfuhren sie die Wahrheit, weil er ihnen irgendein Märchen auftischte, das er in ebendem Augenblick erfand und über das sie viel lachen mußten.

Neben einem kleinen Fenster, das auf die dem Meer gegenüberliegende Seite hinausgeht, sehe ich einen riesigen, sehr schweren eisernen Topf. Er ist so groß, daß sich jeder, egal, von welcher Statur, hineinsetzen kann. Pablo sagte, er sei zweifellos von den Afrikanern benutzt worden, um Missionare zu kochen. Wir kauften ihn auf dem Persischen Markt, wohin so viele Sachen kommen, von denen man nie weiß, woher sie stammen.

Bevor ich dieses Wohnzimmer verlasse, sehe ich mir die kleinen Gegenstände an. Wie könnte man ein Inventar aufstellen? Was für einen Namen geben wir jedem Stück? Auf dem Kamin steht eine Schiwa-Göttin, die ich sehr liebe. Gleich als sie in dieses Haus kam, wurde sie auf den Kamin gestellt. Pablo kaufte sie in jungen Jahren, auf seiner ersten Reise nach Indien. Im Geist wiederhole ich mir Gespräche. Ich erinnere mich, daß Pablo vor dieser Figur zu mir sagte: «Wie geheimnisvoll ist es, die Gegenstände aufzubewahren!» Er erzählte mir, daß er sie in Indien gekauft hatte, zusammen mit vielen anderen, die bei Wohnungswechsel und auf Reisen nach und nach verlorengegangen waren. Aber diese Göttin ging nie verloren. Er steckte sie in irgendeine Ecke seines Koffers, ohne besonders auf sie achtzugeben, und sie kam immer an. Immer stand sie in seinem Hotelzimmer oder zu Hause, mit ihren zahllosen Armen in tänzerischer Haltung, und eines Tages kam sie nach Isla und blieb für immer auf dem Kamin, ohne besondere Aufmerksamkeit auf sich zu lenken. Ihre matte Bronzefarbe vermischt sich mit dem Stein. Ich aber beachte sie, ich kann nicht vergessen, daß sie Pablo begleitete, bevor ich in sein Leben trat. Als ich zum ersten Mal in dieses Wohnzimmer in Isla Negra kam, stand sie da mit ihrem unerforschlichen Göttinnengesicht. Heute, viele Jahre nach jenem Tag, schaue ich sie an wie eine alte Bekannte. Sie war Zeugin von soviel längst vergangener Fröhlichkeit und ist jetzt Zeugin der Trauer, der unendlichen Sehnsucht und immer wieder der Erinnerungen. Sie, die Göttin Schiwa, tanzt unbeirrbar weiter. Sie ist eine Göttin.

Ich setze meinen Weg fort und komme wieder durch das kleine runde Turmzimmer. Ich betrete das Speisezimmer. Ein großes Fenster mit Blick aufs Meer beleuchtet eine Figur aus massivem Holz, die am Eingang steht. Es ist eine Jungfrau. Auf ihrem Kopf sitzt, wie eine Krone, ein Vogel, ein Manu Tara. Dieser Kopf erhebt sich mit solcher Würde, in ihren hölzernen Augen liegt soviel Zärtlichkeit, daß sie, mehr noch als die Jungfrau, die Mutter des Weltalls zu sein scheint. In ihren Armen hält sie das Kind, das eine ähnliche Krone trägt. Das Ganze strahlt Ruhe aus. Bei ihrem Anblick bestürmen mich lebhafte Erinnerungen. Plötzlich fühle ich mich auf die Osterinsel versetzt, eine Insel, die ich noch ganz deutlich vor Augen habe. Es war im Jahr 1970, wir bereiteten gerade unsere Reise nach Frankreich vor, wo wir als Botschafter die Regierung von Salvador Allende vertreten sollten.

Zu der Zeit drehte der Fernsehkanal 9 Dokumentarfilme über Pablos Leben; und sogar dorthin fuhren sie mit uns. Damals empfingen die Inselbewohner das Flugzeug in Feststimmung, mit frischem, herzlichem Lachen boten sie ihre Blumenketten dar. Uns schien es, als kämen wir zu einem Fest bei Freunden. Ein Jahr zuvor waren viele junge Männer und Mädchen von der Osterinsel nach Valparaíso gekommen, um Arbeit zu suchen. Der Kontinent, wie sie ihn nennen, übt eine große Anziehungskraft aus. In Valparaíso wurden einige von ihnen hingebungsvolle Hausangestellte. Eine Freundin brachte uns die Nachricht, daß sie eingetroffen waren. Sie sagte uns, sie wären schlechte Arbeiter, aber wunderbare Tänzer, und an ihren freien Tagen wären sie nur darauf aus, in irgendein Haus zum Tanz zu gehen. Wir vereinbarten mit ihr, sie in der darauffolgenden Woche zu uns einzuladen, und bereiteten ein Fest für sie vor. Sie trugen ihre typischen einheimischen Trachten und waren glücklich. Zu ihrem Empfang legte Pablo einen beeindruckenden antiken Morgenrock an, den er aus Indien mitgebracht hatte. Als sie ihn die Treppe des Hauses herunterschreiten sahen, staunten sie, in ihren Gesichtern malte sich große Überraschung. Eines der Mädchen, das neben mir stand, fragte mich: «Ist das der große Priester?»

Wir lachten, sangen und tanzten mit ihnen. Als sie sich verabschiedeten, sagte Pablo: «Ihr seid wie wunderbare Vögel. Warum verlaßt ihr eure Insel?»

«Wir gehen sehr bald wieder zurück», antworteten sie ganz überzeugt.

Und da waren sie auf ihrer Insel und erwarteten uns am Flughafen, um uns jenen kleinen Beweis der Zuneigung, den wir ihnen in Valparaíso mit soviel Vergnügen gegeben hatten, doppelt zu vergelten.

In den Tagen unserer Ankunft herrschte eine ungewohnte Bewegung auf der Insel: Die nordamerikanischen Streitkräfte wurden abgezogen. Wir wußten, daß niemand das Gelände betreten durfte, keiner durfte die Grenzen überschreiten, die sie gezogen hatten. Als Salvador Allende als Präsidentschaftskandidat auf die Insel gekommen war, hatte auch er das nordamerikanische Gelände nicht betreten dürfen. Sie waren unhöflich zu diesem Kandidaten gewesen, der, ihren Umfragen zufolge, die Wahlen nicht gewinnen würde. Jetzt zogen sie ab, niemand hatte sie hinausgeworfen, aber sie wußten, daß sich unter dieser Regierung einiges für sie ändern würde. An jenem Morgen, an dem sie so eilig abmarschierten, waren wir auf der Insel. Im Morgengrauen landeten riesige Flugzeuge, die ungeheure Schlünde öffneten, und schluckten gewaltige Container. Was war da drin? Wenn ihr Auftrag so friedlich, so harmlos war, warum dann eine solche hastige Flucht? Sie verschwanden und hinterließen riesige Gruben, wo ihre Häuser und ihre Lager gestanden hatten. Sie hatten auch Spuren im Herzen von mehr als einem Inselmädchen hinterlassen, das auf das Aussehen dieser selbstsicheren Jungen mit dem lustigen, unschuldigen Blick hereingefallen war. Jetzt weinten sie einfach. Die Nordamerikaner veränderten, solange sie auf der Insel weilten, auf irgendeine Weise die schlichte Mentalität der Bewohner, irgendwie spürten diese den Einfluß jener blonden Männer, die Dollars bei sich hatten.

Viele Geschichten hörten wir in jenen Tagen auf der Insel, und viele Fragen wurden uns gestellt. An das alles denke ich wie an eine kleine Wolke, die unseren bezaubernden Aufenthalt auf dieser Märcheninsel trübte.

Dank unseren einheimischen Freunden hatten wir als Fremdenführerin Margarita, eine schöne Frau aus einer der ältesten Familien; sie war auch unsere gute Freundin. Durch sie lernten wir die Geheimnisse der Insel kennen. Für die Leute von der Osterinsel sind die Geschichten die reine Wahrheit, sie werden von Generation zu Generation überliefert. Wenn sie sie erzählen, tun sie es im Brustton der Überzeugung, und wer ihnen lauscht, gerät allmählich in diese Art von Verzauberung; zudem war Margarita eine anerkannte Lehrerin.

Eines Tages blickten wir in die ungeheure runde Tiefe des Vulkans Rano Raraku, diesen Abgrund von unwirklicher Schönheit, wo, laut Margarita, die verborgensten Geheimnisse bewahrt werden. Mit schwärmerischem Ausdruck erzählte sie uns die Geschichten des Vulkans und zeigte uns die Stelle, wo die Priester ihre rituellen Menschenopfer dargebracht hatten. Plötzlich fing es zu regnen an, der Wind war so stark, daß er uns schüttelte und wir uns nur mühsam auf den Beinen halten konnten. Von unten drang ein trübes, dunstiges Licht herauf und hüllte uns ein. Alles sahen wir wie in weiter Entfernung, die vom Regen bedeckte Landschaft war überraschend schön. Der Wind, der den Raum zerschnitt, heulte. Zu unserem Staunen hörten wir eine Art Rufen: Das waren die nicht zu unterdrückenden Stimmen der geopferten Jungfrauen. Es war schwer, sich dieser Verzauberung zu entziehen; wir schauten Margarita an, die sagte: «Wir wollen gehen, die Götter sind verärgert!»

Als wir auf den hohen Berg stiegen, beeindruckte uns die Weite, das große Schweigen. Ich kam mir klein vor zwischen dieser Weite und dem Gestein. Alles ist wie von einer unwirklichen, tiefen, geheimnisvollen Schönheit. Alles scheint zu ruhen. Hier sind ihre Menschen aus Stein, gleichsam große erloschene menschliche Wesen, absolute Herrscher. Wir streiften zwischen ihnen umher. Wir berührten sie, betrachteten ihre riesigen, sich gegen den Himmel abzeichnenden Köpfe hoch oben. Ein halbvollendeter liegt noch im Gebirge. Was geschah, daß diese Arbeit unterbrochen wurde? Andere sind auf den Boden hingestreckt, als hätte eine wilde Kraft sie umgestürzt. Weitere stehen aufgerichtet in ihrer ganzen Pracht, und fern vom Gebirge sind viele in vollkommener Ordnung aufgereiht und bilden eine große Szenerie. Wer hat sie gemacht? Wie kamen sie bis zu diesen fernen Plätzen auf der Insel? Wir fragten Margarita, die für alle unsere Rätsel eine Erklärung wußte. Sie sah uns sehr ernst an, und als sei es die natürlichste Sache der Welt, antwortete sie: «Sie sind gewandert.» Wir schwiegen. Die Umgebung rührte uns tief an. Sie sind gewandert, warum nicht?

Unsere Freunde hatten uns von der Sonntagsmesse erzählt. Sie sagten, wir dürften nicht fehlen, sie würden für uns singen. Keiner sprach von etwas anderem, und von dieser Einladung ging, wie von allem, was auf der Insel geschah, ein einzigartiges Fluidum aus, nicht so sehr auf Grund dessen, was wir sehen würden, sondern wegen der Neugier, die sie in uns zu wecken wußten. Der sehnlich erwartete Sonntag kam also heran. Wir brachen sehr früh auf und gelangten zu einer schlichten, in der Morgensonne fröhlich leuchtenden Kirche. Ringsum war alles still. Bald füllte sie sich mit heiteren Leuten, die redeten, lachten. Die Freunde begrüßten uns ungezwungen, es schien eher ein Fest zu sein. Die Messe begann, und alles veränderte sich jäh. Es war ein halb katholisches, halb heidnisches Ritual. Begeistert und andächtig sangen sie ihre einheimischen Gesänge, fasziniert hörten und sahen wir zu. Plötzlich wurden meine Blicke von der Büste einer Heiligen Jungfrau gefesselt, die an der einen Seite der Kirche stand. Sie war ganz aus naturfarbenem Holz und so stark, daß sie auf uns zuzugehen schien. Ich schaute zu Pablo, um ihn auf die sonderbare Schönheit dieser Jungfrau aufmerksam zu machen, und merkte, daß auch er die Augen auf sie geheftet hielt, wie von einem Magnet angezogen. Nach der Messe blieben wir mit einigen Freunden zurück und traten heran, um sie aus der Nähe zu bewundern. Da war sie noch viel eindrucksvoller in ihrem Gewand aus Holz, so, als bewahrte sie alle Geheimnisse der Osterinsel. Sie war von einem Mysterium umgeben, tief und menschlich. Sie erzählten uns, daß ein nicht weit entfernt wohnender Freund sie geschnitzt hatte. Pablo bat sie, ihn zu ihm zu führen, er wollte mit dem Schnitzer sprechen. Am Nachmittag desselben Tages kamen wir mit dem Bildhauer zusammen. Pablo wendete seine ganze Überzeugungskraft auf, damit er eine zweite, ebensolche Jungfrau machte. Der Schnitzer, sehr ernst, überlegte und sagte dann: «Stämme dieser Größe gibt es kaum noch, die Bäume sind am Aussterben. Ich kann

Ihnen nicht versprechen, daß sie ebensogroß wird wie die Jungfrau in der Kirche.»

«Nein», antwortete Pablo. «Alles, was man sucht, findet man auch, und ich bin sicher, daß Sie auf den Stamm stoßen werden, den Sie brauchen.»

Allmählich ließ sich dieser Mann mit den klugen Händen, dem nachdenklichen, aber heiteren Blick überzeugen. Er schnitzte die Jungfrau. Doch damit war noch nicht alles geschafft, sie mußte verpackt und an die Botschaft Chiles in Paris geschickt werden. Darüber sprachen wir mit vielen Freunden, sie alle würden helfen. Pablo hegte keinen Zweifel: Seine Jungfrau würde in Paris ankommen. Schon im voraus freute er sich bei dem Gedanken, seinen französischen Freunden eine Schnitzerei zu zeigen, die von den Einwohnern der Osterinsel angefertigt worden war. Und wie alle Wünsche Pablos, die mir anfangs als nicht realisierbar erschienen waren, ging auch dieser in Erfüllung. Die Jungfrau traf in einer riesigen Kiste in Paris ein; angelangt war diese Reisende, die die Meere überquert hatte, um dem Dichter zu begegnen, der sie so sehnsüchtig erwartet hatte. Jeder Besucher der Botschaft bewunderte sie. Den großen Salon am Eingang beherrschte sie völlig.

Und es kam der Tag, an dem wir die Insel verlassen mußten, wir nahmen von ihren Vulkanen, ihren Bergen Abschied. Morgen würde das alles in weiter Ferne liegen. Zurück blieben die Bewohner mit ihren Geschichten, ihren Tänzen, ihren Schnitzern, ihren Langustenfischern. Wir sagten dieser Insel, über der machtvoll der Geist des Eingeborenen schwebt, Lebewohl; sie empfangen auch künftig Befehle aus ferner Zeit, für sie gibt es keine Diskrepanz zwischen Vergangenheit und Gegenwart.

Von dort reisten wir mit einer Verknüpfung von Gedanken und Erinnerungen ab, die zu vereinigen schwer wäre und die nie zu einer klaren, exakten Idee gerinnen würden. Das Flugzeug kam. Das war die Wirklichkeit, wir hatten einen phantastischen Traum gehabt. Nun kehrten wir in die Welt zurück, in die wir gehörten. Morgen würde das alles weit weg sein.

Ich streichle diese Jungfrau, die so viele Erinnerungen in mir weckt.

Hier auf meiner Seite hängt oben eine Galionsfigur, ein großer Kopf von Morgan, er wurde von dem Kamin eines befreundeten Antiquitätenhändlers in Paris herabgenommen, der Pablo hoch verehrte. Er lud uns in sein Haus ein, ohne auf den Gedanken zu kommen, Pablo würde ihn bitten, ihm diesen Morgan zu verkaufen, der auf seinem Kamin thronte. Die Argumente gingen hin und her zwischen dem Fachmann, der jetzt nicht verkaufen wollte, und dem Dichter, der ganz ruhig darauf bestand. Und so geschah es, daß wir, nach Gelächter, Drinks und köstlichen Sandwiches, von dort das Versprechen mitnahmen, daß der Morgan Pablo gehörte.

Morgan gegenüber steht, wie als Kontrast, eine schöne, zarte, vielfarbige Figur. Wir kauften sie in New York. In dieser Antiquitätenhandlung blieb meine Hoffnung zurück, viele Dinge zu kaufen; ich trug sie nur im Geist mit mir fort; wir gingen leer aus, da wir alles ausgegeben hatten, um diese zarte Dame zu holen, die hier, in diesem Speisezimmer, mit der Jungfrau von der Osterinsel und mit Morgan wetteifert.

Von da gehe ich hinüber in ein Zimmer, das Pablo die Taverne nannte. Sie ist klein und liegt aufs Meer hinaus. Sie entstand zufällig. Pablo hatte sein Schlafzimmer auf Pfeilern, wie ein zweites Stockwerk, gebaut, um das Meer von oben sehen zu können. Abends saßen wir lange darunter auf diesem offenen Platz, aber schon nach kurzer Zeit froren wir, und eines Tages entschied Pablo urplötzlich, ihn wie üblich mit Fenstern zu schließen, die wir von Abbruchstellen holten und die eingepaßt werden mußten. So entstand die Taverne. Hier ist alles ein Scherz: eine Galionsfigur, nicht echt, sondern eine Imitation aus Plaste, eine gute Imitation, Pablo kaufte sie in New York. Obwohl Pablo ein hervorragender Kenner war, wurde er mit dieser Figur hereingelegt. Als er erfuhr, daß sie aus Plaste und von sehr geringem Wert war, amüsierte er sich, und wir machten uns auf die Suche nach einem Taxi. Doch sobald sie diese ungeheure Frau in Pablos Armen sahen, weigerten sie sich, uns mitzunehmen.

Jedesmal, wenn ich sie betrachte, erinnere ich mich daran, wie sehr wir an jenem Tag lachten. Wie schwierig war es, mit ihr ins Hotel zu gelangen!

Diese Läden voller verrückter Sachen sind ein so vielseitiger Zeitvertreib, daß Pablo, wie ein großes verzogenes Kind, alles haben wollte. Hier in der Taverne ist eine Kiste, darin liegen viele Mitbringsel von jener Reise. Ich öffne die Kiste, und mitten unter den vielen Sachen finde ich eine kleine Schachtel. Als ich sie entdecke, nehmen meine Gedanken eine andere Richtung. In der Schachtel ist ein kleiner Becher, auf seinem Boden ein S und ein K: Sjoma Kirsanow. Während ich ihn betrachte, merke ich, daß ich jäh aus einer Welt gerissen worden bin, in der Leben, Geist und soviel Lebensfreude war.

Das Andenken an unsern großen Freund und großen sowjetischen Dichter Sjoma Kirsanow strahlt wie ein helles Licht. Jetzt, da ich mich an ihn erinnere, ist es, als vereine er harmonisch alle Wunder, die ein kluger Kopf zu erfinden fähig ist. Wenn sich Pablo und er begegneten, war es, als wohnte man einem Feuerwerk bei, das Geist und Frohsinn sprühte. Während ich an diese Abendgesellschaften in seinem Haus in Moskau denke, die es in eine Wunderkiste verwandelten, habe ich ein Gefühl von Frische, von Wohlbefinden.

Auf unserer letzten Reise waren wir bei ihm zu Gast, er gab uns ein unvergeßliches Fest in seinem Moskauer Haus. In der Stunde der Überraschungen zog er ein paar sehr schöne Becher hervor, ein Freund hatte sie speziell für ihn angefertigt. Sie waren klein und ruhten auf einem Boden mit zwei Buchstaben: S und K. Nach dem Trinkspruch überreichte er Pablo eine Schachtel mit einem Becher und bemerkte dazu, er schenke ihm nur den einen, damit nur er daraus trinke: «Wenn du damit anstößt, werde ich bei dir sein!»

Pablo strahlte über sein Geschenk, während der ganzen Reise sagte er immer wieder: «Gib acht auf die Schachtel!» Als die Freunde das hörten, fragten sie mich neugierig, was Pablo in dieser geheimnisvollen Schachtel hätte, um die er so sehr besorgt sei; so spannte er alle Freunde, die wir trafen, auf die Folter, und sie erfuhren nie, was wir in dieser Schachtel hatten.

Als Pablo völlig unerwartet von Kirsanows Tod erfuhr, bereitete ihm das tiefen Kummer und Schmerz. Wir saßen in dieser Taverne, ein paar sowjetische Freunde waren zu Besuch gekommen. Pablo öffnete seine Kiste in der Bar und holte die Schachtel mit Kirsanows Becher heraus. Als er ihnen die Geschichte des Bechers erzählte und ihnen erklärte, warum nur er daraus trinken werde, sahen wir, wie sie sich verstört anblickten. Einer unserer Freunde wagte, ihn zu fragen, warum er von Kirsanow in der Gegenwart spreche, ob er denn nicht wisse, daß er vor mehr als einem Monat gestorben sei. Es ist sehr schwer, diesen Augenblick zu beschreiben. Pablo hielt seinen Becher in der Hand und starrte ihn an; nach einigen Minuten schmerzlichen, andächtigen Schweigens verließ er die Taverne. Ich ging hinaus, um ihm nachzusehen. Den Blick unverwandt auf den Becher geheftet, lief er auf und ab, fern der Wirklichkeit. Ich wollte nicht zu ihm hin. Ich beobachtete ihn von weitem und weinte um den toten Freund, mehr aber über Pablos Schmerz, nur ich wußte, wie groß er war. Kurz darauf kehrte er in die Taverne zurück. Ein Schweigen entstand, das alle Worte enthielt. Wir blickten uns an, er lächelte tapfer, auch ich lächelte.

«Dies ist ein Scherz meines großen Kirsanow gewesen», sagte er mit etwas gedämpfter Stimme. «Das einzige, was er in diesem Moment will, ist, daß der Umtrunk nicht unterbrochen wird.»

An jenem Tag sprach er nicht mehr darüber. In der Nacht öffneten wir die Fenster unseres Schlafzimmers, der Mond schien. Wir löschten die Lampen. Schweigend, die Hände ineinander verschlungen, lauschten wir dem Meer; wir dachten beide an dasselbe, ohne etwas zu sagen. Der Becher blieb von da an in der Kiste, in der Pablo seine Überraschungen aufbewahrte. Auf keinem Fest stieß er mehr mit diesem Becher an. Manchmal, wenn wir allein und sehr froh waren, holte er seinen Becher hervor, und dann stießen wir drei an, daran gab es keinen Zweifel.

Kurz darauf schrieb er dieses Abschiedsgedicht:

Nun eine Träne
wieder für einen, für einen weiteren Gefährten,
den mit Glöckchen und Schellenbaum,
toll vor Gelächter,
den unübertrefflichen Erfinder
von Zauberzirkus und Poesie,
Kirsanow, Sjoma, Bruder,
von dessen Tod ich eben, vor zehn Stunden,
erfuhr, zehn Stunden,
ohne diese kalte Nachricht, so fern, hier, jetzt,
zu glauben, anzuerkennen,
diesen Tod mit eisigen Krallen,
der seinen hellen Gesang zusammenpreßte, bis
er schwieg.

Er war meine Freude,
mein fröhliches Brot, das Glück
des geteilten Weins
und der Entdeckung,
die er mit seinem Minutenzeiger angab:
den unglaublichen Charme
meines guten Gefährten Glöckchen.

Ach ja, schon ohne Klang,
begraben, sich für immer ins Schweigen
wegstehlend,
mit seinem Sprühen
und seiner nachhallenden Dichtung,
etwas, was vom Fest mir gehörte,
mein Becher, den ich heute
nicht erheben werde im Schatten meines
Gefährten,
beim Schweigen meines Gefährten,
unter dem zerbrochenen Mond, der
Tränen, Tränen aus Schnee
auf das Grab meines Gefährten verströmt.*

* Dieses Gedicht wurde von Ursula Roth übersetzt; alle übrigen Gedichte erscheinen in der Nachdichtung von Erich Arendt.

Wie diese ganze Kiste inventarisieren, wie jeden Gegenstand benennen? Ich blicke auf diese so verschwiegene Kiste und höre, wie jedes Stück, das sie enthält, mir seine Erinnerungen zuruft. Ich betrachte seine Gitarre mit den Noten, die er spielte, um seinen Vortrag anzukündigen.

Oben an den Wänden, fast an der Decke, ein langes Bord, auf das er seine leeren Zigarrenschachteln stellte. Wie nehme ich das ins Inventar auf? Riesige Plaste-, Kognak-, Whiskyflaschen über der schwarzen Bar, die er in einem Antiquitätenladen in Valparaíso kaufte. Sie war in eine Ecke geschoben gewesen, mit gebrochenen Füßen, ihr Hocker bestand nur aus einzelnen Stäben. Pablo setzte alles mit viel Geduld zusammen und nahm es mit. Hier steht die Bar nun, ich betrachte sie, sie ist wie ein guter Freund, der uns viele Jahre begleitet.

Eine alte, sehr große Kaffeemühle steht am Fenster, auch sie kauften wir in einem Antiquitätenladen in Valparaíso. Tische und Stühle, aus Puerto Montt mitgebracht, stammen aus einem abgewrackten Schiff. Eine aus farbigen Flaschen hergestellte Lampe, die er sorgfältig ausgesucht hat, hängt an der Decke und gibt buntes Licht. In einer Ecke spendet eine große Lampe ein müdes Licht, sie ist aus dem dicken Glas eines Scheinwerfers gemacht. Eine andere Lampe, in einer Kaffeemühle versteckt, kauften wir so, wie sie ist. Pablo hätte eine Kaffeemühle nicht elektrifiziert, er mochte sie zu sehr. Und schon am Ausgang der Taverne sind viele Borde mit seiner Sammlung alter Flaschen angebracht, alle aus Europa, besonders aus Paris. Jedesmal, wenn wir welche in den Antiquitätenhäusern oder auf dem Flohmarkt fanden, zitterte ich, ich wußte, daß er sie kaufen würde. Und wochenlang mußten wir wegen dieser Flaschen, die uns ruinierten, in Studentenlokalen essen. Wie das alles inventarisieren? Wie diese Gegenstände beschreiben?

Neben diesen Flaschen stehen alte Stiefel und Schuhe; es ist unglaublich, aber sie sehen sehr hübsch daneben aus.

Ein riesiger Schuh nimmt eine ganze Ecke des Zimmers ein. Er gehörte einem Schuhmacher in Temuco. Eines Tages gingen wir durch eine Straße in der Nähe des Marktes, plötzlich blieb Pablo stehen und betrachtete diesen großen Schuh. Ich merkte, daß der Kampf um ihn begann. Wir traten näher, betrachteten ihn, lächelten dem Schuster zu, der uns nicht einmal ansah, sondern weiterarbeitete. «Was für einen schönen Schuh Sie haben!» sagte Pablo zu ihm. Er blickte auf, und bevor wir noch etwas hinzufügten, warnte er uns: «Er wird weder verkauft noch verliehen, nur ansehen können Sie ihn!» Wir lachten, Pablo blickte wie ein habgieriges Kind. «Wir lassen Ihnen Namen und Adresse da», sagte er. «Ich wäre sehr glücklich, wenn Sie mir diesen Schuh verkaufen würden.» Er schrieb seinen Namen auf ein Stück Papier, und wir gingen. «Wir müssen was tun, Patoja», sagte er beklommen. Dieser große Schuh hatte ihm seine Ruhe geraubt.

Am Nachmittag kehrte ich zurück, um den Schuhmacher zu besuchen. Ich erzählte ihm, wie unser Haus in Isla Negra aussieht, wo wir wohnen, wie das Meer ist; ich sagte ihm, daß Pablo alle Dinge liebt und wie er sie hütet; dieser Schuh würde dort beachtet und bewundert werden. Er antwortete nicht. Ich bat ihn, zu Pablos Vortragsabend zu kommen, und ließ ihm vier Eintrittskarten da, damit er seine Frau und ein paar Freunde mitbringen konnte. Als eine Art Abschied sagte er: «Señora, verschwenden Sie nicht Ihre Zeit!»

Am nächsten Tag kamen wir wieder. Dieser abweisende, mürrische Mann, der uns nicht einmal einen Blick geschenkt hatte, war verwandelt: Er war unser Freund. Er umarmte Pablo und sagte zu ihm: «Ich möchte Sie um einen Gefallen bitten. Geben Sie mir das Buch, in dem ich das Gedicht ‹Die Mamadre› finde, und schreiben Sie mir eine Widmung hinein, das ist der Preis für den Schuh, er gehört Ihnen. Nur Sie sollen ihn haben!»

Wir waren tiefbewegt und brachten kein Wort über die Lippen. Eine Umarmung besiegelte diese Freundschaft. Jedesmal, wenn wir nach Temuco fuhren, sagten wir ihm guten Tag. Pablo lud ihn immer zu einem Pipeño-Wein ein, ich ging unterdessen auf den nahegelegenen Markt, und wenn ich zurückkam, fand ich sie stets in angeregter Unterhaltung. Pablo sagte mir, er wäre wie ein Weiser, alle seine

Antworten wären treffend, von diesem Schuster könnte er viel lernen.

Im oberen Teil dieser Taverne sind die Namen seiner besten, bereits verstorbenen Freunde auf den unverhüllten Balken verewigt. Er schrieb die Namen, und Meister Rafita schnitzte sie ein.

Um zur Bibliothek zu gelangen, muß man ins Freie hinaus.

In diese Bibliothek kommt man unverhofft; man betritt einen sehr schmalen Gang, der sich am Ende in einen Raum öffnet, und hier ist es nun wahrlich schwierig, die Gegenstände zu benennen, es sind so viele und so vielfältige. Sie wurden an den unterschiedlichsten Stellen gefunden, manchmal mit großer Mühe auf zahllosen Schiffsreisen hergebracht; fast immer stammen sie aus Antiquitätenläden oder von Märkten; manche wurden aus irgendeinem verstaubten Winkel hervorgezogen, andere aus schönen, strahlenden Vitrinen herausgenommen. Da standen sie alle. Sie waren unsere Reisegefährten auf Schiffen, in Eisenbahnen, in Flugzeugen gewesen. Nie unterließen wir es, Gegenstände mitzunehmen, überall begegneten sie uns, als suchten sie uns, und so füllten wir allmählich dieses Haus.

Dies sind nicht nur materielle Dinge, ihr Eigenwert ist unwichtig. Wir betrachten sie, und es ist, als nährten wir uns von der Vergangenheit. In ihnen steckt Phantasie. Da sind kleine und große. Es sind keine toten Gegenstände, sie leben, haben uns bereichert, haben unserm täglichen Leben Träume geschenkt.

Jetzt, da ich versuche, über die Gegenstände in diesem Haus zu schreiben, wird mir klar, daß ich auch erzählen muß, wie dieses Haus wuchs, denn ich könnte nicht sagen, ob es für die Gegenstände wuchs oder ob diese sich für das Haus anhäuften.

In der Bibliothek springt ein riesiger Kamin ins Auge. Er steht in der Mitte einer großen Steinmauer und belebt die Ecke, in die sich Pablo immer setzte, um Zeitung zu lesen oder sich mit seinen Freunden zu unterhalten. Die Mauer wurde von Mary Martner gestaltet und enthält viele Arten von Steinen, vor allem Lapislazuli, den wir lange aufbewahrt und von dem wir nicht gewußt hatten, wie wir ihn verwenden sollten. Wir hatten ihn fast unbeabsichtigt gekauft. Eines Tages kam eine einfache, bekümmert aussehende Frau in unser Haus in Santiago, sie wollte Pablo sprechen. Sie erzählte ihm, daß ihr Mann gestorben war und ihr als einziges eine Lapislazuli-Mine hinterlassen hatte, sie besaß acht Säcke voll und wußte nicht, wem sie sie verkaufen sollte. Mit ungeheurer Überzeugungskraft sagte sie zu Pablo, nur er könnte sie kaufen. Als er sie fragte, wo die Säcke wären, antwortete sie, das wäre das Schwierigste, denn sie lägen in den Kordilleren, ganz in der Nähe der Mine, und sie hätte nicht die Mittel für den Transport. Pablos Abenteurerlust war geweckt; in die Kordilleren zu fahren und die Säcke zu holen schien ihm ein wunderbares Abenteuer. Wir setzten einen Tag fest und machten uns mit unserm Kleinlastwagen, mit dem gewöhnlich Material befördert wurde, auf den Weg. Zwischenfälle in den Kordilleren erlebten wir unendlich viele; manchmal existierte überhaupt kein Pfad, und man mußte riesige Steine beiseite räumen. Aber wir kamen an. Bergab zu fahren erwies sich als noch gefährlicher, ich war ziemlich aufgeregt, während Pablo dieses Abenteuer entzückte, für ihn wurde es ein wunderbarer Tag, für mich einer voll Angst und Schrecken. Oft reagierten wir sehr unterschiedlich.

Jahrelang standen diese Säcke in einem Vorratskeller. Jetzt sind sie hier, in dieser Mauer der Bibliothek, und verschenken ihre ganze Farbenpracht, zusammen mit den Achaten und anderen Steinen, die unter Mary Martners klugen Händen in ein wahres Meisterwerk verwandelt wurden.

Von der Bibliothek aus gehe ich durch eine kleine Tür in die Höhle. Wenn man diesen für mich wichtigsten Ort des Hauses betritt, ist man überwältigt von seiner Einfachheit. Die Wände bestehen aus Schwarte, diesem Holz, das die Rinde des Baums festhält und das diesem Raum Wärme und Leben gibt.

Als Pablo die Bibliothek fertig hatte, glaubte ich, dieses Haus würde nicht mehr wachsen, aber es kam anders.

Es war das Jahr 1960. Ein schweres Erdbeben hatte den Hafen von Valparaíso zerstört. Unser Haus auf dem Berg Florida war unglaublich verwüstet worden, das ganze Bibliotheksgeschoß war zusammengefallen, Pablo verzweifelt, sein großes Pferd aus Temuco befand sich im Freien. Dieses Pferd hatte in einer Eisenwarenhandlung in Temuco gestanden. Als Pablo aufs Gymnasium ging, mußte er durch diese Straße und sah es immer und streichelte sein Maul. Er lebte mit diesem Pferd und wuchs mit ihm auf, er betrachtete es als etwas, was ihm gehörte. Sooft wir nach Temuco fuhren, bat er den Besitzer des Tieres, es ihm zu verkaufen, aber alles war vergeblich. Auch die Freunde des Besitzers, die ihn drängten, erreichten nichts. Eines Tages aber geriet die Eisenwarenhandlung in Brand; die Feuerwehrleute kamen, und natürlich viele Menschen, unter ihnen Freunde von Pablo. Später erzählten sie uns, daß man dort einen einzigen Schrei gehört habe: «Rettet Pablos Pferd! Daß ja das Pferd nicht verbrennt!» Und so wurde es gerettet, es war das erste, was die Feuerwehr herausholte. Kurz darauf wurde alles versteigert, was vor den Flammen bewahrt worden war. Der Besitzer, der Pablos Leidenschaft für dieses Pferd kannte, schleuste Leute ein, um den Preis in die Höhe zu treiben. Er wußte, daß Pablo sich sein Pferd nicht abjagen lassen würde, das er dann auch zu einem Höchstpreis erstand.

Nun hatte das Pferd kein Haus. «Ich werde ihm ein sehr schönes Zimmer bauen», sagte Pablo, «und daneben soll mein Arbeitszimmer sein, ganz rustikal, ganz klein, wie eine Höhle.» Und diesen Namen behielt das Zimmer. Das andere, größere und sehr schöne hat immer das «Pferdezimmer» geheißen.

Oft, wenn ich in sein Arbeitszimmer kam und dachte, er schriebe irgendein Gedicht oder einen Artikel, von dessen Geld ein großer Teil unseres Etats abhing, machte er Zeichnungen für seine Zimmer, Zeichnungen, die er nach kurzer Zeit wegwarf und neu anfertigte. Bis er endlich zufrieden war, sein Zimmer würde ein Fenster haben, von dem aus er das Meer betrachten konnte. Ein Zinkdach über allem sollte ihm erlauben, den Gesang des Regens zu hören. Mich schreckte der Gedanke, ein Haus so nahe am Meer mit Zink zu decken, befreundete Architekten hatten mir versichert, es würde nicht länger als drei Jahre halten. Ihn ganz verzweifelt ansehend, sagte ich: «Bist du dir darüber klar, was es uns kosten würde, dieses Dach zu erneuern? Wir können uns nicht den Luxus leisten, alle drei Jahre ein neues Dach anbringen zu lassen.»

Ganz ruhig wies er mich darauf hin, daß er nichts von Zahlen verstünde, das wäre meine Angelegenheit; er wüßte nur, daß es in der Buchhaltung «Soll» und «Haben» heiße, und wenn ich über Eingaben und Ausgaben des Hauses wachte, müßte ich immer «haben». Mit Pablo zu streiten war unmöglich, jede Diskussion endete mit brüllendem Gelächter. Das Dach wurde mit Zink gedeckt, und sehr bald mußte es völlig erneuert werden.

Diese Höhle hat eine sehr schöne Tür. Ins Auge fallen die Klinken, ein Geschenk unseres Freundes Kirsanow, der sie bei einem Antiquitätenhändler gekauft hatte; sie waren aus einem alten Kloster, und in seinem Moskauer Haus lagen sie auf einem Tisch. Pablo betrachtete sie, streichelte sie, lächelte sie an. Als Kirsanow ihn so begeistert sah, sagte er: «Wenn du sie mitnehmen kannst, schenke ich sie dir. Sie sind sehr schwer.» Die Antwort lautete prompt: «Ich nehme sie mit! Nie hatte ich etwas, was mir mehr gefallen hat.»

Und hier sind sie, an einer alten Tür, die, wie es heißt, zu einer sehr alten Kirche gehört hatte. Sie harmonieren hervorragend. An dem zum Meer hinaus gehenden Fenster steht ein kleiner Tisch, an ihm schrieb Pablo seine Gedichte. Er liebte diesen Tisch. Ich betrachte ihn, streichele ihn und erinnere mich an jenen Morgen, an dem das Meer nach einer stürmischen Nacht toste, in der es Berge von Flaschenkürbissen an Land geschwemmt hatte. Plötzlich sahen wir ganz nah am Strand Holz, das sich auf den Wellen wiegte. Aufgeregt beobachteten wir sein Kommen und Gehen, manchmal schien es uns, daß das Meer es auf den Sand setzen würde, es hob es hoch und stieß es wieder seewärts. Pablo war sehr erregt und folgte ihm mit seinem Fernglas. «Ich will dieses Holz haben», sagte er, «ich darf es nicht verlieren.»

Endlich warf das Meer es hinaus, und sogleich war es auch zu Hause. Pablo lachte wie ein kleines Kind, dem man das schönste Spielzeug gegeben hat. «Da habe ich meinen Tisch für die Höhle», sagte er. «Er ist genau das, was ich wollte.» Das Holz war grob, vom Meer glattgeschliffen, vom Spiel der Wellen verwittert; es war unglaublich weich, und um seine Schönheit vollkommen zu machen, war an einem Ende ein Stück Eisen eingebettet, wie ein mächtiger Griff. Woher kam es? Wofür war es gedacht gewesen? Als Pablos Tisch! Das Meer hatte ihn bis zu diesem Augenblick, da er ihn brauchte, aufgehoben. Ich glaube, Pablo war davon überzeugt; er liebkoste ihn, als wäre er der wertvollste Schatz, und für ihn war er es zweifellos.

Immer habe ich gesagt, daß die Dinge Pablo suchten. Er wünschte etwas, und kurz darauf begegneten wir unverhofft diesem Etwas, wenn wir gerade nach ganz anderem Ausschau hielten. Auf die gleiche Weise fand er die Beine zu diesem Tisch. Seit langem lagerten im Keller zwei Geländersäulen, die er gekauft hatte; sie wurden hin und her geschoben und warteten auf ihr Schicksal, und dies kam mit dem Holz. Sie sollten die Beine des Tischs werden. Mit leidenschaftlicher Hingabe erteilte er Anweisungen, wie er angefertigt werden sollte. Er ließ das Holz reinigen, es durfte aber nicht glänzen, es mußte den Schliff des Meeres behalten. Die Beine sollten so zerfurcht, alt und gebleicht aussehen, wie sie aus dem Abrißhaus gekommen waren.

Wir veranstalteten ein großes Fest, um die Höhle einzuweihen, sie war so einfach, daß es in ihr nicht einmal Licht gab. Mit Kerzen, die Wachs auf die Kleider der Gäste tropften, wurden sie und, das wichtigste von allem, ihr Tisch, eingeweiht. Jeden Gast machte Pablo auf seine Schönheit aufmerksam und fragte ihn: «Finden Sie ihn nicht außergewöhnlich?» Die Antworten waren gleichgültig, unbestimmt. Niemand verstand, warum Pablo von diesem Tisch so fasziniert war, und sie gingen zu einem anderen Thema über. Enttäuscht sagte Pablo nachher zu mir: «Sie begreifen nichts, sie sehen nichts!» Was er sah, was für ihn größte Bedeutung gewann, ließ andere unberührt.

In Isla Negra war es sein Arbeitstisch. Wenn Besucher zum ersten Mal ins Haus kommen, zeige ich ihnen den Tisch und sage: «Hier schrieb Pablo seine Gedichte, diesen Tisch liebte er außerordentlich.» Sie betrachten ihn, manchmal erstaunt, manchmal unbeteiligt. Es ist nur ein ärmlicher Tisch. Im allgemeinen bemerken die Leute, die das Haus in Isla Negra besuchen, nicht die Dinge, die Pablo am meisten liebte, weil es fast immer die schlichtesten, die mit dem geringsten materiellen Wert, sind. Er liebte und suchte die von der Witterung geglätteten Steine; Wurzeln fesselten ihn, er besaß viele Holzstücke, die er in den Wäldern gefunden hatte, er sagte, sie glichen kleinen Skulpturen. Dieses Haus war für ihn ein imaginäres Universum; nur er kannte den Wert seiner Gegenstände. Auch ich, als sein Schatten, kannte ihn.

An einer Seite seines Tisches sieht man, wie an die Wand gehängt, einen kleinen Schreibtisch. Es war der seines Vaters. Er kam ins Haus zu Pablos sechzigstem Geburtstag. Mit großer Mühe hatte ihn sein Neffe Raúl von einem Nachbarn zurückgekauft, der ihn, keiner weiß, warum, besaß und ihn hartnäckig festhielt. Raúl überzeugte ihn mit viel Geduld, legte ihm nahe, wie gut es wäre, diesen Schreibtisch Pablo zu seinem Sechzigsten zu schenken. Es war nicht leicht, aber durch ein Wörtchen an dem einen Tag, durch einen hingeworfenen Satz am andern Tag verlor der Nachbar nach und nach die Hoffnung, in Ruhe gelassen zu werden, und schließlich sagte er: «Gut, nehmen Sie ihn mit. Sie haben mir so viel erzählt, daß ich davon überzeugt bin, dieser Schreibtisch gehört mir nicht.»

Ich wußte, daß der Schreibtisch ins Haus kommen würde. Den ganzen Tag kündigten wir Pablo ein Geschenk an, das ihm sehr gefallen werde, wir hatten seine Neugier aufs äußerste angestachelt. Endlich, am Mittag, traf das ersehnte Geschenk ein. Als Pablo sah, was sich aus dem riesigen Paket, das aus aller Art von buntem Papier und Klebstreifen bestand, herausschälte, war er tief gerührt. Ich entsinne mich noch seiner ersten Worte: «Und sogar mit Schlüssel!» Dieser Schreibtisch war, wie er sich erinnerte, immer aufgeräumt gewesen, die Papiere lagen ordentlich übereinander, und wenn der Vater Geld herausnahm, steckte dieses immer unter all den Papieren. Stets war er abgeschlossen und folterte die Neugier des Jungen. Jetzt, da er diesen kleinen leeren Schreibtisch betrachtete, betastete er ihn und schwieg. Zweifellos rief er in ihm alle Erinnerungen an Temuco, an seinen Vater, an seine Kindheit, an jenes große, armselige Holzhaus wach.

In seinen «Memoiren» schreibt er: «Von dieser Erde, diesem Lehm, von dieser Stille bin ich ausgezogen, um zu singen für die Welt.»

Der Schreibtisch fand seinen Platz neben seinem Arbeitstisch. Da steht er. Er ist einfach, sieht bescheiden aus, er trägt das Siegel der armen Häuser. Man brauchte nichts an ihm zu machen, und da steht er.

Um dieses Zimmer laufen Borde mit seiner Kollektion alter Töpfe, kleine und große, manche sehr groß und schwer. Im Laufe der Jahre brachte Pablo einen nach dem andern angeschleppt.

Charakteristisch an diesem Zimmer ist, daß fast alle Gegenstände Tiere sind, es gibt sie in allen Größen und aus unterschiedlichstem Material. Es würde zu weit führen, sie zu beschreiben. Sie stammen aus verschiedenen Ländern.

Wenn Pablo spitzbübisch und humorvoll über dieses Zimmer sprach, sagte er: «Hier habe ich meine liebsten Tierchen.» Und dabei betrachtete er ein Porträt von mir, das neben der Tür hing. Ich war glücklich, zu seinen liebsten Tierchen zu gehören.

Dieses Porträt ist ein Geschenk des großen türkischen Dichters Nâzım Hikmet. Pablo mußte eigentlich jedes Jahr nach Moskau reisen, weil er der Jury des Stalinpreises, der später Leninpreis hieß, angehörte. Er fuhr aber nur ein Jahr ums andere. Die Preise wurden am Ersten Mai verliehen, weswegen wir alle zwei Jahre meinen Geburtstag, den dritten Mai, in Moskau verlebten.

Am 3. Mai 1960 wohnten wir wie immer im Moskauer Hotel National. Es ist ein altes Hotel mit riesigen Zimmern, in manchen steht ein Flügel. Die sehr großen Fenster mit ihren Plüsch- und Brokatvorhängen gehen auf den Roten Platz, auf dem wir die Basilius-Kathedrale liegen sahen, die sich wie ein Wunder erhebt. Für Pablo war das Hotel ein großes antikes Kleinod; seine Fahrstühle, seine weitläufigen Zimmer, seine Ausstattung erzählten ihm von der Vergangenheit. Wenn er die Einladung nach Moskau annahm, bat er immer, im Hotel National untergebracht zu werden. Für uns war es schon wie ein vertrautes Heim. Als ich zum ersten Mal aus dem Fenster schaute, staunte ich über die Schönheit der Architektur; auf der einen Seite der gewaltige, strenge Kreml; im Vordergrund, wie ein großes Spielzeug, die Basilius-Kathedrale. Pablo verehrte diese Kirche mit ihren, wie er es nannte, riesigen Zwiebeln, die in ihrer Farbenpracht den kalt und streng aussehenden Platz heiter machten.

An jenem dritten Mai rief mich Nâzım in aller Frühe an und kündigte mir an, er käme im Hotel vorbei, wir wollten mein Geburtstagsgeschenk abholen, ich müßte auf jeden Fall mitkommen. «Wenn Pablo zu tun hat, braucht er uns nicht zu begleiten», sagte er zu mir. Als Pablo das hörte, zog er sich rasch an; er war neugieriger als ich auf dieses Geschenk. «Du mit einem Türken allein! Nie würde ich dich gehen lassen!»

Voller Freude zogen wir mit Nâzım los; mit ihm waren wir immer in festlicher Stimmung, er war fröhlich, sprühend, er kannte alle Winkel von Moskau. Wir kamen an ein Gebäude mit Ateliers, heraus trat Glasunow persönlich, er hatte uns erwartet; erst jetzt erfuhren wir, daß dieser Künstler ein Porträt von mir machen sollte, das wäre mein Geburtstagsgeschenk. Es dauerte knapp zwanzig Minuten, und mein Porträt war fertig. Pablo, der mich immer sehr jung fand, sagte zu mir: «So wirst du in zehn Jahren aussehen!» Und er brachte mich in diesem Zimmer unter, wo alle seine Tierchen sind. Ich bin gern hier.

Aber das war nicht das ganze Geschenk, wir fuhren auf seine Datsche in der Nähe von Moskau, wo wir den Tag verbrachten. Dieses Landhaus war nach türkischer Sitte ausgestattet, mit Kissen auf dem Fußboden.

Wenn ich an seine Wirtschafterin denke, muß ich noch heute lächeln. Nâzım erzählte uns eine sehr merkwürdige Geschichte von dieser hochgewachsenen Frau mit ihren funkelnden Augen, ihrem leichten Schritt und ihrem breiten, immer lächelnden Mund.

Sie war mit einem Bauern verheiratet gewesen, den er nicht kannte. Viele Jahre war sie sehr glücklich, aber eines Tages verließ ihr Mann sie und ging mit einer anderen Frau in eine andere Stadt; sehr traurig suchte sie Arbeit in einem Haushalt, und so kam sie in Nâzım Hikmets Datsche. Er war der Meinung, er bezahlte sie sehr gut, aber nach ein paar Monaten waren ihre Schuhe abgetragen, ihre Kleider vom vielen Waschen ausgeblichen, und nie kaufte sie sich etwas. Als Nâzım sie so ärmlich angezogen sah, fragte er sie verwundert, was sie mit dem Geld machte, das er ihr gab, er habe nie bemerkt, daß sie sich auch nur ein Kopftuch kaufte, wie sie die Russinnen neu und in leuchtenden Farben mit Anmut zu tragen pflegen. Die Frage machte sie sehr traurig, und sie erzählte ihm, daß sie dabei sei, die Rückkehr ihres Mannes zu erkaufen. Im Nachbardorf wäre ein Hexenmeister, der daran arbeitete, daß ihr Mann sie wieder liebte. Er habe ihr gesagt, daß der Mann jetzt heftige Gewissensbisse hätte und wünschte zurückzukehren, aber sie müßte dem Hexenmeister noch viel Geld geben, da es eine sehr aufwendige Arbeit wäre. «Bedenke, Pablo», sagte Nâzım, «die Revolution ist so viele Jahre her, und hier ist die Vergangenheit mit all ihrer Unwissenheit und ihrem unsichtbaren Leid, wie schwärende Wunden, gegen die unmöglich etwas auszurichten ist.»

Als er merkte, daß er nichts dagegen tun konnte, sorgte Nâzım für die Kleidung seiner Wirtschafterin, damit sie dem Hexenmeister im Nachbardorf ihren ganzen Lohn geben konnte. Um zu leben, mußte sie fest an die Rückkehr ihres Mannes glauben, und diesen Glauben konnte ihr nur der Hexenmeister geben.

«Das Haus . . . Ich weiß nicht, wann es mir geboren wurde . . .»

Welch schwierige Aufgabe, ein vollständiges Inventar aufzustellen!

Es gibt so viele Erinnerungen, so viele Erlebnisse in jedem noch so kleinen Gegenstand, in allen seinen Winkeln.

«. . . das Haus wuchs, wie die Menschen, wie die Bäume.»

20

12. Juli 1974, Pablos erster Geburtstag ohne Pablo

Der 12. Juli ist da, Pablo würde siebzig Jahre alt. Heute muß ein Festtag sein, es war immer so. Ich will vor allen andern auf dem Friedhof sein. Ich bin tapfer, suche mir etwas Fröhliches zum Anziehen. Pablo wird mich sehen, und ich darf nie vergessen, daß er die Traurigkeit haßt, er mag meine Freudenausbrüche.

Die Erinnerungen überstürzen sich in meinem Kopf. Ich bin wie gebannt, schaue seine Fotos an, kann mich nur mühsam von ihnen losreißen. Ich muß aufbrechen, muß beizeiten dortsein, vor allen anderen. Ich blicke in den Spiegel, meine Augen glänzen, als wollte ich zu einem Stelldichein. Hastig eile ich hinaus. Die Welt, die nicht weiß, daß heute ein Festtag sein soll, ist trübe, mitleidslos legt sich der Nebel feucht auf meinen Kopf. Dabei hatte ich mich so sorgfältig gekämmt, um Pablo mit meiner «Mähne», wie er mein wehendes Haar nennt, zu gefallen. Schrecklicher Tag. Es ist kalt.

Ich wende mich den Pergolen am Mapocho zu, suche nach roten Nelken, sie sind am widerstandsfähigsten und am schönsten. Einen ganz großen Strauß kaufe ich. Der Verkäufer bietet mir an, ihn mir bis zum Auto bringen zu lassen. Ich nehme meinen Strauß und blicke ihn dabei an. «Auf keinen Fall. Die Nelken sind für Pablo, keiner darf sie anfassen.» Lächelnd verabschiede ich mich, er hat nichts begriffen.

Ganz fest halte ich meine Nelken. Schrecklicher Nebel.

Meine Füße eilen dahin, ich will bald auf dem Friedhof sein, das Grab schmücken, damit es fröhlich aussieht. Meine Freunde würden kommen, auch Menschen aus dem Volk, solche, die ihn kannten, und solche, die ihn liebten, ohne ihn zu kennen. Ich sitze allein in meinem Auto, das voller heiterer Gedanken ist.

Ich komme auf dem Friedhof an, und da stehen die Carabineros. Die erste Wolke. Ich gehe weiter, und als ich die Nische erreiche, sehe ich mit Polizei besetzte Wagen. Mein Frohsinn ist verraucht. Ich frage mich, wieso ein Dichter so gefährlich sein kann für diese so starke Regierung, die alle Waffen besitzt, die uns beherrscht und wie eine große drohende, brutale Klaue auf uns lastet.

Unsere Freunde treffen ein, vor allem kommen Leute, die ich nicht kenne, Frauen, die mich umarmen, alle haben Angst, einige holen aus ihren Kleidern rote Nelken hervor und blicken mich mit verschwörerischer oder leidender Miene an. Manche weinen, alle sehen mich hoffnungsvoll an, meinen, ich könnte ihnen helfen, reden von ihren Ängsten. Sie sagen mir, daß es in den Siedlungen furchtbar ist, daß sie sie umzingeln, in ihre Häuser eindringen, ihre Radioapparate stehlen, weil sie angeblich Radio Moskau gehört haben, sie nehmen ihre Ehemänner, ihre Söhne mit. Zuletzt fragen sie alle: «Wie lange soll das dauern?» Ich schaue sie an und spüre, daß ein eisiger Wind der Zukunft zu wehen begonnen hat. Ich denke an Pablos Voraussage, als er, trotz meines Protestes, daß das nicht sein könne, beharrte: «Das wird lange, sehr lange dauern.» Jetzt sehe ich dieses leidende, hilflose Volk und will es trösten, aber ich kann auch nicht lügen und sage nur: «Vergeßt nicht! Wir dürfen nicht vergessen.»

Es ist kalt, ich bleibe den ganzen Tag an dieser Grabnische. Viele Blumen sind da. Immerzu denke ich an seine Geburtstage mit ihrem Feuerwerk, mit Lichtern und den riesigen Ballons, die er hochhielt und die sich von dem Fest entfernten, den Himmel wie Schiffe durchfurchend. Wie viele Erinnerungen an dieses große Kind, das vor Freude überschäumte!

Und die Erinnerungen hallen weiter in mir nach, während die Zahl der Blumenvasen auf dem Boden wächst. Immer mehr Menschen, immer mehr Blumen. Meine Augen werden groß vor Überraschung; es sind so viele, sie fürchten nicht diese drohend aufgepflanzten Polizisten. Warum auf dem Friedhof? Haben sie auch den Toten den Krieg erklärt?

Spät breche ich auf. Mir ist sehr kalt. Als mich die Polizisten vorbeigehen sehen, machen sie sich mit ihren Wagen ebenfalls eilig zum Abmarsch bereit. Ich komme aus dem Staunen nicht heraus, was für ein maßloser Krieg! Zweifellos ist da der Wunsch, einzuschüchtern, noch habe ich den Mut, sie anzublicken. Ich habe Angst, aber sie werden es nie erfahren. Ich bleibe hier, stehe fest auf dem Boden meiner Heimat und werde jedesmal, wenn sie mich zu Boden geschlagen haben, mich wieder erheben.

Es ist Winter geworden. An manchen Tagen ist mir, als müßte ich ersticken, ich gehe hinaus, weiß nicht, was ich machen soll. An anderen Tagen kann ich nicht aufstehen, es ist, als sei das Leben aus mir gewichen, habe meinen Körper kraftlos und meinen Kopf zu einem Vulkan aus Gedanken gemacht. Ich betrachte das mit Fotos tapezierte Zimmer, ich spüre Pablos Schutz. Wie gut tut es, ihn anzusehen! Wie oft haben wir gelacht! Wie schön ist das Leben! Wie schön!

Ich treffe mich mit wenigen Freunden, mit mir zusammen zu sein heißt, sich zu einer gefährlichen politischen Richtung zu bekennen. Ich erhalte fast keine Telefonanrufe. Die einzige Freundin, die ständig für mich da ist, ist Teresa Hamel. Sie geht regelmäßig zum Gefängnis und bringt mir Nachrichten von den Gefangenen, deren Zahl wächst täglich, sie brauchen Medikamente, Winterkleidung.

In dieser drückenden Atmosphäre, in der ich lebe, gehe ich am liebsten auf den Friedhof. Fast alle Tage streife ich dort umher, ich betrachte gern die Gräber, die gegenüber Pablos Grabnische liegen. Sie alle sind kleine Gärtchen mit Lobelien, Efeu, irgendeinem Rosenstock, Chrysanthemen.

Der September ist gekommen, überall beginnt es zu sprießen. Ich gehe zwischen diesen Gärten spazieren, in manchen jäte ich das Gras. Allmählich freunde ich mich mit den Toten an. Das klingt makaber, ist es aber nicht. Ich brauche Freunde, und ich bleibe bei den Toten, ihnen schadet meine Freundschaft nicht.

An einem dieser Nachmittage, an dem eine warme Sonne den Friedhof überflutet, will ich mich entfernen, und dabei passiert mir etwas sehr Merkwürdiges. Statt durch die Pforte in der Avenida La Paz gehe ich durch die in der Recoleta und gelange, fast ohne es zu bemerken, auf die Avenida Perú. Und statt den Weg zum Hotel Crillón zu nehmen, laufe ich weiter zur Márquez de la Plata. Als ich an der Tür meines Hauses bin, fällt mir auf, daß etwas geschehen ist: Die Wandmalereien sind ausgelöscht, eine Farbschicht überdeckt sie. Unsere «tapferen Soldaten», die so sehr darauf bestanden hatten, daß ich sie selber auslöschte, konnten zufrieden sein. Nie habe ich erfahren, wer es war. Die Nachbarn sagen, daß sich zwei junge Leute mit Farbtöpfen von der hinteren Mauer (meine Straße ist eine Sackgasse) herunterließen und auf demselben Wege verschwanden, zum Glück schämten sie sich, die Straße zu benutzen.

Es ist ein schöner Tag, ich betrete mein Haus, das immer noch offensteht. Die Bäume, das Gras empfangen mich wie eine alte Bekannte, sie scheinen zu lächeln.

Das Gestrüpp hat meinen Garten vergoldet. Kaum merklich begleitet mich die Erinnerung an Pablo überallhin. Ein starkes Gefühl der Ruhe überkommt mich. Die Natur ist geheimnisvoll, inmitten dieser völligen Zerstörung hat sie ein Festkleid angelegt, um mich willkommen zu heißen.

Von der Erde steigen gemächlich Dünste auf, die sich über meinen Körper ausbreiten, ich spüre sie, es ist wie eine Kraft, die mir fehlte und die ich brauche, es ist eine tatsächlich physische Empfindung des Einsseins mit der Erde, es ist wie Hoffnung. Harmonie mit der Natur bedeutet gleichsam, eine verlorene Richtung wiedergefunden zu haben. Dort unter den Bäumen erwachen neue Wohlgerüche, die verschwunden gewesen waren.

Die Vögel singen, es sind viele da, sie fliegen in meiner Nähe hin und her. Sie sind zu Hause.

Tiefer Friede zieht in mich ein. Ich betrachte das Skelett meines Wohnzimmers. Das alles werde ich in Ordnung bringen. Ich kann nicht ohne dieses geliebte Haus, ohne meinen Garten leben. Es ist mein erstes wirkliches Heim in Chile gewesen. Dort sind die Erinnerungen an die Liebe, an unser Leben als heimlich Verliebte lebendig. Dort ist diese Treppe, die ich freudig hinablief, wenn Pablo kam. Dort wartete ich sehnsüchtig, wenn er sich verspätete; wenn ein Tag verging, ohne daß er mich besuchte, fühlte ich mich am Abend verlassen und stieg zu meiner kleinen Terrasse hinauf. Plötzlich ein Ruf: «Patoja! Wo ist meine Patoja?» Und der Himmel öffnete sich. Gespannt fragte ich ihn, was geschehen sei, er lachte und schloß meinen Mund mit einem Kuß, ohne etwas zu sagen. Wozu auch?

Langsam gehe ich die Steintreppe hinunter. Unten schwarzer, schon hartgewordener, sehr häßlicher Schlamm. Ich betrachte das alles trotzig. Ich werde diesen Schlamm hinausschaffen, mein Haus wird wieder fröhlich sein, ich werde es mit Blumen, mit Rosen, Kamelien, Copihues, füllen.

Ich bin beschwingt, heiter, voller Tatendrang. Bald werde ich das Hotel verlassen. Ich werde ein Zuhause haben. Bald wird auch dieses Terrorregime zu Ende sein, und alle meine Freunde werden wieder froh, optimistisch sein. Sie werden aus der Verbannung zurückkehren, die Gefängnisse werden sich öffnen. Und dies hier wird nur die Erinnerung an einen Alptraum sein.

In diesem Augenblick schicke ich mich an zu leben, wie eingehüllt in den Mantel meines Engels, an den zu glauben mich meine Mutter lehrte.

Ich setze mich oben auf meine Terrasse, von der aus ich den Park, den Hügel Santa Lucía sehen kann. Der Himmel färbt sich rot, blau, orange. Die Sonne geht unter und hinterläßt uns ihre Farbenpracht. Und ich bin glücklich, von Erinnerungen, von so vielen Erinnerungen begleitet.

Ich begann mir eine Scheinwelt aufzubauen, die nichts mit der Wirklichkeit zu tun hatte. Wie unglücklich wäre ich in dem Moment gewesen, wenn ich geahnt hätte, daß zehn Jahre später, als ich diese Erinnerungen aufschreibe, immer noch gefoltert wird und daß sich die Ungeheuer des Jahres 73 perfektioniert haben und in den Straßen weiterhin morden!

Es heißt, es handele sich um Zusammenstöße; an anderen befestigen sie eine Bombe und lassen sie explodieren, und dann sagen sie, die Menschen kamen um, als sie Sabotage betreiben wollten. Und wir lesen diese Nachrichten in der Presse, und wir haben uns anscheinend schon daran gewöhnt. Diese Bilder kasteien unsere Seele. Es sind unendlich viele, die uns foltern. Nachts, wenn man schlafen will, sind sie da, sie peinigen uns. Aber wir dürfen nicht vergessen. Wir müssen sie immer im Gedächtnis behalten.

Anfangs machte ich Notizen über die Verbrechen, von denen ich erfahren hatte. Ich sammelte die Papiere in einer Schublade meines Schreibtisches, bis sie zu klein wurde. Jetzt frage ich mich: Wie kann man so viele Namen notieren? Wie soviel Entsetzliches beschreiben?

In Pablos Bibliothek stehen viele Bücher über die Diktatoren Amerikas; oft sprachen wir über sie, so, als sprächen wir über den Mond, über die Sterne, immer lag das alles für uns in weiter Ferne. Mit der umfangreichen Kenntnis, die ich über jeden von ihnen habe, frage ich mich heute, nach fast zehnjähriger Diktatur: Gibt es ein Volk, das so sehr gelitten hat wie dieses?

Aber jetzt sitze ich auf meiner Terrasse, und ein ungeheurer Optimismus überkommt mich. Im Abendlicht verlasse ich mit behenden Schritten das Haus. Ich muß gelächelt haben.

«Morgen fange ich mit dem Saubermachen an», sagte ich, als ich durch den türlosen Eingang schritt.

Diese Fröhlichkeit, dieser Optimismus blieben, bis ich im Hotel ankam und diese als einfache Bürger maskierten Polizisten sah, die ich aus Selbsterhaltungstrieb immer zu vergessen suchte. Die schönen Träume waren vorbei. Wie häßlich ist das alles! Ich will leben, ich will mich nicht in eine leidende Frau verwandeln, aber ich merke, wie sich die Blicke dieser Polizisten an meine Augen heften. Sie tun mir weh, ich fühle sie physisch, es ist, als wollten sie mir die

Beine fesseln, um mich zu lähmen, mir die Bewegungsfreiheit zu nehmen, das Recht, zu denken, zu sehen, zu leben.

Ich baue mein Haus wieder auf. Alle Tage verlasse ich das Hotel in der Frühe, und das fordert die Aufmerksamkeit der Polizisten am Eingang heraus. Sie folgen mir. Sie kommen bis an mein Haus, und weil es in einer Sackgasse ist, bleiben sie da stehen; sie sehen die beiden Arbeiter, die ich habe, eintreten; sie warten, sie machen mich sehr nervös, aber das wollen sie ja gerade. Ich beachte sie nicht mehr, ich weiß nicht, wie lange sie dort stehen. Manchmal, wenn ich zum Mittagessen hinausgehe, sind sie noch da, immer zu zweit.

Ich bin die wehrloseste, verwirrteste, traurigste Frau, und sie halten mich für gefährlich. Wie gut!

Ich bin voller Tatkraft, stecke mitten in der Plackerei, mein Haus in Ordnung zu bringen. Der ganze Schlamm ist verschwunden. Wir reparieren die Türen, bringen die Außenfenster an. Allmählich erlebe ich kleine Freuden: Mein Haus ist abgeschlossen, und wenn ich es betreten will, muß ich den Schlüssel hervorsuchen. Niemand wird ermessen, wie bewegt ich war, als ich zum ersten Mal diese Tür öffnete. Da war meine zerstörte Welt, aber ich würde sie instand setzen. Da würde ich mich sicher fühlen können, ich hoffte, das würde mir jetzt Kraft geben. Alles konzentrierte sich darauf.

Ich würde wieder meine Blumen pflanzen. Wie ein Symbol des Überlebens begannen meine verbrannten Bäume, Triebe anzusetzen, die aus der Erde, aus ihren Wurzeln kamen; sie sprossen zwischen ihren verkohlten Stümpfen, die dort bleiben würden als Zeugen des Terrors, der dieses arme Land geißelt.

Den ganzen Tag arbeite ich in diesem Haus, und abends gehe ich müde weg. Gesegnete Müdigkeit, sie läßt mich gut schlafen!

Endlich sind zwei Räume fertig, die Küche und das Eßzimmer.

Heute ist ein glücklicher Tag: Ich ziehe aus dem Hotel aus, das länger als ein Jahr wie mein Gefängnis war. Ich bin wieder jung, möchte singen, lachen. Jedermann möchte ich erzählen, daß ich ein Zuhause habe.

Ich verabschiede mich von den jungen Leuten an der Rezeption, die mich so gut beschützt haben. Von dem Wunsch beseelt, endlich anzukommen, nehme ich ein Taxi. Ich habe den Schlüssel in der Hand. Ich öffne die Tür. Ich bin allein. Ich gehe hinauf in den Garten.

Ich gewöhne mich an die Einsamkeit, und ich kann versichern, daß ich sie brauche, um dem Gesang der vielen Vögel zu lauschen, um den Duft der Kräuter zu riechen, um zu beobachten, wie sich die Gräser im Wind wiegen; und vor allem, wenn ich allein bin, spüre ich ganz deutlich Pablo.

Ich warte auf ein Mädchen, das mir von einem Arbeitsamt geschickt werden soll, es wird der einzige Mensch sein, der mir in diesem Haus Gesellschaft leistet; ich kenne sie nicht, und auch sie weiß nicht, wer ich bin. Ich tue mein Möglichstes, damit sie nicht erfährt, daß sie in einem Haus ist, das durch einen Ausbruch sinnloser Wut zerstört wurde, es könnte ihr Angst einjagen.

Trotz meiner Mühen ist dies ein trauriges Haus, etwas liegt in der Luft, was vielleicht nur ich spüre. Bis vor wenigen Tagen war es eine Ruine, das alles steht mir noch vor Augen; aber jetzt wird es wieder leben, ich werde die Trümmer dieser Zeit beiseite schaffen. Mein Verbündeter ist der Frühling, der jetzt unsäglich kostbar ist. Die Vögel singen den ganzen Tag; am Abend, wenn sie schweigen, beginnt das gemessene monotone Zirpen der Grillen. Wieviel Gesang! Es scheint, als trüge alles dazu bei, meinen Lebenswillen zu stärken, dazu, mein Leben in diesem Land, wo sich alles verwandelt, neu zu beginnen.

Die einst meine Freunde waren, sind es nicht mehr so sehr, und andere, die unbemerkt vorübergingen, gewinne ich sehr lieb, sie sind mir wie Geschwister. Ich denke an Angehörige, die gefragt wurden, ob sie irgendwie mit mir verwandt sind, und erschrocken sagten, sie kennen mich nicht. So verläuft das Leben, als setze es sich von neuem zusammen. Es ist, als sickere mein ganzes Leben durch ein großes Sieb, in dem, so hoffe ich, das Beste zurückbleibt.

Das Mädchen, das mir zur Hand gehen soll, ist da. Sie ist sehr jung. Ich sorge dafür, daß sie den verbrannten Teil nicht gewahr wird. Ich zeige ihr das Haus. Überall stehen Blumen, sie erfreuen mich. Wie sehr ich sie liebe!

Und so wird dieses Haus wieder lebendig. Ich habe ein Schlafzimmer, ein Eßzimmer und eine Küche. Oben geht die Instandsetzung des Wohnzimmers weiter. Ich arbeite den ganzen Tag im Garten. Ich sehe fast niemand, außer meiner Freundin Teruca Hamel, sie ist großartig, mit ihrer Lebenskraft ist sie die einzige, die mich zum Lachen bringen kann.

Heute hat sie mir erzählt, daß sie im Gefängnis gewesen ist, um ihren Freund zu besuchen. Sie wollten sie nicht hineinlassen, weil sie ein ausgeschnittenes Kleid trug, und um sich zu bedecken, mußte sie Taschentücher zusammenbinden, die ihr die anderen Frauen liehen. Während sie mir das erzählt, schüttet sie sich aus vor Lachen.

Wie gut ist es zu lachen! Wie gut!

21

Entführte und Verschwundene

Erst eine Woche bin ich wieder in diesem Haus, als am frühen Morgen ein Neffe zu mir kommt, den ich sehr gern habe, ebenso wie seine intelligenten, prächtigen Kinder. Ich merke, daß seine Hände zittern, er kann kaum sprechen. Er erzählt mir, daß in der vergangenen Nacht die DINA in seinem Haus war; sie trieben ihn mit Schlägen aus dem Bett, seine drei Kinder, zwischen vier und sieben Jahre alt, ebenfalls. Sie fragten nach David, dem ältesten Sohn, Student an der Technischen Universität: Sie wollten wissen, wo er ist. Der Vater und seine Familie wußten nichts von ihm, seit dem Putsch hatten sie ihn nicht gesehen. Sie schlugen meinen Neffen. Die Kinder erlitten einen Schock, als sie miterleben mußten, wie brutal ihr Vater behandelt wurde. Endlich gingen die DINA-Leute.

Ich betrachte meinen Neffen. Er ist groß, kräftig, in seinem Antlitz spiegelt sich die ganze Qual über seine Ohnmacht, darüber, sich nicht verteidigen zu können. Aber das ist nicht das Schlimmste: Sie haben Guillermo, einen weiteren Sohn, verhaftet, erst vor zwei Tagen hatte er seine erste Tochter bekommen. Als er eine Freundin bis zur Ecke begleitete, nahmen sie ihn, brutal wie immer, mit. Es gibt Zeugen dafür.

Ich denke an Guillermo, einen schlanken Jungen ohne große physische Kraft. Wie sollte er die Folterungen aushalten?

Am nächsten Tag stand ich sehr früh auf und rief Chela Álvarez an, eine mutige, großherzige Rechtsanwältin. Ihre Tapferkeit mußte sie sehr teuer bezahlen: Noch immer lebt sie als Verbannte in Venezuela. Sie war es, die mich dabei unterstützte, ein Hilfegesuch einzureichen, das damals jedoch wenig oder nichts bewirkte. Mein Neffe David und ich beschlossen, alles zu versuchen. Ich wandte mich an General Contreras, den Leiter der DINA, natürlich empfing er mich nicht; aber ich teilte seinem Sekretär den Grund meines Besuchs mit.

Bedrückende Tage der Suche vergingen, bis Guillermo endlich nach Hause kam. Sobald ich es erfuhr, eilte ich hin. Da war er, mit in die Ferne gerichtetem, gleichsam fragendem Blick. Er sah mich an und brachte es fertig zu lächeln.

«Heute frage ich dich nichts, aber morgen erzählst du mir alles. Du sollst einen Arzt aufsuchen, wir müssen das alles anzeigen», sagte ich.

Während er eine Tasse Tee trank, begann er zu erzählen, als ginge es darum, die letzten Begebenheiten zu kommentieren. Ein paarmal hätte ich ihn am liebsten zurückgehalten, denn ich fühlte, daß etwas in mir zu zerbrechen drohte, aber ich wagte es nicht. Er erzählte und erzählte. «Du bist sehr eigensinnig», sagten sie zu ihm. «Du willst deinen Bruder nicht verraten, der in eine Verschwörung gegen die Armee verwickelt ist. Wir haben die Beweise für den Plan.»

«Alles Lüge, Tante», sagte der arme Junge. Sein Bruder hatte an keiner Verschwörung teilgenommen, er hätte es gewußt. Er erzählte mir, sein Körper wäre so mißhandelt worden, daß er die Schläge nicht einmal mehr spürte. Die ganze Nacht hängten sie ihn an den Handgelenken auf. Seine Haut trug die Spuren der Riemen, die ihn verletzt hatten. Er wurde ohnmächtig, und als er zu sich kam, lag er auf dem Boden. Sein Mund war trocken. Als er das Bewußtsein wiedererlangt hatte, war das erste, was er hörte: «Du bist sehr eigensinnig.» Sie brachten ihm Nudeln, er sollte essen, aber er konnte nicht, sein Mund war so trocken, daß er sie nicht zu schlucken vermochte. Er war fast unfähig zu sprechen, sie hatten ihn beinahe völlig ausgetrocknet.

«Und jetzt kommt», sagte er, «der schlimmste Augenblick. Sie legten mir Strom an die empfindlichsten Stellen. Es ist das Grausamste und Entsetzlichste, man windet sich, schreit. Der mir den Strom anlegte, brach jedesmal, wenn ich mich wand, wie ein Verrückter in Gelächter aus. Ungeheure Panik ergriff mich. Ich merkte, daß ich in die Hände von Verrückten gefallen war, und das machte mich am meisten fertig. Das war eine Horrorvorstellung. Ich bin sicher, Tante, daß ich diese Lachsalven nie vergessen kann. Sie verfolgen mich Tag und Nacht. Es wird sehr schwer sein, mich davon zu befreien.»

Er erzählte weiter, und ich hätte ihn bitten mögen, innezuhalten. Wir schienen eine für uns beide gefährliche Grenze erreicht zu haben. Er aber fuhr fort, mit monotoner Stimme, als wäre das alles einem andern geschehen, der nichts mit ihm zu tun hatte.

Es war, als sei das Leben aus ihm gewichen. Nie würde er wieder jener fröhliche, frische, geistreiche Junge sein, den ich gekannt hatte. Sein Bruder ist unter den Verschwundenen. Wir haben nie etwas von ihm gehört. Er verließ ein Haus, um in ein anderes zu gehen, und ist nie angekommen.

Am folgenden Tag suchten wir das Vikariat auf. Dort redete er mit einem Rechtsanwalt, und ein Arzt bestätigte, daß er gefoltert worden war. Seine Frau, die gerade ihr erstes Kind bekommen hatte, litt an einer kranken Brust; als der Arzt das erfuhr, half er auch ihr.

Ich sah viele Leute im Vikariat. Nie wurde jemand nach seiner Religion oder seiner politischen Partei gefragt. Ein leidendes Volk suchte Zuflucht bei der Kirche, und diese verstand es, wie eine unermeßlich große Mutter voll Mut und Weisheit, das so schrecklich hilflose Volk zu trösten.

22

Wieder in der «Chascona»

Mein Leben in diesem Haus ist sehr einsam. Den ganzen Tag bin ich beschäftigt; ich habe schon den Garten gesäubert, meine Pflanzen erholen sich wieder und ich mich mit ihnen. Das alles verwandelt sich in meine Welt.

Die Nachbarn sind beunruhigt, seit ich in die «Chascona» zurückgekehrt bin, steht immer ein Auto der berüchtigten DINA an meiner Tür. Ich versuche, nicht daran zu denken, aber manchmal rufen mich meine Nachbarn an und sagen mir, heute habe das Auto die und die Farbe und drin säßen sie zu zweit. Ich fühle mich ein wenig wie eine Gefangene. Sie wollen alles wissen, was ich mache, wer mich besucht.

Alle Tage gehe ich aus. Ich suche Gärtnereien auf und kehre, mit Pflanzen beladen, zurück. Die Büsche ragen aus den Fenstern meines Wagens heraus, der einem schönen wandelnden Garten gleicht. Mit diesem Frühling betrete ich mein Grundstück, und am nächsten Morgen, kaum daß es dämmert, grabe und pflanze ich. Das alles hat mir geholfen, meine Seele zu beruhigen. Ich bin weniger nervös und beginne, die Dinge aus einem neuen Gesichtswinkel zu sehen. Und die Erinnerungen helfen mir.

Heute bin ich in Pablos Arbeitszimmer gegangen, es liegt immer noch in Trümmern. Seinen Sessel, in dem er beim Schreiben saß, haben sie in den Hof geworfen. Noch immer an einer der Säulen des Balkons vor seinem Arbeitszimmer festgebunden ist ein kleiner vertrockneter Baum, ein Lockmittel für die Kolibris. Pablo befestigte in fast waagerechter Reihe Fläschchen daran und umwickelte sie mit farbigem

Papier. Dann füllte er sie mit Zuckerwasser, und das Wunder geschah: Zu Dutzenden kamen die Kolibris, um sich an die Fläschchen zu hängen und den Nektar zu trinken, als berauschten sie sich. Das beglückte uns sehr. Während wir auf dem Balkon Tee tranken, trafen immer neue ein, ohne daß sie sich von uns stören ließen. Ihr zarter Flügelschlag glich eher einem leichten Zittern. Es gab sie in allen Farben, manche schienen Licht auszusenden. Jetzt frage ich mich: Ob noch jemand auf der Welt Feste wie diese erlebt hat?

Ich betrachte die vertrockneten Zweige und bin mir sicher, daß ich nichts tun werde, um die Kolibris wieder anzulocken. Es wäre nicht dasselbe. Sie werden zu einer weiteren schönen Erinnerung, die mir im Gedächtnis bleibt und mit der Zeit immer schöner wird.

Unter dem Balkon steht ein riesiger Käfig. Pablo, der sehr oft auf den Markt ging, brachte stets Vögel mit, die fröhlich in den Käfig hineinflogen. Ich mochte es nicht, wenn sie ihrer Freiheit beraubt wurden. Im allgemeinen waren es chilenische Vögel, und wie allen Vögeln gefiel es auch ihnen nicht, eingesperrt zu sein. Deswegen ließ ich nach ein oder zwei Tagen den Käfig für sie offen. Fröhlich flogen sie weg. Pablo war daran gewöhnt und sagte nie etwas. Er wußte, daß ich seine Vögel freilassen würde, und ich glaube fast, daß er sie kaufte, damit ich sie später fliegen ließ.

Jetzt ist dieser riesige Käfig halb zerstört; nie mehr wird er einen Vogel gefangenhalten. Wozu soll ich sie einsperren? In den Bäumen sind so viele, und sie fliegen manchmal so niedrig, daß sie fast meinen Kopf berühren.

Es ist nicht leicht, mein Leben in diesem Haus wiederaufzunehmen. Ich brauche meinen ganzen Mut, um es zu ertragen. Dieses Haus macht mich leiden. Alles erinnert mich an Pablo, an unser Lachen, die Geschäftigkeit und die Fröhlichkeit. Es ist wie ein Haus, das immer beleuchtet war und nun im Dunkeln liegt.

In der ersten Zeit fürchtete ich mich vor der Nacht, ich merkte, wie sie meine Seele verdüsterte und mit Angst erfüllte. Schlimme Ahnungen überkamen mich, so daß mein

Körper zu Eis erstarrte und ich mich nicht rühren mochte, wie sollte ich dieses schwere Leben leichter machen, das so voller Enttäuschungen, so voller Tränen war!

Diese Welt ist mir so fremd, ich empfinde sie wie eine höllische Vision, ohne Beziehung zu den mir bekannten Welten.

Aber unverhofft nahen sich mir allmählich, wie ein unterirdisches Rauschen, wie eine unaufhaltsame Kraft, Trost und Beistand.

Ihre Angst überwindend, suchen mich blasse, zitternde Frauen aus den Siedlungen in meinem Haus auf. Sie umarmen mich herzlich, als gehörten wir zur selben Familie. Sie berichten von ihrer Verzweiflung. Sie haben für ihre Kinder nicht genug zu essen, hausen in Elendswohnungen, die Arbeitslosigkeit nimmt täglich zu. «Wir sind an die Armut gewöhnt», sagen sie, «aber jetzt ist es nicht nur das. Nachts, wenn wir schlafen, beginnen die militärischen Aktionen. Sie sind mitleidslos. Sie geben uns nicht einmal Zeit, uns anzuziehen, und zerren uns ins Freie, ohne Rücksicht auf die nächtliche Kälte und auf das Weinen der Kinder, die unter einem schrecklichen Alpdruck leben. Und außerdem nehmen sie uns unsere Sachen weg. Sie sagen, wir dürfen keinen Radioapparat haben, weil wir Radio Moskau hören.»

Das alles tut mir weh, aber es gibt mir gleichzeitig Kraft. Alles bäumt sich in mir auf, und dadurch verliere ich nach und nach meine eigene Angst, ich suche Zuflucht, etwas, was diese Mischung aus Einsamkeit und Entsetzen abschwächt. Und so beginnt sich mein Leben mit anderen Leben zu füllen. Ich begreife, daß ich etwas tun muß, um meine eigenen Ängste zu überwinden. Ich muß den Beklemmungen, wie denen, die die Schatten der Nacht in mir hervorrufen, Widerstand leisten.

Eines Abends ging ich ins Wohnzimmer hinauf und zündete ein schönes Feuer an, unseren «rotäugigen Freund», wie Pablo es nannte. Ich holte alle meine Alben, die Briefe und Telegramme hervor, die mir Pablo aus verschiedenen Orten geschickt hatte; fünf Alben über Capri. Ich öffnete sie, und ohne sie zu rufen, strömten massenweise Erinnerungen hervor. Ich höre Lachen und entrinne: Ich lebe auf Capri, an das ich wie an mein Paradies denke. Oder ich bin in Nyon am Genfer See. Oder in Vézenas, dem Dörfchen bei Genf, wo wir jene glücklichen Tage in der kleinen, liebenswerten Familienpension verbrachten.

Sehr spät legte ich mich schlafen. Ich war nicht mehr allein. Eine große Zuversicht hatte die Oberhand gewonnen: Ich hatte gesiegt.

***

Liebe Freunde!

Ich habe es gesagt und wiederhole es: Pablo lebt. Ich war und bin Pablos Gefährtin. Er forderte mich in den «Versen des Kapitäns», in den «Hundert Liebessonetten» und in so vielen anderen Gedichten auf, ihm in seinem Leben als Kämpfer für den Frieden zur Seite zu stehen. Er, der unermüdlich dafür stritt, diesem von ihm heißgeliebten Volk bessere und gerechtere Tage zu verschaffen.

In «Die Fahne» sagt er zu mir:

Doch steh auf,
du, steh auf,
mit mir steh auf
und laß uns gemeinsam hinausgehn
zum Kampf, Mann gegen Mann,
gegen die Spinngewebe des Verruchten,
gegen das System, das den Hunger austeilt,
gegen die Organisation des Elends.

... Dieses Elend des Volkes, das ihn hart getroffen hat ...

Er war ein Erforscher seines Landes. Alles wollte er darüber wissen. Sein Vaterland sollte für ihn ein Buch ohne Geheimnisse sein.

Er kannte alle chilenischen Vögel und wußte, wie sie singen, wie sie den Schwanz und ihr Federkleid bewegen. Er verzweifelte, wenn wir unterwegs die schönen wilden Blumen fanden und keiner ihm ihren Namen sagen konnte.

Alle Jahre im Januar reisten wir in den Süden. Wir kamen nur ganz langsam voran, weil wir jeden Ort besuchten. Wir gingen auf die Märkte, zu den Jahrmärkten; er versicherte, daß man nur auf den Märkten das Leben einer Gegend kennenlernen kann. Dort unterhielt er sich mit den Händlern, fragte nach ihrer Handwerkskunst, bewunderte die bäuerliche Arbeit. Alles wollte er wissen. Er interessierte sich brennend für das, was die Menschen machten, was sie arbeiteten, wieviel sie verdienten, was sie aßen, was sie lasen, wie sie sich vergnügten. Die Erinnerung daran bildete später die Grundlage für seine Poesie.

Pablos Dichtung lebt im Freien, er schreibt, was er sieht. Die Orte ganz Chiles hörten ihn seine Verse rezitieren, in Theatern und auf Plätzen, auf Straßen und Märkten. Pablo kam überhallhin, um ihnen seine Dichtung zu bringen.

Er kannte die Sorgen des Volkes, er sah sie, tastete sie ab.

In seinen Oden widmet er sich den einfachsten Dingen: Das Bescheidenste rühmt er, sublimiert es; er besingt die Zwiebel, die Tomate, die Artischocke, das Brot, die Luft, die Schere . . .

Ich habe ihn einen Dichter der Liebe genannt. So viel Leidenschaft liegt darin, wenn er seine Geliebte besingt, so viel Liebe, wenn er die Natur mit ihren Flüssen, ihren Gebirgen, ihren Vögeln, ihren Blumen, ihren Bäumen besingt. In seiner Dichtung besingt er alles.

Und so viel Liebe zum Volk liegt darin, wenn er die Tyrannen geißelt, die uns die elementarsten Rechte nehmen.

Er sagte: «Jeder meiner Verse wollte sich setzen als greifbarer Gegenstand; jedes meiner Gedichte ging darauf aus, ein nützliches Arbeitsinstrument zu sein; jeder meiner Gesänge trachtete danach, in dem Raum, in dem sich die Wege kreuzen, als Versammlungszeichen zu dienen oder als Bruchstücke von Holz oder Stein, in die jemand, andere, Kommende die neuen Zeichen einschreiben könnten.»

Wir sind dafür verantwortlich, diese neuen Zeichen einzuschreiben.

Jetzt, zehn Jahre nach seinem Tod, besteht kein Zweifel, daß wir ihn brauchen, er ist bei uns, er lebt und handelt. Nicht nur durch seinen politischen Geist, sondern auch dadurch, daß er ein Mensch dieser Epoche ist; durch seine Vaterlandsliebe, durch sein Eindringen in die Probleme seines Volkes.

Seine Würde als Mensch, als Dichter, als Patriot läßt sein Herz und seine Stimme auch weiterhin gemeinsam mit uns kämpfen.

Ich danke dafür, daß ich Grüße aus den verschiedensten Winkeln der Erde erhalte, denn mit uns zusammen sagt er:

Schluß mit den Verbannungen!

Warum verwandeln sie unser geliebtes schönes Land in ein riesiges Gefängnis?

Wir fordern die Wahrheit über die verschwundenen Häftlinge, diesen unglaublichen Alpdruck, unter dem so viele Chilenen leiden.

Das Vaterland für alle Ausgewiesenen!

Das Recht, in seiner Heimat zu leben, ist das Heiligste, das jeder Mensch hat, es ist wie das Recht, eine Mutter zu haben. Es scheint unglaublich, daß sich jemand erdreistet, etwas so Geheiligtes zu rauben.

Wir fordern Gerechtigkeit von denen, die für soviel Leid verantwortlich sind!

Ein Teil des chilenischen Volkes ist durch Arbeitslosigkeit oder Tod ausgeschaltet, die Leute leben in Bedrängnis und Not mit ihren hungernden Kindern.

Aber ich habe sie bei den letzten Protesten gesehen, voller Würde, Mut, Glauben, mit ihren Fahnen und dem Bild ihres ermordeten Präsidenten, Salvador Allende.

Ich bitte diese erstaunlich widerstandsfähigen Chilenen, ihre Stimme mit anderen Stimmen zu vereinen, sich an den Händen zu fassen, die Einheit zu schmieden. Nur die Einigkeit wird uns die Kraft geben, die dringlichsten Probleme des Landes zu lösen und Brot, Arbeit, Gerechtigkeit und Freiheit für das Vaterland zu erringen.

Ein für allemal müssen wir uns von der Willkür der Behörden frei machen, von der Pablo sagte: «Alle Erleichterungen für einige wenige und für den aufbegehrenden Armen ein paar Meter Erde, um eine Hütte zu bauen; wer protestiert, weil er keine Arbeit hat und Brot will, wird mit Verbannung, Schlägen, Gefängnis und jetzt mit Kugeln bestraft.»

Zum Schluß lese ich euch Verse aus dem Sonett 94 vor, das für mich wie ein Auftrag ist:

Sterb ich, so überlebe mich mit all deiner reinen Kraft,
daß du den Zorn der Blässe erweckst, der Todeskälte,
von Süd hin zu Süd, erheb deine unauslöschlichen Augen,
von Sonne zu Sonne tönen soll dein Gitarrenmund.

Will nicht, daß dein Lachen noch deine Schritte zögern,
will nicht, daß meiner Freude Vermächtnis stirbt.

... Er liebte die Freude ...

Darum bitte ich hier nicht, daß wir mit einer Schweigeminute an ihn denken. Nein! Ich bitte euch für Pablo um eine Minute der Freude, des Lärms, des lauten Beifalls.

Danke.*

***

Mir fällt es sehr schwer, alles zu beschreiben, was im Laufe dieser Jahre, seit Pablos Tod, geschehen ist, besonders an seinem Grab. Ich glaube, es hat nie in der Geschichte einen ähnlichen Fall gegeben: die Verfolgung eines toten Dichters.

Seit dem ersten Jahrestag seines Todes kommen die Menschen aus dem Volk dorthin, zahllose Hindernisse beiseite schiebend, wie die Angst, nicht bis zum Friedhof zu gelangen. Von weitem sehe ich sie, sie kommen schweigend, mit gesenktem Kopf. Vor der Grabnische nehmen die Männer und Frauen eine fast religiöse Haltung an. Sie haben ihre roten Nelken in der Hand, mitten in der Nacht Chiles: Es ist, als tragen sie einen Stern.

Jahr für Jahr, am 12. Juli und am 23. September, postieren sich die Carabineros in der nächsten Umgebung des Grabes und an den Haupteingängen des Friedhofs.

Da ist das Volk, dem diese Männer gegenüberstehen. Meine Wimpern halten die Tränen auf. Sie dürfen nicht fallen. Nein.

* Diese Rede hielt Matilde Urrutia am 22. Oktober 1983 im Teatro Caupolicán in Santiago anläßlich des 10. Todestages von Pablo Neruda.

Jedes Jahr gedenkt man Pablos in vielen Teilen der Welt. Außerhalb von Chile erlangt er hohe Bedeutung. Aber ich bin überzeugt, die Huldigungen, die ihm seine Freunde und sein Volk auf dem Hauptfriedhof darbringen, gefallen ihm am besten: Seine Poesie hat nicht umsonst gesungen. Ich glaube, er ist zufrieden, und ich bin es auch; obwohl ich am liebsten allein wäre, um ungestört weinen zu können, empfinde ich diese große Freude.

An einem dieser Geburtstage, als eine große Menge am Grab stand, trat langsam und wortlos ein Junge heran. Aus seinen Kleidern holte er feierlich eine Quena-Flöte hervor und begann zu spielen. Es wurde ganz still. Niemand kannte ihn, und ihm machte es wenig aus, daß wir dort standen. Als er geendet hatte, verwahrte er seine Quena wieder mit der gleichen feierlichen Geste und ging wortlos fort. War es wichtig, seinen Namen zu kennen? Er war einer unter den vielen, er ehrte Pablo mit dem, was er am meisten liebte: mit seiner Musik.

Die Fähigkeit des Menschen, sich von den schlimmsten physischen und psychischen Schlägen zu erholen, hat hier einen Punkt heftigster Spannung erreicht. Die daraus entstandene schreckliche Krise hat eine schwere Krankheit ausgelöst, an der die ganze Gesellschaft leidet: die Angst.

Nach Pablos Tod hätte ich außer Landes gehen können. Aber ich wollte nicht, ich konnte nicht. Ich mußte hier mein eigenes Schicksal erfüllen. Zweifellos wäre mein Leben in der Emigration ganz anders verlaufen. Ich hätte die Nachrichten von den Verbrechen, die hier begangen werden, aus der Ferne und daher verschwommener erhalten. Einen großen Teil des Leids, den dieses Land erfahren hat, habe ich am eigenen Leib erfahren.

Die ersten Jahre vergingen, und niemand wagte es, auf offener Straße zu protestieren. Alles war gefährlich. Die Angst atmete man mit der Luft ein. Das Jahr 1976 kommt, in dem eine große Zahl von Menschen verschwinden. Um Mitternacht holen sie sie, den Kopf in eine Kapuze gesteckt, mit Schlägen aus ihren Häusern. Unendliche Hoffnungslosigkeit liegt im Blick ihrer Angehörigen. Die Wunde ist offen. Wie ihnen helfen? Wie?

Mütter, Ehefrauen treten an mich heran und sagen: «Nur Sie können darüber berichten. Ihnen wird man zuhören. Gehen Sie hinaus in die Welt, um das Gewissen aller aufzurühren. Sie können das.»

Es ist schrecklich, dieses Gewicht auf den Schultern zu spüren, diese ungeheure Verantwortung, die sie mir übertragen.

Wir leben weiter, als ob nichts geschähe. Nachts haben wir Schüsse gehört, aber am nächsten Morgen gehen wir unseren gewohnten Dingen nach. Keiner fragt etwas, niemand macht eine Bemerkung. Auch die Tageszeitungen informieren nicht. Es sieht so aus, als handele es sich um völlig normale Ereignisse. Wir haben zu einem großen Teil unsere Fähigkeit verloren, uns zu wundern. Aber die Gleichgültigkeit hat uns nicht vergiftet. Nicht alle.

In der einen oder anderen Form begannen wir zu protestieren. Wir, die wir das taten, lebten zwischen zwei Ängsten eingepfercht: der Angst zu schweigen und der Angst bestraft zu werden, weil wir uns gegen die Ungerechtigkeit auflehnten. Zum Glück ist das Bedürfnis aufzudecken größer als die Angst.

Es sind lange Jahre gewesen, mit so vielen toten, ausgewiesenen oder verschwundenen Freunden, mit so vielen kleinen Gefechten, mit soviel Leid.

Aber es hat auch Augenblicke gegeben – sei es, weil die Sonne dafür sorgte, daß die Vögel sich vermehrten und die Blumen besangen, sei es, weil der Wind meinen kasteiten Bäumen Liebe versprach –, in denen ich nach Anbruch der Nacht keine Spur von Traurigkeit, keine Andeutung von Einsamkeit empfand.

Damals erhielt ich eine Einladung aus der Sowjetunion. Sie wollten einen großen Öltanker auf den Namen Pablo Neruda taufen. Ich sollte dieser Taufe beiwohnen, obwohl die Reise lang und umständlich war.

Sein ganzes Leben war Pablo ein begeisterter Seemann gewesen: Seine Seekarte bereitete ihm immer Freude. Und viele seiner Gedichte sind wahre Reisekompasse. Pablo war mehr aus Wasser als aus Erde.

Am Morgen nach meiner Ankunft in Moskau fuhren wir zum Hafen von Riga. Meine Begleiter waren bezeichnenderweise ausschließlich Schriftsteller. Zu ihnen gehörte Michail Scholochow, den ich dabei näher kennenlernte und den ich sehr bewundere. Am Tag unserer Ankunft in Riga sollte die Feier stattfinden.

Ich dachte an Pablo, einen Jungen aus der Provinz, aus dem Süden Chiles, der, als er zu schreiben anfing, sich nicht hatte träumen lassen, daß er in der ganzen Welt hoch geehrt werden würde. Ich war unendlich stolz, sowohl auf sein Werk wie auf Pablo selbst.

Nachdem wir aus dem Auto gestiegen waren, liefen wir eine blumengeschmückte Gangway hinauf, an deren Ende ein riesiges ebenfalls blumenumranktes Bildnis Pablos stand. Das war mehr als eine Huldigung, es war ein Fest.

Wir betraten einen großen Saal, in dem uns die ganze Schiffsbesatzung erwartete. Ursprünglich war daran gedacht worden, eine einfache Feier mit wenigen Leuten zu veranstalten, aber die Besatzung hatte gebeten, dabeizusein: Pablo hatte ihr Herz berührt.

Nach der kurzen Rede des Kapitäns gaben sie mir das Wort. Es war eigentlich etwas unerwartet, und ich mußte improvisieren, indem ich mich auf eine bezeichnende Seite in Pablos Leben konzentrierte. Und so erzählte ich ihnen, daß Pablo im Grunde seines Herzens Seemann war, daß er das Meer so notwendig brauchte wie die Luft und daß er es über alles liebte. Ich beschrieb ihnen die Dinge, die er im Laufe seines Lebens gesammelt hatte: die Kompasse, die Galionsfiguren, die Sternmeßgeräte, alte Seekarten, Zirkel und Glokken. Lange sprach ich zu ihnen und war dabei im Zweifel, ob ich schrecklichen Unsinn verzapfte oder ob es für meine Hörer wertvoll war und es ihnen gefiel. Zum Schluß dankte ich für die so hohe Wertschätzung eines Dichters, der jetzt in einer der schlichtesten Grabnischen der Erde ruhte.

Wie vorgesehen, war die Feier kurz, weil das Schiff am selben Abend in See stechen sollte. Jedoch gerieten alle nach und nach in eine Art Euphorie, wobei eine geradezu zauberhafte Atmosphäre entstand. Sogar der Kapitän, der sich bis dahin streng protokollarisch verhalten hatte, sagte zu mir: «Wissen Sie, wie stolz wir sein werden, wenn sie uns beim Einlaufen in einen Hafen fragen: ‹Wer kommt?›, und wir antworten: ‹Pablo Neruda!›?»

So kam Mitternacht heran. Das Schiff, das um sechs Uhr abends hätte auslaufen sollen, lag noch im Hafen, von jenen kalten Gewässern gewiegt, die in scharfem Kontrast standen zu der überschäumenden Freude, welche in seinem Innern herrschte.

Wir gingen von Bord, und vom Auto aus, in dem Scholochow, der Dolmetscher und ich saßen, erwiderten wir noch lange die Grüße der Jungen von der «Pablo Neruda».

Unterwegs sagte der Dolmetscher, der bis dahin den Mund praktisch nicht aufgemacht hatte, baß erstaunt: «Señora, ich versichere Ihnen, so etwas habe ich noch nie erlebt!» Und Scholochow, der an mehr als einem unserer Feste teilgenommen hatte, sagte: «Dieses Fest haben wir veranstaltet. Pablo war da. Er hat es ausgerichtet.»

Die Nacht war herrlich. Ich fühlte, daß ich dem Himmel näher war oder daß die Sterne mir näher waren, aber ich sagte nichts. Zum ersten Mal spürte ich eine fast süße Erschöpfung und war sehr müde. Die «Pablo Neruda» mußte jetzt wohl in See stechen.

23

Pablo, wie er innerlich ist

Pablo war wenig verschwiegen. Über alles, was ihm durch den Kopf ging, sprach er. Das ließ zwischen uns eine sehr enge Freundschaft entstehen. Von ihm wußte ich alles. Und hier möchte ich darlegen, wie er wirklich, wie Pablo innerlich war.

Den größten Spaß bereitete es ihm, wenn er mit mir seine Scherze treiben konnte. Las er Kriminalromane, erzählte er mir wichtige Teile der Geschichte; das tat er schön und in allen Einzelheiten, manche Episoden gewannen in seiner Phantasie. Er steigerte die Spannung, und vor der Lösung, wenn ich schon ganz begierig war, den Ausgang zu erfahren, sagte er: «Das Ende kannst du selber lesen.» Und da saß ich und wartete sehnsüchtig auf das Buch, das Pablo noch nicht ausgelesen hatte. Bei diesen Spitzbübereien amüsierte er sich köstlich.

Nach seinem Tod hatte ich viel freie Zeit. Dieses große, geistreiche und sensible Kind, das jede Stunde meines Lebens ausgefüllt hatte, war von mir gegangen. Da besuchte ich die Nationalbibliothek und wühlte nach seinen ersten Beiträgen, die er einst an Tageszeitungen und Zeitschriften geschickt hatte. Ich nahm «La Mañana» aus Temuco in die Hand, auch die Literaturzeitschriften «Correvuela» und «Claridad». Die letztgenannte enthielt schon Elemente jugendlichen Protests. Aus dieser Sammlung entstand das Buch «Der unsichtbare Fluß», in dem ein trauriges, gequältes Kind auftritt, das mit den anderen leidet und das von all der offensichtlichen Ungerechtigkeit ringsum tief getroffen ist. Es sieht den hungrigen Mund aus solcher Nähe, daß es nicht gleichgültig bleiben kann. Die Rückständigkeit nagt an unseren Dörfern, und das Elend frißt sich fest. In diesem Abschnitt seines Lebens beginnt er mit seinem schriftlichen Protest, was er nie mehr aufgeben wird. Seine körperliche Konstitution war schwach, aber sein Wort war stahlhart. Keine Einzelheit entging ihm, so daß er die Augen immer offengehalten haben muß. Mag sein, daß er das Warum aller Dinge noch nicht völlig verstand, aber er wußte schon sehr gut, was er wollte. Diese Haltung brachte es mit sich, daß er viele Nachteile hinnehmen und viele Hindernisse überwinden mußte, die ihn von seinem Weg abbringen oder seine Inspiration auslöschen wollten. Seine Sensibilität arbeitete in seinem Innern mit doppelter Kraft und verteidigte zäh und unerschütterlich seine Welt, seine Träume und später seine Grundsätze.

Eine Episode in seinem Leben, die Pablo in den «Memoiren» wunderbar erzählt, hinterließ eine sehr schöne Erinnerung. Eines Tages, er war ein Kind und in Temuco sehr allein, schob ihm jemand, eine geheimnisvolle Hand, ein Schäfchen durch ein Loch im Bretterzaun an seinem Haus.

Einmal fragte ich ihn nach diesem Schaf, das ihn so unablässig beschäftigte. Ich bat ihn, es mir zu beschreiben. «Es war das schönste Schaf der Welt», sagte er. «Es hatte Räder, nur drei, weil es eins verloren hatte. Bei einer der vielen Feuersbrünste, die wir hatten, verschwand das Schaf schließlich. Über seinen Verlust konnte ich mich nicht trösten und wollte mich nicht damit abfinden.»

An einem Weihnachtsabend, als wir durch die Straßen von Condé-sur-Iton gingen, blieb Pablo plötzlich vor dem Schaufenster eines Spielzeugladens stehen und bat mich: «Kauf es mir, kauf mir dieses Schäfchen!» Es war ein Wollschaf, Kunstgewerbe. Ich kaufte es ihm, und er betrachtete es lange, in Gedanken versunken. «Es ist ganz ähnlich dem, das sie mir durch den Zaun an meinem Haus in Temuco schoben», sagte er. «So ähnlich wie kein anderes.» Jetzt bewahre ich es an einem besonderen Platz meines Schlafzimmers in Isla Negra auf. Für mich ist es einer meiner größten Schätze.

Alle Jahre geht in Isla Negra ein Dauerregen nieder, so daß manche Vogelnester aus den Bäumen herabfallen. Pablo hob die kleinen Sterbenden auf und spendete ihnen mit seinen Händen die ganze Wärme der Welt. Geschickt und zärtlich öffnete er ihnen den Schnabel und steckte ihnen die Nahrung tief hinein, so, wie es die Mutter dieser Tierchen macht. Nie habe ich einen andern Menschen gesehen, der sie mit soviel Erfahrung fütterte wie Pablo. Die Zeit verging, und manchmal kam die Mutter zurück, um es zu suchen, aber es flog nicht weg, sondern flatterte im Garten umher, wo wir ihm immer Wasser und Futter bereitstellten. Bis es eines schönen Tages nicht mehr da war. Es hatte überlebt und kehrte mit seinen eigenen Flügeln in den Himmel oder in den Wald zurück.

Im Frühling begaben wir uns kurz vor Tagesanbruch mit ein paar Decken zu den Bergschluchten in Isla Negra. Wir verhielten uns ganz leise, legten uns hin und rührten uns nicht. Wenig später begann in unendlichen Variationen das wundervollste Trillerkonzert, das man sich vorstellen kann. Da gab es verschiedene Instrumente, die fragten, und ein geflügeltes Orchester, das antwortete. So kam es zu der Geburt seines Buches «Vogelkunst».

In Isla Negra liegt auch eine Lagune, wo Schwäne mit schwarzen Hälsen wohnen. Oft gingen wir hin, sie zu betrachten, besonders, wenn die Sonne schien und die kleinen Schwäne neben ihrer Mutter schwammen und lernten, ihre Nahrung zu suchen. Immer wieder tauchten sie mit dem Hals unter, aber nie holten sie etwas heraus. Es war lustig, ihnen zuzuschauen. Die Schwanenmutter freilich tauchte ihren langen schwarzen Hals majestätisch und weise ein und zog etwas aus dem Wasser, was wir nie sehen konnten, weil der kleine Vielfraß es blitzschnell verschluckte.

Einmal geschah etwas Ungewöhnliches. Wie so oft wollten wir *unsere* Schwäne besuchen, wir empfanden sie als die unseren. Und tieftraurig stellten wir fest, daß sie nicht da waren, alle waren verschwunden. Bekümmert suchten wir den Wärter auf, um ihn zu fragen, was passiert war. «Machen Sie sich keine Sorgen, Don Pablo», antwortete der, «sie kommen wieder!» Der Wasserspiegel der Lagune war stark gefallen, so daß sie nicht genug Nahrung fanden. Es war das Jahr, in dem Teiche und Lagunen der mittleren Region als Folge einer langen regenlosen Periode austrockneten. Im Jahr darauf normalisierte sich alles, und die Schwäne kamen wieder. Wir freuten uns sehr. Was wäre aus uns geworden ohne unsere Schwäne!

Je näher Neujahr rückte, um so fröhlicher wurde Pablo immer. Er liebte das Feuerwerk. Er selber ließ Feuerwerkskörper knallen, indem er sie zunächst in seiner Hand anzündete und sie dann in die Luft warf.

Von früh an kamen die Freunde. Jeder hatte seine Aufgabe. Ich zum Beispiel war dafür zuständig, farbiges Papier zu schneiden, um das ganze Haus, den Garten eingeschlossen, auszuschmücken. Pablo und seine Freunde gruben Flaschen ein, um die Feuerwerkskörper anzubringen, die sich dann am Himmel in tausendfarbige Lichter zerteilten.

In einer Neujahrsnacht explodierte Pablo einer der Feuerwerkskörper in der Hand; es stimmt, er war ungeschickt, aber es entzückte ihn, sie in der Hand anzuzünden, um sie danach hochzuwerfen. Es war schrecklich. Am nächsten Tag wollten wir zu einer unserer alljährlichen Reisen in den Süden aufbrechen, und er bestand hartnäckig darauf, mit der verletzten Hand zu fahren. Ich machte mir große Sorgen, denn wir würden sicher in irgendeinem Dorf landen, wo es nicht einmal einen Arzthelfer gäbe. Er blickte mich von Zeit zu Zeit an und sagte sanft zu mir: «Es tut nicht weh. Es tut nicht weh.» Seitdem verbot ich, Feuerwerkskörper zu den Festen mitzubringen. Aber meine Anordnungen waren schwer zu befolgen. Pablo sandte einen Boten aus, um herauszukriegen, wo ich mich aufhielt, und heimlich ließ er mehr Knallkörper denn je explodieren. Sobald es verboten war, faszinierte es ihn um so mehr.

Pablo war ein Chronist seiner Zeit. Alles fand in dieser oder jener Form in einem seiner Gedichte als Zeugnis seinen Niederschlag. Deshalb erinnere ich mich beim Lesen an Abschnitte unseres Lebens, die ich schon vergessen hatte. Pablos innige Zuneigung gehörte in ganz besonderem Maß seinem Land. Es machte ihn zu einem bewundernswerten Forscher. Wenn wir in den Süden reisten, ließen wir uns viel Zeit, hielten uns in jedem Ort auf, besichtigten soviel wie möglich, vor allem Jahrmärkte und Märkte. Dort, meinte er, lernte man das jeweilige Leben am besten kennen. Er führte lange Gespräche, in denen ihm die Leute von ihren Kümmernissen und ihren seltenen Freuden erzählten. Begeistert erforschte Pablo, in welcher Art Handwerk sie arbeiteten. Er bewunderte das mühevolle Tagewerk der Bauern. Alles wollte er wissen. Brennend interessierte er sich für das, was die Menschen machten. Später gingen alle diese Elemente in seine Dichtung ein.

Ich glaube, fast ganz Chile hat ihn seine Verse rezitieren hören. Er mochte es, die Dichtung wie eine Melodie vorzutragen, denn für ihn war es, als stünden die alten Spielleute wieder auf, ihm war es ein vitales Bedürfnis, in direkten Kontakt zu den Hörern der Dichtung zu treten. Pablo folgte immer diesem Brauch, der in unseren Ländern unerläßlich ist, weil das Volk nur schwer Zugang zu Büchern hat. Pflicht des Dichters ist es, zum Leser zu gehen und die privaten Käfige aufzubrechen, die sich die Autoren selber errichten. «Jeder beliebige Ort ist geeignet, dort ein paar Verse vorzutragen: Plätze, Kühlhäuser, Straßen, Märkte.» Für ihn gab es keine unüberwindlichen Hindernisse, die die Kommunikation gefährdeten. «Poesie lernt man Schritt für Schritt unter Dingen und Wesen, ohne etwas auszusondern, vielmehr nimmt man sie in blinder Ausdehnung der Liebe auf.»

Von den vielen Rezitationsveranstaltungen an den unterschiedlichsten Orten und unter den verschiedensten Umständen werde ich eine nie vergessen, die er vor einer großen Anzahl Arbeiter in einem Gasthaus in Punta Arenas gab. Dort wurden Schafe geschoren, und als wir ankamen, waren sie mitten bei der Arbeit. Für uns hieß das, eine völlig unbekannte Welt zu betreten. Hunderte von Arbeitern nahmen mit bewundernswerter Geschicklichkeit den Schafen das schwere Wollkleid ab. Niemand bemerkte unsere Anwesenheit. Nach ein paar Minuten sah ich Pablo fragend an. Er sagte leise: «Sei nicht ungeduldig, es wird schon etwas passieren.» Wenig später ertönte ein Pfiff, die Arbeit stockte. Wie durch Zauberhand erschien vor uns ein Tisch mit zwei Stühlen. Inzwischen traten die Arbeiter an Zuber voll Wasser und wuschen sich Gesicht und Hände. So, triefnaß, stellten sie sich erwartungsvoll vor uns hin. Wir konnten uns eine Stunde lang mit ihnen unterhalten, und die wurde ihnen nicht von dem Unternehmen geschenkt, nein! Sie mußten sie später, nach ihrer normalen Tagesschicht, nacharbeiten. Die da auf uns gewartet hatten, hatten von Kälte oder von Salz gegerbte Gesichter, hart von Leid. Pablo begann zu lesen. Die Worte kamen aus seinem Mund und erreichten ihre Ohren, und langsam wurde ihr Gesichtsausdruck weicher. Und als – die Stunde war schon vorbei – Pablo seine Lesung beendet hatte, erzitterte das alte Gasthaus vom Beifall dieser Hunderte von harten Händen, die, während sie dem Dichter applaudierten, wie Glocken klangen. Unmöglich kann ich in Worte fassen, wie bewegt Pablo in diesem Augenblick war. Auch ich blieb stumm; in die von der Hitze gezeichneten Augen trat ein Lächeln, das die Gesichter dieser Arbeiter erhellte.

Während dieser ganzen Reise konzentrierte sich Pablos besondere Aufmerksamkeit auf die Vögel. Das Buch «Vogelkunst» enthält ernsthafte Forschungen über jede Art, die er darin beschreibt. Und diese Kenntnisse erwarb er sowohl auf den Reisen in den Norden als auch im Dickicht der Wälder des Südens oder in den Bergschluchten der mittleren Regionen, wo wir sie alle kannten. In jeder Gegend suchte er nach den für sie typischen Vögeln. Stundenlang beobachtete er sie durch sein Fernglas und folgte ihnen sogar bis in die Wälder. Dabei erzählte er mir alles, was er sah: «Er hat den Kopf gehoben; jetzt bewegt er den Schwanz; er ist unruhig; er blickt nach allen Seiten; gleich fliegt er los; nein, ich habe mich geirrt; er hat nur zum Singen angesetzt.»

Aber nicht nur, daß er die Wälder genauso liebte wie die Vögel oder die Käfer genauso wie den Regen. Er war auch mit Leib und Seele Seemann. Er erforschte das Meer, indem er alles untersuchte, was in ihm lebt. Er war ein gründlicher Kenner der Muscheln, er kannte ihre wissenschaftlichen Namen und wußte auch, aus welchen fernen Meeren sie stammten. Wenn ihn seine Freunde fragten, woher er diese vielen habe, antwortete er lächelnd: «Aus dem Meer von Paris.» Dort, in den großen Häusern der Naturforscher, findet man die verschiedensten und merkwürdigsten Muschelarten der Welt.

Wenn wir durch Europa reisten und in eine Stadt kamen, die wir noch nicht gesehen hatten, fragte er als erstes nach einem Meereskundemuseum. Ihn fesselten die Galionsfiguren, die Schiffe, die getreue Nachahmungen der alten Wasserfahrzeuge waren. Wir traten ein, und er versank hingerissen in ihre Betrachtung. Wenn ich nicht drängte, brachte er es fertig, stundenlang dort zu verweilen.

Pablo bewunderte viele Länder, aber zweifellos war es

Frankreich, das er am meisten liebte. Dort fand er, was ihm am besten gefiel. Es war das einzige Land, wo er keine Siesta hielt. Er, der sonst immer müde wurde, lief den ganzen Tag umher, suchte die Buchhändler auf, ihn fesselten die Naturkundemuseen, die Tier- und Vogelhandlungen. Wie oft verließ ich sie mit einem Käfig und mit einem Hund, die mir die Ruhe rauben würden!

Wie hypnotisiert ging er von einem Ort zum andern. Alles betrachtete er wieder und wieder, ohne je zu ermüden. Ich erinnere mich, daß wir, schon bei Nacht, auf den Eiffelturm stiegen, nur, um die Dächer der Stadt anzuschauen, diese kleinen belebten Dachstuben, diese ebenso kleinen erleuchteten Fenster, die wie aus der Spielzeugschachtel aussahen. Und schließlich unsere abendlichen Spaziergänge am Ufer der Seine.

Was ich an Pablo immer bewunderte, war sein erstaunliches Talent, wirkliche Freunde zu gewinnen; sie suchten ihn und liebten ihn. Als er in Paris ankam, war er nach wenigen Minuten schon bei seinem guten Freund Jean Marcenac, der anderen Bescheid sagte, und im Handumdrehen war eine große Abendgesellschaft vorbereitet.

Fast immer machten wir in Paris Zwischenstation, wenn wir in die Sowjetunion reisten. Dort passierte das gleiche wie in Paris. Wir telefonierten mit unserem Freund Kirsanow, der verständigte die übrigen, und die Nachricht verbreitete sich wie ein Lauffeuer. Die Fröhlichsten unter ihnen mochte Pablo am meisten und von denen wiederum Nâzım Hikmet, den großen Lebenskünstler. Eines Abends, bei einer Zusammenkunft in seinem Haus, wo wir uns vor der Abreise in den Mittleren Osten verabschiedeten, sagte Ilja Ehrenburg, auf dessen Kosten immer gern gescherzt wurde, zu Pablo: «Aber warum nimmst du diese strapaziöse Reise mit soviel Flugstunden auf dich?» Pablo sah ihn an und antwortete spitzbübisch: «Denkst du, ich kann dem Wunsch widerstehen, meinen Freunden in Chile Karten aus Samarkand und Buchara zu schicken? Weißt du, was diese Wörter für die Chilenen bedeuten? Das ist Tausendundeine Nacht! Ich werde diese Städte betreten und von dort aus meine Freunde grüßen!» Ilja Ehrenburg wußte nichts zu antworten, das Gelächter ließ ihn verstummen. Viele Jahre vergingen, und bei jeder Abendgesellschaft erzählte Ilja, daß Pablo nach Samarkand und Buchara reiste, nur, um von dort Karten an seine chilenischen Freunde zu schicken. Und wirklich schickten wir viele Karten aus Samarkand und Buchara. Sie waren wunderschön. Manche müssen sich noch in den Archiven unserer Freunde finden.

Dieses spritzige, witzige Wesen, das Pablo, sogar in den feierlichsten und bedeutungsvollsten Augenblicken seines Lebens, an den Tag legte, bewunderte ich. Als er sich zum Beispiel für die große Zeremonie ankleidete, im Verlaufe derer er den Nobelpreis erhalten sollte, betrachtete er seine Frackschöße und sagte lachend: «Mir ist, als kostümiere ich mich in Isla Negra. Wenn ich mir mein Schnurrbärtchen anmalen könnte, wäre alles komplett!»

Wenn er sich verkleidete, was er nur zu gern tat, malte er sich immer mit einem rußigen Korken einen Schnurrbart. Es war ein kleiner Schnurrbart, und Pablo malte ihn mit solcher Meisterschaft, daß er immer genauso aussah, ohne daß er in den Spiegel blicken mußte.

Als wir von dem anläßlich der Verleihung des Nobelpreises gegebenen Abendessen zurückkamen, fragte ich ihn, worüber er sich so angeregt mit dem König unterhalten hätte, was allen aufgefallen und von allen kommentiert worden war. «Wir sprachen über Steine», sagte er. «Steine sind seine Leidenschaft, und da erzählte ich ihm von unserer Osterinsel, teilte ihm Einzelheiten über diese wundervolle Insel mit und wie sich ihre großen Figuren gegen den Himmel abzeichnen, während sie verloren aufs Meer blicken. Wir sprachen so viel davon, und die Insel beeindruckte ihn so sehr, daß ich ihn schließlich zu einem Besuch auf der Osterinsel einlud. Er antwortete, daß er nichts lieber täte, daß aber seine Kräfte nachließen.» Der König von Schweden starb im selben Jahr, und dies waren die letzten Nobelpreise, die er überreichte.

Ich habe viele Bemerkungen darüber gehört, warum Pablo so viele Bücher unveröffentlicht ließ. Den Grund dafür möchte ich erklären. Anfang 1973 teilte die Regierung Salvador Allendes Pablo mit, daß am 12. Juli 1974, zu seinem 70. Geburtstag, eine Staatsfeier mit Schriftstellern aus aller Welt und natürlich unter Teilnahme des ganzen Volkes stattfinden sollte. Die Ehrung, die die Chilenen Pablo darbrachten, als er nach dem Empfang des Nobelpreises nach Chile kam, hatte in unserer Geschichte nicht ihresgleichen. Pablos nächster Geburtstag sollte ganz groß begangen werden. Um, wenigstens zu einem kleinen Teil, alle Beweise der Liebe, die sie ihm geschenkt hatten, aufzuwiegen, bereitete Pablo seine Überraschung vor, das Geschenk, das er allen, die er liebte, machen wollte: acht Gedichtbände, von denen sechs fertig, und seine Memoiren, die zu dem Zeitpunkt noch unvollständig waren.

... Ruhig brach dieser 11. September 1973 an. Eine Flut strahlenden Lichts traf mein Gesicht, als ich die Fenster öffnete.

Pablo lächelt, und seine Augen suchen das Meer, das stetig das stille Ufer küßt.

Ein friedvoller Lufthauch wiegt die Blumen im Garten.

Wir fühlen Mut in uns.

Ich muß diesem lichterfüllten Morgen zugelächelt haben.

Inhalt

ISBN 3-351-01528-3

1. Auflage 1989
Ausgabe für die Deutsche Demokratische Republik

Einbandgestaltung Sibylle Juraschek
Typographie Peter Birmele
Karl-Marx-Werk, Graphischer Großbetrieb, Pößneck V 15/30
Printed in the German Democratic Republic
Lizenznummer 301. 120
Bestellnummer 614 096 5
00880